本书为教育部"一带一路"教育行动——部省品牌培育项目——"海丝"国家本土化汉语师资培育研究(教外司综【2020】891号)项目阶段性成果

语气词的人际语用功能研究

A Study on the Interpersonal and Pragmatic
Functions of Modal Particles in Chinese

汪敏锋 ◎ 著

中国社会科学出版社

图书在版编目（CIP）数据

语气词的人际语用功能研究／汪敏锋著．—北京：中国社会科学出版社，2022.8
ISBN 978-7-5227-0740-2

Ⅰ.①语… Ⅱ.①汪… Ⅲ.①汉语—助词—研究 Ⅳ.①H146.1

中国版本图书馆 CIP 数据核字（2022）第 150093 号

出 版 人	赵剑英
责任编辑	安 芳
责任校对	张爱华
责任印制	李寡寡

出　　版	中国社会科学出版社
社　　址	北京鼓楼西大街甲 158 号
邮　　编	100720
网　　址	http://www.csspw.cn
发 行 部	010-84083685
门 市 部	010-84029450
经　　销	新华书店及其他书店
印　　刷	北京明恒达印务有限公司
装　　订	廊坊市广阳区广增装订厂
版　　次	2022 年 8 月第 1 版
印　　次	2022 年 8 月第 1 次印刷
开　　本	710×1000　1/16
印　　张	21
插　　页	2
字　　数	301 千字
定　　价	118.00 元

凡购买中国社会科学出版社图书，如有质量问题请与本社营销中心联系调换
电话：010-84083683
版权所有　侵权必究

目　录

绪　论 …………………………………………………………（1）
　第一节　研究内容 ……………………………………………（1）
　第二节　理论视角 ……………………………………………（3）
　　一　主观性和交互主观性 …………………………………（4）
　　二　人际功能 ………………………………………………（12）
　　三　其他理论视角 …………………………………………（15）
　第三节　语料来源 ……………………………………………（16）

第一章　语气词研究成果及相关问题 ……………………（18）
　第一节　语气词研究述评 ……………………………………（18）
　　一　句末语气词的研究 ……………………………………（18）
　　二　句中语气词的研究 ……………………………………（28）
　第二节　语气词应该进一步加以研究 ………………………（36）
　　一　语气词的语义观有失偏颇 ……………………………（37）
　　二　语气词的功能格局还不清晰 …………………………（39）
　　三　过于聚焦突出问题,研究范围有盲区 ………………（39）
　　四　语气系统内成员之间区别性特征不明 ………………（40）
　　五　研究方法难以有效突破已有成果的藩篱 ……………（41）
　第三节　语气词意义的层次性 ………………………………（42）
　　一　语气词主体赋义 ………………………………………（43）

二　语气词复合赋义 ………………………………………（45）
第四节　人际功能的动态性及语气词的多功能性 …………（48）

第二章　语气词"吧"的人际语用功能 …………………………（50）
第一节　句中"吧"的人际语用功能 …………………………（51）
一　句中"吧"研究成果及存在的问题 ………………………（51）
二　句中"吧"后续话语的语义类型 …………………………（54）
三　句中"吧"的人际语用功能 ………………………………（63）
四　句中"吧"的域空间和域值差异 …………………………（71）
第二节　句末"吧"的人际语用功能 …………………………（74）
一　句末"吧"研究成果及存在的问题 ………………………（74）
二　关于句末"吧"的核心意义 ………………………………（78）
三　句末"吧"的交互主观性 …………………………………（78）
四　句末"吧"的求同示证功能 ………………………………（84）
五　句末"吧"传递合预期信息的功能 ………………………（90）
六　句末"吧"的核心意义和语义扩展 ………………………（96）
第三节　句末"吧"和句中"吧"的关系 ……………………（103）
一　句中"吧"和句末"吧"的差异 …………………………（103）
二　句末"吧"和句中"吧"呈对立互补的格局 ……………（106）
第四节　"吧"与语气副词的选择关系 ………………………（109）
一　"吧"和语气副词的选择与合作 …………………………（110）
二　"吧"和语气副词的选择机制 ……………………………（129）
第五节　人称、现实—非现实范畴与"吧"的选配 …………（131）
第六节　本章小结 ………………………………………………（137）

第三章　语气词"啊"的人际语用功能 …………………………（141）
第一节　句中"啊"的人际语用功能 …………………………（142）
一　句中"啊"研究成果及存在的问题 ………………………（142）
二　句中"啊"后续话语的语义类型 …………………………（148）

三　句中"啊"的人际语用功能 …………………………（162）
　　　四　句中"啊"的域空间和多功能性 …………………（192）
　第二节　句末"啊"的人际语用功能 ………………………（194）
　　　一　句末"啊"研究成果及存在的问题 …………………（194）
　　　二　句末"啊"的主观性 …………………………………（197）
　　　三　句末"啊"的提示功能 ………………………………（206）
　　　四　句末"啊"的缓和功能 ………………………………（213）
　　　五　句末"啊""吧"缓和功能的差异 ……………………（215）
　　　六　句末"啊"的语境顺应功能 …………………………（215）
　　　七　句末"啊"的核心意义及功能网络 …………………（224）
　第三节　"啊"与语气副词的共现 …………………………（228）
　　　一　加强类语气副词和"啊"的共现 ……………………（230）
　　　二　情态类语气副词和"啊"的共现 ……………………（234）
　第四节　"啊"与第二人称的共现
　　　　　——以"你呀"为例 ………………………………（237）
　　　一　"啊"与第二人称"你"之间的关系 ………………（237）
　　　二　"你呀"类标记语的后续话语 ………………………（239）
　　　三　"你呀"类标记语的语义模型 ………………………（241）
　　　四　"你呀"句法分布的历时变化 ………………………（245）
　　　五　"你呀"类标记语的(交互)主观化 …………………（248）
　第五节　本章小结 ……………………………………………（251）

第四章　语气词"呢"的人际语用功能 ……………………（254）
　第一节　句中"呢"的人际语用功能 ………………………（254）
　　　一　句中"呢"研究成果及存在的问题 …………………（254）
　　　二　句中"呢"的后续话语 ………………………………（257）
　　　三　句中"呢"的人际语用功能 …………………………（261）
　　　四　句中"呢"的篇章功能 ………………………………（265）
　　　五　句中"呢"的域空间及多功能性 ……………………（270）

第二节 句末"呢"的人际语用功能 …………………… (271)
- 一 句末"呢"研究成果及存在的问题 ………………… (271)
- 二 句末"呢"的主观性 …………………………………… (274)
- 三 句末"呢"的提示功能 ………………………………… (277)
- 四 "呢""啊"提示功能的差异 ………………………… (279)
- 五 "WP呢?"的篇章结构及"呢"的篇章功能 ……… (280)
- 六 句末"呢"的核心意义及功能网络 ………………… (292)

第三节 句末"呢"与语气副词的共现 …………………… (293)
- 一 "还……呢"及"呢"的功能 ………………………… (294)
- 二 "才……呢"及"呢"的功能 ………………………… (297)
- 三 为什么"呢"可以和"大概"共现 ………………… (299)
- 四 为什么"到底"和"呢"的共现频率高于"啊" …… (300)

第四节 本章小结 …………………………………………… (301)

结　语 ………………………………………………………… (303)

参考文献 ……………………………………………………… (308)

后　记 ………………………………………………………… (326)

绪　　论

第一节　研究内容

　　语气词的研究"牵动语法的全部"（赵元任，1926）。赵元任的这句话不仅说出了语气词研究的难度，也道出了语气词在汉语语法中的重要地位。现代汉语中常用语气词有六个：吧、啊、呢、吗、了、的。但是"吧""呢""啊"一般称为"情态虚词"，以别于具有较多实质语义或语法功能的"了""吗""的"等虚词（屈承熹，2008）。本书拟对"吧""啊""呢"这三个"情态虚词"进行研究。

　　语气词属于典型的虚词。虚词的意义和用法向来比较复杂。学界在研究虚词时，沈家煊（2011）指出有两个偏向：一种偏向比较极端，给每个虚词分析出七八个甚至十几个义项或用法，但不说明它们之间的联系；另一种偏向则相反，只给出一个概括的意义或用法，这个概括意义又十分抽象。例如，某某语气词有"表示强调"之意，沈先生认为"到底强调什么就要让你自己去猜了"。这两种偏向在语气词研究中也普遍存在。例如，学界认为"啊""吧"都有缓和语气的功能。

　　　　明天你可早点儿来【啊】【升调】！
　　　　你这样说她不合适【吧】。

"缓和"这也是比较抽象的概括，我们可以试着追问一下，到底缓和什么，"啊"的缓和和"吧"的缓和是否一样，有没有区别？从已有的研究难以找到答案。这需要从语气词的语用功能寻找。又如：

<u>才</u> 20 块钱，<u>太便宜了</u>。
<u>才</u> 20 块钱【啊】，<u>太便宜了</u>。

两句都表示"20 块钱"是小钱，一般认为这两句没有明显的差别，如果非要说有差别的话，就是句中"啊"有引起对方注意，表示停顿的作用。如果更进一步，会指出"啊"有表示言者情感态度的作用。但是到底是哪一种情感，就需要对语气词的主观性进行研究。从语气词的主观性角度可以确定"啊"所承载的是"不屑"的主观情感。语气词的语用功能和主观性是本书研究的内容。再看：

（1）a. 他这个人有点儿懒。
　　　b. 他这个人【吧】，有点儿懒。
　　　c. 他这个人有点懒【吧】。
（2）a. 少萍，我有没有什么对不住你的地方？
　　　b. 少萍【啊】，我有没有什么对不住你的地方？
　　　c. 少萍，我有没有什么对不住你的地方【啊】？
（3）a. 过去，我常常求她帮忙，现在，我要她来求我。
　　　b. 过去，我常常求她帮忙，现在【呢】，我要她来求我。
　　　c. 过去，我常常求她帮忙，现在，我要她来求我【呢】。

例句中的 a 句表达的都是真值意义，零情态。b—c 句增添了语气词，相应地增添了额外信息量，自然意义也就产生了变化，那么话语交际中这些额外的信息是什么？产生了哪些变化？这也都是本书研究的重点。

根据句法分布，语气词可分为句中语气词和句末语气词。为了研究的方便，我们将含有语气词的表达形式化为：

（一）T＋句中语气词，P……
（二）P＋句末语气词……

T 是 theme 的第一个字母，表示句中语气词前的语言成分，在话语中，是话语的出发点，为和语境有关联的已知次要信息；P 是 proposition 第一个字母，指的是命题或句中语气词的后续话语，为需要听话人特别留意的重要信息。其中，"T，P"／"P"负载的是经验功能（experiential function），是对主客观世界的映射，表达的是真值意义和命题意义；"语气词"（包括句中语气词和句末语气词）承担的主要是人际功能（interpersonal function）、语篇功能（textual function），其表达的是非命题意义、程序性意义（procedural meaning），在话语交际中表达的是话语主体的主观情态，体现了说话人一定的语用目的，或抒发某种情感，或控制话语节奏，或拉近交际距离等。这些都属于语气词的人际语用功能，可以说人际语用功能是语气词"吧""啊""呢"的本质功能。

第二节　理论视角

传统的语气词研究主要从传信范畴和情态范畴的角度研究语气词在句子层面的静态功能。但随着功能主义和认知主义的引入，学界发现语气词在话语交际中的人际语用功能才是其本质功能，那么如何从系统功能语言学及认知语言学的理论视角重新来审视语气词在交际中的作用，这就成了新的课题。本书认为"交互"主观性、人际意义、域理论、顺应论等理论都是语气词人际语用功能的极好视角，下面将重点介绍一下（交互）主观性及人际意义，其他理论留在行文中介绍。

一 主观性和交互主观性

20世纪50年代末的乔姆斯基革命，结束了语言学的"结构时代"，开创了"认知时代"。但是乔姆斯基TG古典理论直接将"语义"排除在语言研究的范围之外，追求语言的"形式"，秉持"语法自治观"，在"结构语言学和形式语言学占主导地位的情形下，语言学家对语言的'主观性'长期不予重视。这主要是因为他们认为语言的功能就是'客观地'表达命题，不愿意承认话语中还有表现自我的主观成分"（沈家煊，2001），而功能主义提出语言的功能观认为语言存在两种功能，一是语言在社会生活中所完成的功能，其中交际功能是第一位的；二是语言单位在话语交际中所承担的功能。

这些观点都指向一个事实：话语交际中语言不仅仅是对客观世界的映射，而且包括言者的视角、情感态度。语言是人对客观世界进行体验、感知、完形、概念化的结果，其中人作为认知主体，其主观性必然会在语言中留有印记。正如本维尼斯特（Benveniste, 1971）所说："语言带有的主观性印记是如此之深，以至于人们可以发问，语言如果不是这样构造的话究竟还能不能名副其实地叫作语言。"可见，在本维尼斯特看来主观性使语言成为可能，不存在没有主观性的语言。如果说形式语言学思考的是语言与外部世界的简单对应关系的话，那么认知功能语言学关注的是人的认知主体、认知能力在语言中的作用，认为人类认识世界是一个从外部客观世界到内部主观世界的认知过程。

（一）主观性

主观性存在广义和狭义之分，广义上的主观性泛指语言中体现说话人的主观印记；狭义的主观性限于通过语言成分体现出的主观性，我们关注的正是那些专门用来体现主观性的语言成分或结构。

本书取其狭义理解。主观性不是命题意义,也不是真值情感意义,而是在言语交际中,说话人通过一定语言成分体现自我,并经语用推理而产生的语用交际意义。

国外最早关注语言"主观性"的是法国语言学家本维尼斯特,他在1958年指出主观性在语言语义中起着重要的作用,在"Problems in General Linguistics"中对语言主观性的定义、语言和概念主体之间的关系以及语言主观性的普遍性等问题做了开拓性的精辟论述。

继本维尼斯特之后,语言学家莱昂斯(Lyons)对"主观性"做了进一步的研究。莱昂斯在Semantics中指出"言者说出一段话时,他同时也对这段话进行评论,并且表明他对所说内容的态度"(Lyons,1977),即在话语中多多少少总是含有言者"自我"的表现成分(沈家煊,2001)。兰盖克(Langacker)从认知的角度,首次将主观性纳入人的认知能力范畴内,围绕认知识解进行阐述,将"最大的主观性和最大的不在场性等同起来"(崔蕊,2014),从视角、视角配置、主体和背景、射体和界标、心理扫描等认知识解层面分析了语言主观性在语言结构和意义上的反映及主观性的程度差异,关注的是共时平面语言成分被识解的方式,指出"一个表达式的语义总是既包含主观识解成分也包含客观识解成分"(Langacker 2006),他对主观性的研究是以"说话者的视角"为中心的从共时平面研究对客观情景的识解问题。

与兰盖克不同,以特拉格特(Traugott,1995、1999、2002、2003、2010)为代表的语言学家则从历时平面来观察主观性,最早将主观性纳入语法化研究范围之内,认为主观化是导致语法化的一个重要原因。特拉格特(1989)指出"表达式的意义在演变过程中越来越依赖说话人对命题内容的主观信念和态度",关注的是语言中具有主观性的语言成分是如何从非语法成分演变而来的,即"语法化中的主观化"问题。特拉格特(1999)将这种演变称为"主观化"(subjectificaiton),并认为所谓的主观化不是指现实世界的性质，而是指语义学上的一种变化过程，即在交际中说话人把自我的主观看法或态度强制地编入语言意义之中，将主观化视为和语法化一样的渐变过程。特拉格特、达士尔（Traugott & Dasher, 2002）举了大量的实例，例如情态助动词 shall、will、must，话语标记语，言语行为动词 assume、insist、observe，介词短语 instead of、in spite of，情态副词 apparently、evidently 等来证明这一观点。通过分析这些实例的语义演变过程指出这些语言成分的意义经过最早的具体词汇意义逐渐演变成体现说话人对命题内容态度、信念的认识性意义，即主观性意义。从这个角度看，主观性意义和情态意义并无二致。

在韩礼德（Halliday）和哈桑（Hasan）的语言三大元功能思想（概念功能、人际功能及语篇功能）基础上，特拉格特概括了主观化的几种表现形式："由命题功能变为言谈功能；由客观意义变为主观意义；由非认知情态变为认知情态；由非句子主语变为句子主语；由句子主语变为言者主语；由自由形式变为黏着形式"（Traugott，1995；沈家煊，2001）。

（二）主观性的程度序列

主观性和客观性不是非此即彼的对立关系，主观性在程度上有很大的弹性，在话语中客观存在一个主观性程度序列（见图1），往右端是主观性趋强，往左端主观性趋弱。主观性和客观性此起彼伏，主观性渐强，客观性渐弱。客观性在主观性程度序列上可以理解成量值趋零。

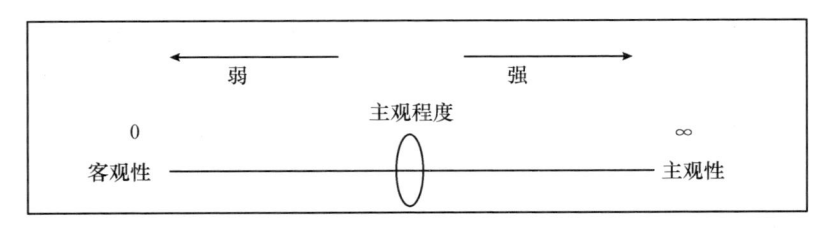

图1 主观性程度序列（Ⅰ）

在特拉格特看来，主观化呈从左到右的单向性演变，这就是主观化的"单向性假说"的早期雏形。20世纪90年代，特拉格特在分析"主观性"的基础上，指出主观化的表达式可能进一步发展出交互主观性意义（Traugott，2010），即说话人从表达自我态度、信念到对听话人认知自我和社会形象自我的关注（吴福祥，2004）。就是说"非主观义在历史上先于主观义出现，而主观义又先于交互主观义出现"（Traugott，2003：130；黄蓓，2014），这样图1"主观性程度序列"可以修正为图2。

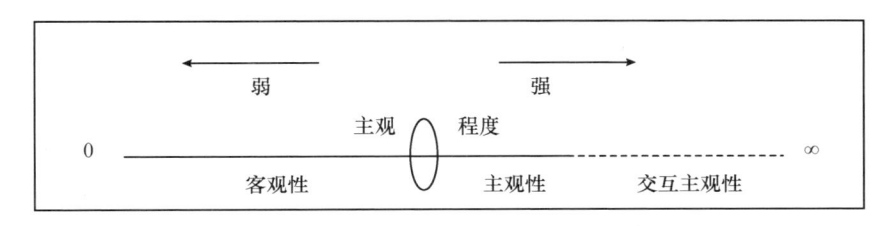

图2 主观性程度序列（Ⅱ）

后来，特拉格特和达舍尔（Traugott & Dasher，2002）合著了《语义演变的规律》一书，该著作从句法、语义、语用等多维度对这一假说进行验证，并结合情态、话语标记、言语行为及社会指示领域的跨语言个案进行分析，概括了主观化的"语义—语用趋势"（semantic-pragmatic tendency）（Traugott，1995：48；Traugott & Dasher，2002：40）：

Non-subjective > subjective > inter-subjective
（非主观性 > 主观性 > 交互主观性）
Truth-conditional > non-truth-conditional
（真值性 > 非真值性）
Content > content/procedural > procedural
（内容义 > 内容义/程序义 > 程序义）
S-w proposition > s-o proposition > s-o discourse

（命题内辖域 > 以命题为辖域 > 以语篇为辖域）

(s-w：scope within；s-o：scope over)

（三）主观性的研究内容

法恩根（Edward Finegan，1995）明确地指出主观性研究内容主要集中在以下三个方面：

1. 说话人的视角（perspective）
2. 说话人的情感（affect）
3. 说话人的认识（epistemic modality）

目前语言学界对主观性的研究主要从这三个方面进行的人有沈家煊（2001，2009）、李善熙（2003）、吴福祥（2004）、史金生（2005）、张谊生（2006）、李宗江（2009）、高顺全（2009）、武果（2009）、崔蕊（2014）、陈征（2014）等，内容涉及情态助词、语气副词、虚词、句式、话语标记、语篇等方面。但对语气词主观性的研究还不多见，这也是我们从主观性视角探讨语气词的一个重要原因。

（四）对主观性和交互主观性的看法

我们对语气词的主观性及交互主观性的考察主要采纳兰盖克（Langacker）和维哈根（Verhagen）的观点，对语气词的语义扩张则重点参照特拉格特对交互主观化的相关理论。近几年随着交互主观性的引入，我们认为有必要对法恩根（Edward Finegan，1995）的主观性研究内容作进一步的解读，应该厘清主观性和交互主观性的关系。

1. 说话人的情感体现了交互主观性

从交互主观性角度审视主观性，我们会发现之前的部分主观性研究的内容实际上属于交互主观性研究的对象，或者说体现了交互主观性。例如关于说话人的情感部分，离情和移情体现了说话人对听话人的关注，应属于交互主观性研究内容。例如：

　　这次来到泰国，我发现我们泰国汉语学习者都很优秀，汉语说得都很好。

这是一位中国汉语专家去泰国进行汉语师资培训时的表达，在表达中没有采用"你们泰国"，而是将自己置于听话人的位置进行表述，体现了对听话人的移情和关照。

2. 说话人的认识体现了交互主观性

沈家煊（2003）从说话人的认识角度研究复句。如果将因果复句和言语场景关联起来，从言语交际角度看，我们就会有新的发现。

　　a. 小王回来了，因为他还爱着小丽。
　　　甲：小王为什么回来了？
　　　乙：小王回来了，因为他还爱着小丽。
　　b. 小王还爱着小丽，因为他回来了。
　　　甲：小王还爱小丽吗？
　　　乙：小王还爱着小丽，因为他回来了。

a 句中"小王回来了"是交际双方已经接受的信息，"因为"小句只是提供了顺应语境的原因，属于客观表达。b 句"小王还爱着小丽"是说话人的主观认识，这一推断还未被听话人接受或认可，听话人要根据自己的百科知识、认知图式进行确认，说话人为了增强自我推断的有效性，需要提供证据以便听话人按照自我表达进行识解，所以违反会话的数量原则，通过连词"因为"主动提供额外信息，体现了对对方的关照，即交互主观性。又如：

　　a. 因为温度很低，水结冰了。

b. 温度应该很低，因为水结冰了。
c. 今晚还去看电影吗？因为温度很低。

a句"因为"小句是新信息，说话人的目的是实现目标信息的提供，阐明结果小句"水结冰"的客观原因，是客观表达。b句结果小句为新信息，是说话人的主观认识。"因为"小句提供的是主观认识的证据，目的是提醒听话人这一主观认识的信度很高，说服听话人按照自我表达进行识解，达成双方识解的一致。c句"因为"小句是说话人采取提问行为的原因，希望对方对提问行为进行确认。

3. 重新认识交互主观性

本书对交互主观性的理解为：在言语场景中，说话人通过一定语言成分体现对听话人认知"自我"和社会"自我"的关注，还体现为对听话人的认知图式进行干预，引导对方按说话人的方向进行运算识解，实现交际双方认知平衡的交际意图。交互主观性是个连续统，表达式对听话人认知自我和社会自我产生的影响越大，交互主观性就越强。表达式从没有交互主观性到发展出交互主观性的过程就是交互主观化。交互主观性具有动态性，以话语的顺利推进和语用中人际"和谐—不和谐"（harmony-disharmony）的构建为取向。

（五）（交互）主观性和情态的关系

如果从（交互）主观性和情态功能的关系来看，语气词的主观性和情态功能基本对应，主要考察的包括语气词对命题内容的真实性、态度和立场等，莱昂斯（Lyons，1977）在给情态下定义时，指出情态是"句中命题以外的成分或修饰成分""是说话人的主观态度和观点的语法表现或语句中的那些主观性特征"，可见"情态"研究的是语句中的"主观性"，两者都是从言者视角关注命题内容。但是交互主观性立足的是对听者的关注，更侧重于表达的人际语用功能，是我们研究语气词的一个重要方面。虽然交互主观性与主观性或情态的界限比较明确，但是考虑到"交互主观性派生于主观性并以后者为蕴涵"，所以为了研究的方便，我们仍然将交互主观性纳入情态系统中。这样，我们将在情态域中讨论语气词的主观性和交互主观性两个方面的内容。这一处理，有利于挖掘语气词语气功能的扩张过程，有利于揭示语气词多功能的连续统，即（交互）主观化。将主观性和交互主观性都纳入情态域研究也有一定的理论依据。目前学界讨论的情态有狭义和广义之分。狭义的情态属于句子情态，广义的情态属于话语情态。约翰逊（Johnson，1987）将句子情态视为情态表达的一种，提出句子层面的情态是"刻画说话者的心理态度的情态的一个次类"，对应于帕尔默（Palmer，2001）情态系统中的"情态动词系统"，讨论的是句子层面的主观性。梅纳德（Maynard，1993）提到了"社会互动的情态"（modality of social interaction），指出情态不应该仅限于句子层面，而是应该扩展到话语层面，"话语情态简单地说是在会话或者会话中语言运用的问题"。因此，话语情态自然会涉及听者，此时，和交互主观性相关联，但是话语情态到底是如何关注听者的，没有交互主观性具体，所以交互主观性可以视为话语情态的具体表现形式。这样，从主观性和交互主观性角度考察语气词比从情态范畴研究语气词更具操作性，得出的结论会更加具体细致。

汉语的语气词没有概念意义，在外部客观世界没有对应实体，在话语中其本质功能是承载交际主体内心世界的信息，即言者对命题内容的态度、情感和立场，以及对人际关系的顺应等，是研究（交互）主观性的理想样本，也是现代汉语中（交互）主观性特征最典型的实例。徐晶凝（2008）从语言对比角度，将印欧语中的"语气"称为"言语行为语气"（speech act mood）；而汉语是一套自成系统的语气，称为"传态语气"（attitude-conveying mood）。"传态语气"必须具有［＋言者交际态度］［＋当下性］。言者交际态度包括两个方面：言者对命题内容的信疑态度；对交际对象的处置态度。"传态语气语法化的是情态中的交互主观性的部分"，可见，徐晶凝已经注意到语气词的交互主观性问题。

二　人际功能

在话语交际中，如何根据交际对象选择合适得体的表达方式，是委婉语气还是强硬语气，是构建和谐人际关系还是构建冲突人际关系，冲突人际关系如何缓解，语言的冒犯性如何降低，等等。这些人际语用功能都可以在语境中通过一定的语言成分来实现。人际功能是指语言是用来建立和维护话语主体间的人际关系和社会关系。"是人们用语言与其他人交往，用语言来建立和保持人际关系，用语言来影响别人的行为，同时也用语言来表达对世界的看法。"（黄国文，2001）从人际关系来看，话语交际会涉及交际主体之间人际距离、面子、社会地位、认知等因素，它们对话语的选择起到制约作用。

（一）系统功能语法的人际意义

系统功能语法从两个方面研究人际意义：互动的和态度的。研究模型如图3：

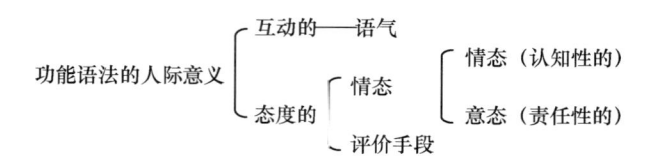

```
                        ┌─ 互动的 ── 语气
功能语法的人际意义  ─┤             ┌─ 情态 ┌─ 情态（认知性的）
                        └─ 态度的 ─┤        └─ 意态（责任性的）
                                      └─ 评价手段
```

图3　功能语法的人际意义

"然而，韩礼德所提出的人际意义却主要是在小句层面上考察的，因此，对人际意义的研究还可扩展范围"，"Simon Dik 就注意到一个这样的手段——表达感情的词和短语（expressives）（如 Ouch，Damn it 等）"（李战子，2001）。李战子突破小句层面人际意义的实现因素，研究话语层面的人际意义，并对系统功能语法的人际意义研究模型进行了调整，建立了以话语为基础的两个层面、三个方面的人际意义研究模型。该模型包括研究人际意义的三个方面，两个不同层面（见表1）。"在调整后的框架中，三个成分——认知性的、评价性的和互动性的都是对语法词汇项目的语义和语用功能的描写，比原来的框架更为平衡了。"（李战子，2001）但由于李氏是以书面语篇（自传）为研究对象，从情态表达、现在时、人称、直接引语和反身表达五个方面讨论了自传语类中的人际意义。这与我们从话语语篇研究语气词不同，所以其宏观社会层面的人际意义不在我们研究范围之列。我们主要从微观社会层面研究语气词的人际意义。

表1 李战子研究人际意义的框架

层面	方面
微观社会（作者/读者或言者/听者）	认知性的、评价性的（evaluative）、互动性的
宏观社会（话语中的多层声音/读者）	评价性的（evaluative）

该框架中，认知性的和评价性的属于情态研究的内容，情态是人际意义的重要组成部分，互动地体现了但不限于交互主观性和话语情态，属于话语层面的人际意义。

可见，语言的人际意义来自于系统功能语法中对语言元功能的划分。但语言是人类交际的工具，人际意义并不限于系统功能语法的理论框架之内，人际意义也是其他领域的研究对象。

（二）语用学中的人际意义

语用学不仅研究人际意义还从会话含义上研究人际意义产生的过程，强调语用推理在人际功能中的作用。这主要体现在语用学的合作原则、面子理论（Brown & Levinson，1987）和礼貌原则（Leech，1983；顾曰国，1992）等方面。面子理论、礼貌原则以建立和维护人际关系为取向。关联理论是以识解对方交际意图，推进话语顺利进行，是以人际意义的过程为取向。

布朗、莱文森（Brown & Levinson，1987）的面子理论实际上是一种人际间的面子管理模式（face management model）。利奇

（Leech，1983）的礼貌原则以"损—惠"为准则提出了六个次准则。礼貌原则是"对合作原则进行人际意义的补救与制约，因为交际受到'维护社交平衡与友好关系'这一愿望的影响"（Leech，1983；冉永平，2012）。但是以"自我形象"为中心的面子观不适合汉语文化。汉语文化中，面子强调的不是个人意愿的满足而是强调公众形象。顾曰国（1992）在回顾了礼貌在汉文化中的历史渊源后，提出了制约汉语言语行为的五种礼貌准则：贬己尊人准则，称呼准则，文雅准则，求同准则以及德、言、行准则。

在交际中，言者对语言的选择往往体现了一定的人际语用目的，要么旨在提高或维护双方的社交关系，如通过语气词"吧"留给对方话语选择的空间，促进"人际和谐"；要么意在保持人际距离，如詈语，造成人际冲突，导致"人际不和谐"。基于言语交际中的人际语用目的，斯宾塞（Spencer-Oatey，2000、2002、2008）提出了语用中的人际"和谐—不和谐"（harmony - disharmony）管理模式，即"和谐管理模式"（rapport management model）。"该模式以人际关系管理为出发点，这不同于仅以面子维护为取向的人际修饰论，已超越语言使用中单一的面子与礼貌问题。""不仅涉及如何通过语言使用去维护或构建良好的社交关系，形成和谐的人际关系；也包括如何通过语言使用去威胁，甚至破坏和谐的社交关系，出现不和谐的人际关系。"（冉永平，2012）"和谐管理模式"不仅仅包括单一的面子管理，还包括社交权管理。面子管理和社交权管理都是语用学人际意义研究的主要内容。我们将该模式的具体内容概括归纳如表2。

（三）人际意义和（交互）主观性的关系

语言的人际意义来自系统功能语法中对语言元功能的划分。系统功能语法从两个方面研究人际意义：互动的和态度的。态度的属于主观性，互动地体现对交际主体之间的认知协作和对彼此的关注，属于交互主观性研究的内容。语用学对人际意义的审视则从合作原则、面子理论、礼貌原则及人际关系的管理等角度进行，以建立和维护和谐的人际关系为取向。而这和礼貌驱动下的交互主观性一致，也和交互主观性中言者对听者社会"自我"的关注一致。因此，人际意义是（交互）主观性在语言中的最终目标，（交互）主观性是实现人际意义的重要形式。

表2　　　　　　　　Spencer-Oatey 的"和谐管理模式"

面子管理	素质面子 （quality face）		包括交际主体能力、技能、智力、外表、品行等的个人素质方面，希望得到正面评价的基本愿望，涉及个人自尊（self-esteem）或个人形象问题
	社交身份面子 （social identity face）		交际主体在身份（律师、大学生）、角色（如领导、朋友）等方面，希望得到认同与维护的基本愿望
社交权管理	平等权 （equity right）	损益—受益原则 （cost-benefit）	交际的一方不应被另一方利用或受到损害
		平等—互惠原则 （fairness-reciprocity）	交际双方的受益与受损应是平等的，总体上是平衡的
	交往权 （association right）	自主—控制原则 （autonomy-control）	交际的一方不应受到另一方的控制与驱使，这是对行为的一种制约
		参与原则	交际主体之间应当享有参与交往的机会
		移情原则	交际主体之间应当适度关心、分享情感与兴趣
		尊重原则	交际主体之间应当适度尊重

三　其他理论视角

除此之外，还可以从社会心理语言学角度考察语气词和言语表情、人物形象塑造之间的关系。王德春在其《社会心理语言学》的"序言"中强调："人际言语交际在特定的社会心理世界中进行，话语的生成和理解，话语信息的传递都要依赖于社会心理世界。""社会心理语言学把言语生成和理解的心理机制纳入社会交际环境，既考虑人作为交际主体的能动性，又考虑社会心理因素对言语交际的制约；既考虑语言作为交际工具的功能及其特点，又考虑语言进入使用领域的状态，同时探索语言规律和言语规律，使言语的内部机制和社会外因统一起来，从信息内部和话语活动的角度提高语言的交际效果。""言为心声"，言语是认知他人的重要途径。一个人的情感、态度、文化水平、社会地位等都可以通过言语表露出来。社会心理语言学称之为"言语表情"，并将言语表情和表情达意联系起来，同说话人的性格联系起来（王德春等，1995）。在话语交际中，言者可以根据对听者或他人的社会认知，如对他的印象、好恶、人际距离等选用适当的语气表达，同时也会根据对听者的社会认知，在特定的环境中通过一定语气手段来塑造、维护自我形象。在这一点上，社会心理语言学同系统功能语言学以及交互主观性一致，都重视从人的社会行为和人际关系角度研究语言。语气词作为语用成分，和社会语境之间存在明显的互动，语气词的表达功能会受到语言使用的社会心理因素和交际角色的影响，因此，研究语气词语气义应考虑交际主体双方的社会心理状态和彼此的社会认知。

汉语的语气词作为语气、情态的重要表现手段，所标识的语气意义实际上主要是人际意义，直接参与人际意义的构建，是汉语中人际意义实现的最主要的语法手段之一。情态、（交互）主观性、人际功能等理论相互映衬却又互有区别，为我们研究语气词提供了立体的、多维度的理论视角。徐晶凝（2008）认为语气词参与人际功能表达，在交流中不可避免地直接参与人际关系的构建，对语气词的研究必须与语用原则、交互主观性联系起来进行。这与我们的观点一致。可惜的是，徐文并没有结合该理论具体深入研究语气词，尤其是语气词的交互主观性和人际功能。本书将围绕语气词人际语用这一本质功能，综合运用（交互）主观性和人际功能等理论，对语气词做进一步深入细致的研究。

第三节　语料来源

本书的语料包括四个部分：

（一）自建小型语料库。该语料库共计 135 万字左右，主要来自口语特征明显的当代流行电视剧剧本，包括《王贵与安娜》《心术》《姨妈的后现代生活》《家有儿女》《编辑部故事》《隔壁那个饭桶》《我的兄弟叫顺溜》。运用 AntConc 3.2.0w 软件进行检索。

（二）北京大学 CCL 语料库检索系统（网络版）。

（三）中国传媒大学文本语料库检索系统。

（四）内省语料。

在行文中，出自这四处的语料，不再标注，摘自一些论文著作的例句，在语料后标注。

第 一 章

语气词研究成果及相关问题[*]

第一节 语气词研究述评

一 句末语气词的研究

马建忠（1898）在《马氏文通》中没有将语气词单独提出来，但是已经意识到汉语的助词具有语气的功能，他说："泰西文字，原于切音，故因声以见意，凡一切动字之尾音，则随语气而为之变。古希腊与拉丁文，其动字有变至六七十次而尾音各不同者。惟其动字之有变，故无助字一门。"（吕叔湘、王海棻编，1986）这里可以清楚地看出，马氏从语言对比的角度说明汉语助词和印欧语的动词形态变化一样用来表示语气，而且指出助词是汉语特有的词类，为今后语气词的研究打下了基础。

黎锦熙（1924）的《新著国语文法》对语气词有专门的论述，将语气助词视为情态词，指出："助词是用来帮助词和语句，以表示说话时之神情、态度的。这种词的本身，并没有什么意思，不过代替一种符号的作用罢了。"例如，"铁桥吗？那真不容易造哇；太阳要到什么时候才出来呢？"虽然黎氏对语气词没有独立提出来，但是和马建忠一样认为助词是汉语的一大特点，并且对语气助词的句法分布进行了初步的分析。

---

[*] 本章原刊于《福建师范大学学报》（哲学社会科学版）2020年第6期。此次出版有删改。本书所有下划线、着重号为作者所加。

吕叔湘（1982）在《中国文法要略》第十五章谈到了语气和语气词。他将语气分为广义和狭义两种，广义的语气包括"语意"和"语势"。"所谓'语意'，指正和反，定和不定，虚和实等等区别。所谓'语势'，指说话的轻或重，缓或急。狭义的语气指的是'概念内容相同的语句，因使用的目的不同所生的分别'。'语意'对于概念的内容有改变，而同一语气仍可有'语势'的差异。三者的表现法也不相同：语意以加用限制词为主，语势以语调为主，而语气则兼用语调与语气词。"（吕叔湘，1982）吕先生根据"使用目的"不同来区分语气，这一点和章士钊（1934）、王力（1985）从说话人的"意志""情绪"来区分语气稍有不同。

王力在《中国现代语法》的第三章第二十二节中指出："咱们说话的时候，往往不能纯然客观地陈说件事情；在大多数情形之下，行一句话总带着多少情绪。这种情绪，有时候是由语调表示的。但是，语调所能表示的情绪毕竟有限，于是中国语里还有些虚词帮着语调，使各种情绪更加明显。凡语言对于各种情绪的表示方式，叫作语气；表示语气的虚词做语气词。"（王力，1985）显然，王力已经对语气词的定义和功能有了比较清晰的认识，认为语气和语调一起表达说话人的情绪，即情态，而语气词是专门用来表示这种情态的。（这一点后面会有进一步论述）

不难发现，现代汉语语法初期，在西方语气理论的影响下，汉语语言学家们对语气的认识基本相同，都认为语气词和语调是表示语气的主要手段，语气表示的是说话人的情态，此时虽然语气和情态还没做区分，但是语气词的词类地位逐渐确立。

（一）句法语义研究

20世纪八九十年代，在结构主义描写语法影响下，汉语语法研究在努力突破传统语法的范式束缚，运用描写语法的研究范式对汉语语法事实进行描写分析。经过汉语词类问题和主宾语问题的大讨论，学界形成语法研究中必须坚持形式和意义相结合原则的共识，描写语法学的句法理论和体系在汉语语法学界得到普及，并且益深入人心，逐步显示了其相对于传统语法学的优越性。其间，对语气词的研究主要也是运用描写语法学的规则方法对其句法语义进行分析。

1. 语气词的分布及特点

前面已经提到，马建忠早在《马氏文通》中就指出语气词是"华文所独"。那么华文所独之处在哪儿？即汉语语气词的特点是什么？对此黎锦熙第一次作出了回应，他在《新著国语文法》中指出："只用在词句的末尾，表全句的'语气'"，"在文句之论理的结构上虽无重大的关系，但口语中的表情、示态，全靠把助词运用得合适，才可使所表示的情态贴切，丰美而细腻"。这些论述，实际上包括了语气词的分布特征、特点及功能。赵元任（1979）、吕叔湘（1982）、朱德熙（1982）、张静（1979）、刘月华（1983）、太田辰夫（1987）等对语气词的分布特点都有所提及。20世纪90年代后胡裕树（1995）、郭锐（2004）、齐沪扬（2002）等对语气词的分布及句法特点做了进一步研究。语气词到底有哪些分布和特点，这些研究虽结果不同，但总体大致有三个相似之处：一是语音上读轻声；二是分布上只是放在句子末尾，有时也用于句中停顿处；三是语气词不做句子成分，表示语气意义，可以和其他语气词连用。王珏（2012）对学界所论语气词特点的数量做过全面的统计分析，结果是语气词的具体特点共计46条之多，其中分布特征有19条。针对学界所提特点过多的现状，王珏提出了四个基本原则以筛选语气词的特点，这四个原则是：全面原则、比较原则、静态和动态相结合的原则和原型原则。筛选的结果是现代汉语语气词的特点有八个，其中原型特点是：（1）＋后附句子及其语篇成分且紧跟停顿；（2）＋右向递进连用；（3）＋充当可选性标句词。这是基于调查统计后得出的结论，是目前对语气词特点最中肯的描写。

2. 结构层次

朱德熙（1982）在《语法讲义》第十六章专门讨论语气词。根据语气词在句中分布，将语气词实际分为句尾和句中两类。其中句尾语气词具有组合层次关系,"通常认为语气词是加在整个句子上头的,其实出现在主谓结构后头的语气词,多半是附加在谓语上头的"(朱德熙,1982),例如"你/去吧。",除此之外,语气词还可以属于主谓结构,如"谁去/呢?",属于宾语内部的某个成分,如"你觉得(谁去合适/呢)?"同时还分析了语气词连用现象。虽然朱德熙没有给语气和语气词下个定义,但是提出了语气词的结构问题,即"句末语气词是句子平面的东西,还是词组平面的东西?"(马真,2004)。黄国营(1994)对这一问题做了比较详细的描写,结合主要句末语气词"吗、呢、吧、了、的、啊、罢了、来着"讨论了语气词在句中复杂的空间层次,认为"句末语气词既可能属于全句,也可能只属于宾语小句,还可能是上两种情况的融合"。句末语气词除了句法结构上有层次之外,胡裕树(1995)还认为基本语气词内部也存在层次性,并将六个基本语气词分成三层。张谊生(2002)在胡裕树的基础上,将基本语气词进一步分为四级。需要指出的是这些语言学家对基本语气进行分级的目的是说明语气词的连用规律,这方面还有丁恒顺(1985)对语气词连用的考察成果,提出了语气词连用的八种模式。

3. 语气词语气意义的离析方法

胡明扬(1981、1984、1988、1993)则对北京话的语气词和语气系统做了比较全面的研究,提出了很多有指导意义的观点,其中对语气词语气意义的分析尤为中肯。传统研究对语气词的语气意义更多的是凭语感进行随文释义,结果造成语气意义和句子意义纠缠不清。针对这一问题,胡明扬提出了"孤立"出语气意义的五种具体方法:

(1)去掉语气词,看看有没有假设的那种语气意义;

(2)保留语气词,去掉或改变某些有可能表达某种语气意义的词语或结构;

(3)保留语气词,只改变句终语调;

(4)在同样的句子,使用同样的语调的前提下加用不同的语气词；

（5）从系统性方面去考察没有语气词的语气意义。

这些方法基本来自描写语法。我们分别将之概括为"省略法""对比法""替换法""分布法"等。直到现在，这些方法还是我们研究语气词普遍使用的方法。为了进一步提高语气意义离析的可操作性，"突破语气词研究中根据语感随文释义的传统，把语气词语气意义的研究与形式分析结合起来，走意义与形式相验证的路子"（储诚志，1994），储诚志借鉴词义的义素概念，提出了"语气义素"，并归纳出"最小差异对比法"和"最大共性归纳法"，主张"在分析语气词语气意义的时候，寻求形式上的控制和验证手段"。"最小差异对比法"在于揭示"语气词的语气意义与句子语气发生关系的各种可能"；"最大共性归纳法"是"排除没有普遍性的可能，寻找、归纳具有普遍性的可能，也即语气词的语气意义"。最小差异对比法是最大共性归纳法的前提和基础，将两者结合起来分析语气词的意义，在储诚志看来正是这样一个"有效的控制手段和验证方法"。如何让语气词的语气意义更可信，更可靠？应该说，储诚志对这问题的思考和研究很深刻，也很有创见，体现了学界在语气词意义分析中的实证追求。然而，何为"语气义素"，语气意义包含哪些语气义素，语气义素又该如何提取，它和语气意义之间是什么样关系？等等，这些问题储诚志文没有做进一步的说明。似乎"语气义素"只是一种用来称说语气意义差异的新名称而已。例如"句子 S 本来没有<u>某个语气义素</u>，但语气词 U 具有<u>这种语气意义</u>，S 带上 U 以后，U 就给 S 增添了<u>这种新的语气义素</u>"（储诚志，1994），表达中划线的短语所指基本相同，语气义素和语气意义似乎区别不大。在分析语气词"啊"的时候，在"最小差异对比法"的基础上，结合"最大共性归纳法"，认为"十八个带'啊'的例句体现出来的各种语气义素，绝大多数都只存在于一个或少数几个例句之中，都不是所有例句或者多数例句共有的普遍情况。属于这种类型的语气义素是：特指问、是非问、选择问等疑问语气，命令、催促、告诫、嘱咐、提醒、请求等祈使语气，平叙、解释、辩解、断定、警告等陈述语气，慨叹、赞美等感叹语气，复句中分句所表示的假设、递进等语气，以及一些不同类型的单句和复句的内部停顿"（同上），根据"不具有普遍性的语气义素都应该排除"的原则，最后得出语气词"啊"的语气意义是"缓和"。对于这一结论我们还持一定的保留意见。其一，通过"最大共性归纳法"得出的结论是共时平面的，忽视了语气意义的动态过程，没看到语气词语气意义的多功能性和历时平面的语义扩张；其二，如果将考察的范围扩大到整个语气系统，按照"最小差异对比法"和"最大共性归纳法"，其他语气成分，如语气词"吧"的语气意义将也会是"缓和"，这样会造成语气系统内部成员间缺少排他性的语法后果，而且也不太符合功能主义提倡的"一种形式，一种意义"（Bolinger，1977）的观点，有悖于汉语的语言事实。在胡、储两位研究的启发下，孙汝建（2006）将语气词口气意义的分析方法总结为三种：义素分析法、分布分析法和替换分析法。这三种方法是对胡、储的总结。后来屈承熹（2002，2006）、王飞华（2005）则采用汉外语言对比的方法探寻语气词的意义。

4. 语气词的意义探讨

现代汉语语气词的意义主要是用来表示语气，是"表示说话时之神情，态度的""表著发言者之意志"。与语气意义相似的概念有："语气""情态"和"口气"等。"如何区分语气和情态一直是困扰学界的一大难题"（张立飞、严振松，2011）。克里斯特尔在《现代语言学词典》中将"Mood（modal，-ity）"列为一个词条，将情态等同于语气。国内受此影响，早期，在研究语气意义时也不区分情态和语气。王力（1984）认为情态副词和语气词都用于情绪表达，两者难以分明。贺阳（1992）则直接将情态（modality）称为语气（mood），认为"语气是通过语法形式表达的说话人针对命题的主观意识"。持类似观点的还有吕叔湘（1993）、文炼、胡附（2000）齐沪扬（2002）、崔希亮（2003），张亚军（2002）等。鲁川（2003）强调"语气"和"情态"应该分开，并指出"现代汉语的'语气'跟'情态'是该分开而且能够分开的。这对语言教学和信息处理都有好处"，"'语气'是对'人'的"，"它的对象是接受句子信息的'闻者'这个'人'"，"体现'言者'跟'闻者'交际的意图"，并体现为对于'闻者'的'态度'……而"'情态'的对象是句子中'客观信息'所表达的这个'事'。情态体现'言者'基于固有的主观认识而对于'事情'的主观情绪"，并"体现为对于'事情'的态度"。简单来说，就是"语气对人，情态对事"。这种观点对我们正确对待"语气"和"情态"很有启发意义。一方面我们应该承认"语气"和"情态"之间的区别；另一方面也该看到，"语气"和"情态"之间并不是截然分开、泾渭分明的。赵元任（1926）、胡裕树（1995）则区分语气和口气，认为句子的语气是指陈述、疑问、祈使、感叹四种。而口气则是用于思想感情方面种种色彩的表达。持类似观点的还有孙汝建（1998）、温锁林（2001）、张谊生（2002）、范晓和张豫峰（2003）等。实际上，口气类似情态意义，语气类似于狭义的句类语气意义。徐晶凝（2000）根据黄廖本《现代汉语》的解释，直接将口气对应于情态（modality），将语气对应于 mood。但是王飞华（2005）则认为汉语的语气只借鉴了"mood"的部分意义，忽略了它与动词有关的形式方面的定义，而同时补充进了汉语中专门用于表达语气的语气词作为汉语语气定义形式方面的内容。汉语语气词在印欧语中的对应形式是动词形态的变化，其功能都是表达说话人的态度和看法，也就是说找不到动词形态方面的语法特征时，人们就利用汉语中最为显著的语气词来替换印欧语中的动词形态来定义语气。因此，由于语言类型上的差异，汉语缺少严格意义上的形态变化，使得汉语中的"语气"包含着 mood 和 modality 两方面的内容。杨才英（2009）也指出："汉语学者所研究的语气是一个意义或功能概念，不完全等同于西方学者所说的作为语法概念的 mood。"我们赞同王、杨的观点。

胡明扬（1988）认为语气词的语气意义比较空灵，不容易捉摸，不容易"范围住"。不同的语气词到底表达什么样的语气意义，各家意见并不统一。对语气词意义的归纳，一直是汉语语言学的难题之一（徐晶凝，2008）。对语气意义判断的差异造成了语气词数量的不统一。例如，早期赵元任（1926）认为有10个，胡明扬（1981）认为汉语语气词有7个，朱德熙（1982）认为有13个，刘月华（1983）等认为有17个。20世纪90年代后张谊生（2002）认为有33个，郭锐（2004）认为有35个，王珏（2012）认为有48个等不一而足。不仅语气词的个数不同，即使同一个语气词也存在不一样的语气意义，如"吧"具有建议、商量、猜测、委婉、假设等；"啊"有肯定、赞成、同意、提问或猜测、引起注意、温和的责备、列举等；"呢"有表提请注意、追问、疑问、表持续的状态、句中停顿等。

可以看出，语气词的句法语义研究主要聚焦四个方面：(1) 语气词的分布情况；(2) 语气词和句子、句子成分之间、其他语气词的组合层次；(3) 语气词语气意义的离析方法；(4) 语气词的语气意义的分析。研究模式基本都是分语气类别，即句类进行，研究语气词在各种句类的用法。[①]

（二）语用研究

21世纪，随着功能主义和认知主义两大思潮的引入，汉语更加重视整个语气系统的研究，从信息结构、语用功能、认知表征等新角度对语气词"吗""吧""啊""呢""呗"等进行大量的研究，取得了一些富有创见的成果。我们知道，语气词的意义实际上

---

① 胡明扬（1988）对从句类角度研究语气意义的做法持否定的态度。指出："不同的语气助词的使用范围不同（即本文的句类，作者注），所以有人就根据语气助词的使用范围来确定语气助词的语气意义。事实上这是不合适的，也是行不通的。如果按使用范围来确定语气助词的语气意义，那么有些语气助词的语气意义就会完全重合，根本没有区别了。""句子怎么分类并不重要，重要的是语气助词这种分布没有'区别特征'，无法根据这种分布特征来确定语气意义。"

包含两个方面，一个是语气意义，一个是语用功能。（张立飞、严振松，2011）仅仅从句法语义层面研究语气词显然不够，其实，储诚志（1994）在对语气词"啊"进行句法语义分析时，已经注意到语气词的语用功能，指出："用形式分析和意义分析相结合的办法来研究语气词的语气意义，这是完全必要的……但是，就语气词而言，语用层面的分析和研究也许更为重要。在话语篇章之中，一个句子能不能带'啊'主要取决于'啊'的缓和语气的功能是否与说话人当时的心理状态和话语的语气要求相和谐"。后来，金立鑫（1996）研究了语气词"呢"的语用功能，认为语气词"呢"的语用功能在于提醒言者，或者突出根据当前的情况，对比目前所指对象。陈开举（2002）则将句末语气词视为句末话语标记语，并以英汉（特别是汉语）会话中的语料为基础，从语用的角度出发，对话语中句末语气词的语用功能进行分析与比较，并重点讨论它们对话语理解的引导和制约作用。认为句末语气词通过对话语的程序性意义产生作用，属于语用范畴。"它们不仅仅表示委婉和礼貌，更重要的是表示说话人对所说话语的命题态度。"句末语气词"在话语中的作用不是改变命题意义本身，而是附加在命题意义之上，通过对命题强度的调整或修饰表达说话人对所说话语更加肯定或不太确定的语用效果"。将"呢、吧、吗、嘛"的语用功能概括为以下四种：

强调部分信息，如"呢"；

弱化命题态度（但仍属于肯定）表示商榷，如"吧"；

减弱命题态度（基本上属于否定）表示征询对方意见，如"吗"；

加强命题态度表示确信，如"嘛"。

陈开举从语用功能角度研究语气词，突破了传统从句法—语义角度研究的局限，较前人研究更进一步，可惜的是对句末语气词语用功能的研究主要集中在言者对命题内容的主观态度或调节方面，对语气词的人际功能强调还不够。对此，冉永平（2004）、何自然

（2006）做了丰富和补充。冉永平认为"吧""嘛"等语气词主要不受"句法—语义"组合的管束，缺少主体话语间在句法语义上的关联性，语气词存在于语言交际中，且受制于多种语境因素，尤其是人际因素，人际层面的社交语用功能是其主要功能。何自然具体分析了语气词"吧"的语用功能，认为句末"吧"具有语句功能、语境功能和表露情绪三个功能。语句功能包括"祈请功能""婉转功能"和"求同功能"；语境功能有模糊判断指向、转换行为方式和推进情感趋同；表露的情感有拒绝、调侃、抢白、讥讽等。张小峰（2003）也探讨语气词"吧""呢""啊"在话语结构中的语用功能，对话语结构的标记功能，及其所受到的话语制约因素，认为语气词的基本话语功能为信息凸现功能和话语结构标记功能。徐晶凝（2008）、杨才英（2009）则从系统功能语法角度更明确地指出语气词不是用来表达概念功能，而是表达人际功能，研究语气词应当从情态功能或人际功能角度入手，必须和语用原则联系起来进行。语气词语用功能的研究突破了传统句法语义静态研究模式的局限，抓住了语气词的本质功能和特点，为探讨语气词功能的多样性和动态性提供了更有效的研究思路。

（三）语篇研究

系统功能语法认为语言在交际过程中所承担的各种各样功能可以归纳为三种纯理功能：概念功能、人际功能和语篇功能。语气词除了人际功能，还有语篇功能。"语篇功能使语言与语境发生联系，使说话人只能生成与情景相一致和相称的语篇。"（胡壮麟等，2009）解志强（Shie，1991）从篇章功能角度研究句末语气词，将其视为语篇标记，例如认为"啊"是一个典型的回应标记（marker of response），用于对命题的回应。齐沪扬（2002）认为语气词的篇章功能主要体现在停顿和照应两个方面。屈承熹（2002、2004、2006、2008）也从关联理论和篇章标记的视角，参照以往研究，对语气词的篇章功能进行了考察，认为"啊、吧、呢"三个语气词在语篇组织上，均具有增强关联性的功能。除了表示情态之外，还可以看作"语篇标记",并对语气词作为语篇标记的强弱做了排序,结果是"呢＞吧＞啊/呀",该序列恰恰和其情态性质强弱序列相反。屈氏的研究将语气词的多种意义和用法归纳在一个系统中,努力找出各个语气词的核心意义,有利于揭示语篇中语气意义间的关联,但是作为语篇标记其排序差异为什么呈现"呢＞吧＞啊/呀"的分布,还有待进一步研究。目前学界对语气词的篇章研究还刚起步,相关的成果也不太多,需要我们做进一步的深入研究。

二 句中语气词的研究

朱德熙先生在《语法讲义》第十六章根据语气词在句中分布,将语气词实际分为句尾语气词和句中语气词两类。认为句中语气词可以出现在主语后面,或谓语的某个地方,但述语和宾语之间不能用语气词停顿。邢福义先生(2002)也认为语气词通常出现在句末,但也有"句中特殊用法",出现在句子成分与成分或词语与词语之间。可惜的是,"语气词的句法分布问题以往不怎么引起学者们的注意,因为所谓的语气词总是位于句末的,这似乎已成定论"(齐沪扬,2000)。李兴亚(1986)最早对句中语气词的分布进行专门的考察,认为"啊"在句中有八个位置,"呢"有四个位置,"吧"有两个位置。"啊""呢""吧"虽可以在句中表示停顿,但它们之间存在明显区别和分工,就使用位置多少来看,"啊"最多,"呢"次之,"吧"最少。后来孙汝建(1999,2006)在李兴亚研究的基础上,进一步考察了句中语气词的分布,认为句中语气词能出现主语和谓语之间、状语之后、述语和宾语之间、述语内部、述语和补语之间、双宾语之间、双重定语之间、名词性并列成分之后、动词性并列成分之后、形容词性并列成分之后、句子特殊成分之后等共十二类句法位置上。并且分析了句中语气词对句法位置的选择制约,认为句中语气词的分布主要受语体因素、结构的松紧关系、语音因素及口气四个方面的制约。齐沪扬(2002)根据停顿时间的长短,将句中语气词所处的位置分为三类,分别称之为"句中位置$_1$""句中位置$_2$""句中位置$_3$",停顿由短到长是:"句中位置$_1$" > "句中位置$_2$" > "句中位置$_3$"。史有为(1995)则分析了"啊""吧""嘛""呢"几个句中语气词的情态差异,指出:"'啊'表示犹豫,有跌宕的语气;'呢'比'啊'更紧凑更强;'嘛'有较多思索考虑并等待回答的意味;'吧'兼有假设和两难的语气。"可以说,学界对句中语气词句中的描写越来越细,越来越全。但是这种传统的句法语义分析也日益暴露出自身"只见树木,不见森林"的缺陷,仅从句子层面研究句中语气词"解释起来越来越难如人意"(屈承熹,2006)。

(一) 作为主位标记

方梅(1994)则对从句法分布角度研究句中语气词持否定态度,指出:"句中语气词实际上是说话人对句子信息结构的心理切分的手段,并不与句法成分相干,它们只体现篇章功能,而不体现句法功能。"主张从更大的语言片段——篇章中研究句中语气词。认为句中语气词实际上是反映句子次要信息和重要信息的划分的"主位—述位"结构的标志。这种性质在句子轻重音模式和表义功能上有一系列相应表现。张伯江、方梅(2014)在研究汉语口语结构时,将主位结构的意念成分、人际成分和篇章成分称为话题主位、人际主位和篇章主位。在分析句中语气词时,发现句中语气词隔开的两个语段之间的关系,很难用句法—语义关系来说明,就另辟蹊径,从表达角度,将其句首成分的性质分为五类:

第一类,既是主语又是话题。如:我吧,就是特爱钻研,对什么都感兴趣,不管社会上刮什么风我都跟着凑热闹。

第二类,是话题,但不一定是主语。如:他这把年纪吧,办收养手续也是难了点儿。

第三类,是话题,不是主语。如:打小吧,我也以为自己是文曲星下凡,……

第四类,篇章主位。如:比如吧,胖子就比一般人爱出汗,还动不动就喘。

第五类，非切分语段。如：我一天到晚忙得吧，根本就没时间打扮自己。

这五类较句子层面的句法语义分析进了一大步，从篇章功能角度研究句中语气词不仅拓宽了句中语气词研究的视野，也解决了句法语义层面无法分析的第四、第五类现象。这也是方梅认为句中语气词不是主语标记、话语标记，而是主位标记的重要依据。在此基础上，方梅一文还从主位标记和语气意义对立角度给句中语气词分成三类：

主位标记："啊、吧"，不带有语气意义；

准主位标记："嘛、呢"，在某些语境中不带语气意义，另一些语境中语气意义较强，明显看出是从句末语气词脱胎而来；

非主位标记："啦、呀"，这两个语气词不是"啊"的音变，其出现环境相对封闭。

语气意义是语法意义，和话语意义不同，话语意义体现了言者的主观性和话语的人际功能，我们认为句中语气词除了具有篇章功能外，还具有人际功能。既然句中语气词反映的是"说话人对句子信息结构的心理切分的手段"，"是推断说话人语言心理过程的重要依据"（张伯江、方梅，2014），那么不同的停顿切分在不同场景中实际上会体现不同的心理诉求，这些心理诉求是说话人结合具体语境，包括听者、命题内容、认知图式、表达意图等形成的，体现心理切分的句中语气词自然离不开说话人的话语意图。例如：

（1）当时［吧］，在学校里面，有很多这个比较顽皮的孩子，这个嘲笑我欺负我。（凤凰卫视《天生缺陷身残志坚 独臂老师追求教师梦》2013 - 01 - 09）

"吧"用于篇章连接成分之后，是篇章主位标记，"吧"表示次要信息和重要信息的切分，但同时"吧"的后续句是说话人——"独臂教师"对过去不幸的回忆，不如意性比较强，通过句中语气词的停顿，留出空间，起到缓和不如意的作用，凸显说话人塑造"独臂教师"在追求教师梦中坚强形象的心理诉求。同时通过句中语气词缓解命题内容的不如意性，减少对听话人的心理冲击，有利于人际关系的建立，具有人际功能。如果将句中语气词"吧"去掉，说话人塑造坚强形象和缓解对听话人冲击的心理诉求，即语气意义和人际功能就没获得凸显。又如：

(2) 我建议吧，从现在起咱们谁也不要使这个电话了。（方梅，1994）

"吧"用于表明说话人的认知、态度等情态成分之后，是人际主位标记，全句重音在语气词之后，轻重音模式是前轻后重，"吧"语音延长，方梅认为"吧"是不具有语气意义的纯粹的主位标记。实际上"我建议"和"我建议吧"在语感上存在明显差异，这种差异应该就体现在"吧"的话语意义上。例(2)是个建议言语行为，从话语功能上看，建议行为的交际意图是希冀对方能予采纳接受，这时言者的话语方式、礼貌度等都会影响听者的认知判断，言者通过"吧"的延长停顿，弱化了自我表达建议的强度，增强对方的决策权，一方面体现了说话人对建议能否被对方接受的较强不确定性；另一方面也体现了说话人通过弱化自我表达，增强对方对建议的决策权来表现对听话人的关注，具有较强的主观性和人际性。

另外，主位标记和语气意义不一定就是对立的，是主位标记不一定就不带语气意义。如果要证明"汉语句中语气词'吧''啊'是没有语气意义的纯粹的主位标记"为真，得先证明"汉语存在没有意义的纯粹的形式标记"为真，然而"汉语存在没有意义的纯粹的形式标记"还是一个有待探讨、没有定论的命题。反过来，即使"汉语存在没有意义的纯粹的形式标记"为真，"汉语句中语气词'吧''啊'是没有语气意义的纯粹的主位标记"不一定为真。因此，方梅一文的结论"北京口语里，某些语气词（如'啊''吧'）

其原有的表示测度、疑问、感叹等意义已经消失，其功能已经有了明显的专职化趋势"，有待于我们进一步的思考和语言事实的印证。

（二）作为提顿词

如果说方梅对句中语气词是否具有语气意义还有所保留的话，那么徐烈炯、刘丹青的观点则比较彻底。徐烈炯、刘丹青（2007）采用吴语语法的概念"提顿语"① 来指称"句中语气词"，从语言类型学的视野和汉语方言语法角度审视汉语普通话中的句中语气词，认为普通话（口语）中的句中语气词像日语的"wa"和朝鲜语的"num"一样，是一个专用话语标记，没有语气意义。邓思颖（2011）也指出"表示情感的'啊'永远位于句末"，隐含着位于句中的"啊"不表情感。但是对于什么是语气意义，方梅和徐烈炯、刘丹青都没有进行正式的限定，不过行文中有下列表述：

"从历史来源看，现代口语里的句中语气词都是由句末语气词发展而来的。在这个过程中，它们原来在句末所具有的明显的疑问语气、感叹语气都不同程度地减弱了。"（方梅，1994）

"语气词所说的语气，主要是指说话人对所说内容的态度。它大致与语言学术语中的'mood'相近。……汉语把语气词用在句子末尾是很好理解的，因为语气体现的是说话人对整个句子内容的态度。"（徐烈炯、刘丹青，2007）

"每个具体的提顿词（本文的句中语气词）还有自己特定的跟其话题性有关的专门语义，这更是停顿无法替代的。"（徐烈炯、刘

---

① 徐烈炯、刘丹青（2007）指出句中语气词概念不太准确，认为句中语气词用在句子中间的停顿处，此时句子的内容还未表示出来，而且作为句子核心的动词多半还未出现，所以还谈不到说话人的态度，也就不存在所谓的语气问题。刘丹青（2008）进一步指出"语气通常要依附于至少一个小句，句中的一个成分难以有自身的语气，因此'句中语气词'的说法不是很好"。我们认为"语气"和"说话人的态度"不一定要在句尾才能体现，句中任何成分都可以。赵元任（Chao, 1968）认为语气词可以出现在短语和句子后面。陶红印（Hongyin Tao, 1996）也认为语气词可以出现在任何形式的形态句法单位（morpho-syntactic units）后。

丹青，2007）

方梅所指的语气意义显然指的就是贺阳（1992）、齐沪扬（2002）所提的功能语气。徐烈炯、刘丹青所指的语气意义从"mood"① 可以看出，即"感叹""疑问"等，都不是指语气词的话语意义和人际语用意义。王珏（2012b）则从比较的角度，指出句中语气词是诸多篇章成分的标记，包括话题、述题、焦点、列举和重复成分等。语气词从句末到句中其功能发生了变化，句中语气词不是对话的强制性成分，是可选性的，不再是标句符，而是走进句内，成了句内篇章成分的标记。

我们认为句中语气词具有表达说话人主观性的语用意义和调整人际关系的人际意义，是看作主位标记、话题标记②，还是称为"提顿词"，我们暂不陷入这些争论之中，重要的是这些句中语气词在语境中的人际语用功能。即使纯表停顿，但停顿也还是有辨义功能，也还是要服务于交际，受制于交际的。正如冉永平（2012）所说："这些'小词'的作用不可小视，在交际动态过程中它们所起的作用远超出常规意义上一个普通词汇或结构的作用，它们依附在一定的话语中，起着由语境才能确定的语用功能，尤其是人际方面的功能。"例如：

（3）他们那个团队个个都很精干，就说小李【吧】，他现在一个人能干三个人的活儿。

（4）学术创作是一项严谨辛苦的工作，拿收集材料来说【吧】，就需要我们花大量的时间和精力。

（5）计算科技的发展【吧】，就是把双刃剑，给我们生活带来方便的同时，也给青少年教育带来负面影响。

---

① 汉语学者所研究的语气是一个意义或功能概念，不完全等同于西方学者所说的作为语法概念的 mood。（杨才英，2009）

② 徐烈炯、刘丹青（2007）认为主位标记也是话语功能概念，而不是句法概念，就功能而言，它跟话题的功能是不矛盾的。

假如按照刘丹青（2008）的话题标记论，那么例（3）、例（4）"吧"前成分本来就具有话题性，带上话题标记"吧"可以强化其话题性，例（5）"吧"前成分"计算科技的发展"可以分析为普通的主语，不用分析为话题，但加上话题标记"吧"后，则"计算科技的发展"就只能分析为话题了，所以，句中"吧"是一种话题化的手段之一。按照方梅的主位标记说，那么例（3）、例（4）都是篇章主位，例（5）是话题主位。这些分析关注的焦点是语气词的定性问题，不同的意见也有各自的道理，但是这些标记具有什么样的功能，在什么条件下使用，"用"与"不用"又有哪些差异，这些微观问题也需要进一步的深入研究，要找出这些问题的答案，就得考虑语气词的人际语用功能。如例（3）—例（5）语气词"吧"的"用"与"不用"是言者根据交际需要，顺应语境效果的结果，"用"则体现了舒缓语气的交际意图，可以将严肃的问题轻松化，使夸奖、说教、批评等高情感问题适度化，是以"是否有利于听者的接受"为取舍依据。

（三）句中语气词有语气意义吗？

句中语气词到底有没有语气意义呢？在回答这个问题之前，我们要先对语气意义做个界定。贺阳（1992）、齐沪扬（2002）、崔希亮（2003）等对现代汉语的语气系统都做了系统的阐述。我们这里的语气意义指的不是贺、齐的功能语气，即句子的语气类别，而是语用意义。做了界定之后，那么回到刚才的问题。我们姑且先承认句中语气词没有语气意义，如果没有语气意义，那么语气词在句中的功能只有停顿的作用，这样语气词就可以省略和自由替换。也就是说：1. 句中语气词的有无不影响语气意义；2. 句中语气词用"甲"还是用"乙"是自由的。先看句中语气词的有无情况。如：

（6）a 好，我现在过去。
　　　b 好【吧】，我现在过去。

(7) a 大家都很着急,他,不慌不忙,好像没事儿一样。
　　b 大家都很着急,他【呢】,不慌不忙,好像没事儿一样。
(8) a 什么学生证、考试证,都要带齐。
　　b 什么学生证【啊】、考试证【啊】,都要带齐。

通过语气词的"有无"对比,我们发现例(6b)"好吧"比例(6a)"好"多了一点"犹豫",例(7b)"他呢"比例(7a)"他"也多了一分"抱怨",例(8b)比例(8a)也多了些许"舒缓"和"亲切"。句中语气词的"有无"影响着表达效果。

再看句中语气词的替换是不是自由的。这方面李秉震(2010)有过论述。李文从话语标记和语气词的匹配角度,通过互换语气词,发现不同的匹配具有不同的意义,这种语义差异恰恰证明了句中语气词仍然承载语气意义。例如:

至于金小姐呢/*吧/嘛,她没拜访过汪太太;汪太太去看范小姐的时候,会过一两次,印象并不太好。(钱锺书《围城》)

再说第二胎?呢/吧/*嘛,儿媳妇连眨巴眼都拿着尺寸;打哈欠的时候有两个丫环在左右扶着。(老舍《抱孙》)

拿梅花来说*呢/吧/*嘛,一串串丹红的结蕊缀在秀劲的傲骨上,最可爱,等半绽将开地错落在老枝上时,你便会心跳!(林徽因《蛛丝和梅花》)(例句引自李秉震,2010)

此外,我们还可以从认知语言学角度证明句中语气词语气意义的存在,象似性原则的下位细则中,有数量象似关系。请看:

你呀,你呀,让我真的很无语。
你你,你怎么怎么这么气人呢。

"你呀"和"你"相比，在句法形式上要复杂一些，根据数量象似原则，其所表示的意义也应丰富些，也就是说"你呀"在"你"的基础上增添新的信息，那么这新的信息是客观存在，但是对命题信息却没有影响，因此这额外的信息只能是命题信息之外的程序性意义，即语气意义。史有为（1995）、齐沪扬（2002）都持有句中语气词有情态意义的观点。史有为指出几个句中语气词在表示停顿的同时，在情态上还各有区别，"啊"表示犹豫，"呢"比"啊"更紧凑更强，"吧"兼有假设和两难的语气。齐沪扬更加中肯些，认为句中语气词可能具有"'表现说话时的各种情绪'的作用，但是这种作用相对于停顿作用来说则是次要的。所以，句中语气词所表示的'停顿'确实也是语气表达的需要，但不具有句末语气词在'表示说话人使用句子要达到的交际目的'这种功能语气类别中所起到的形式标志的作用"。

纵观句中语气词的研究成果，我们发现目前对句中语气词的研究以宏观研究为主，这有利于把握句中语气词的整体功能，但对各个语气词在句中的个性功能强调得不够，例如有些句中不能用"吧"，有的只能用"吧"，还有的既可以用"吧"，也可以用其他语气词，但是意义不同。对句中语气词进行相对详细的具体研究，揭示其间的这些微妙差异，也是语气词研究的一个重要任务。

第二节 语气词应该进一步加以研究

通过对语气词研究成果的梳理，我们发现语气词的研究不断深入，前贤取得了非常丰富的研究成果，"语气词的许多其他的功能都被挖掘出来了"（齐沪扬，2002），这些成果为后续研究奠定了坚实的基础，但是至今"对那些典型语气词的作用还是见仁见智，仍然没能取得相对一致的认识"（张谊生，2002）。产生这一结果的主要原因肯定离不开语气词本身的复杂性，一方面语气意义"比较空灵""不容易捉摸""难以范围住",在研究中难以把握语气的实质;另一方面又苦于没有行之有效的研究方法。除此之外,语气词研究中以下几个方面的问题也需要反思,有待进一步研究。

一 语气词的语义观有失偏颇

早期语气词的语义观是在"传信""传疑"二分①下形成的。普遍认为各语气词的语义在"信""疑"间呈连系统分布。而且,帕尔默(Palmer,2001)建立的情态系统让学界认知到"情态"和"语气"的差异,并纷纷对语气(或 mood)和情态(modality)进行界定。彭利贞(2005),张立飞、严振松(2011),刘丹青(2008)等普遍认为:情态是说话人对话语或句子所表命题或事件的情感和态度等。现代汉语的语气词是情态表达的手段之一。"语气词所说的语气,主要是指说话人对所说内容的态度。它大致与语言学术语中的'mood'相近。……汉语把语气词用在句子末尾是很好理解的,因为语气体现的是说话人对整个句子内容的态度"(徐烈炯、刘丹青,2007)。"信""疑"二分和语气词的情态功能具有语义上的一致,都是着眼于说话人对命题内容的态度。在此影响下,目前学界对汉语语气词持有"情态"语义观。根据斯威彻尔(Sweetser,1990)三域理论,这一语义观属于言者的主观认知域(epidemic domain)。这些研究基本都是基于"语气词表示说话人的主观情感、态度"这一语义观进行的,都是从言者的视角进行的概括,体现的是言者对"自我"的关注,即主观性。但是在话语交际中,有时语气词的语义功能并不表示言者对命题内容的态度。例如:

---

① 马建忠在《马氏文通》中指出语气词所传之语气有二:曰信,曰疑。有传信的语气词,"也、矣、耳、已"等;也有传疑语气词,"乎、哉、耶、与"等。受此影响,汉语学界普遍采取传信和传疑二分来审视语气词的意义。遗憾的是马氏还有一句话没有引起学界的关注,就是"二者固不足以概括助字之用,而大较则然矣"(1983:323)。也即是说,从马氏开始就意识到语气词还有除传信和传疑之外的功能。

(9) 情景：妈妈告诉 5 岁儿子走慢点，不要跑，否则会摔跤的。小孩不听，结果摔倒了。

妈妈：摔倒了【吧】。我不帮你，你自己起来。

(10) 范伟：哎呀哎呀哎呀，盼的就是你啊。二十一世纪最缺什么？就是你这样的——人才啊！坐坐坐，坐我边上，跟我好好介绍介绍你都喜欢啥高科技发明。

葛优：哎哎哎，您甭客气。我这个人【吧】，小学的时候，就开始对一般的超次掌上型的单晶片时脉输出电脑感兴趣了！

(11)（医生看见病人术后很难受）很难受【吧】，早点休息，明天就会好很多。

上述三例中，命题内容"摔倒了""我这个人""很难受"都是强传信，语气词"吧"并不是表示对这些命题内容的不确定，更多的则是体现了言者对交际的第二方——听者认知状态的主观态度（参见第二章），属于三域理论中的言语行为域。这是基于"语气词表示言者对命题主观认识"的"情态"语义观及"信疑"二分无法概括出来的，语气词还有"情态"和"信疑"之外的功能。可见，语气词的"情态"观需要更新。

语气词研究的科学性不强还体现在概念的使用上。在我们的语气词分类中，现在说得最多的是疑问语气词，那么有没有陈述语气词、感叹语气词抑或祈使语气词？疑问语气词如"吗""呢"显然是根据语气词的典型功能来分类的，既然如此，那么从理论上讲，就需要坚持同一原则、统一标准给其他非疑问语气词进行定性。纵使疑问语气词内部目前仍有争议，疑问语气词有两个（吗、呢）的，还有两个半（吗、呢、吧）的，邵敬敏（2012）通过语气词"啊"与"吗/吧/呢"的比较，"啊字是非问"与"语调是非问"以及"吗/吧字是非问"的比较，论证了"啊"也具有承担疑问信息的重要作用。这样，我们就似乎可以得出这样的一个结论："吗"

"呢""吧""啊"都可以承载疑问信息，都可以表示疑问，那么它们之间是什么区别？这就值得思考了。

二 语气词的功能格局还不清晰

语气词普遍存在"一词多能"现象。"一形多能（含多义）是自然语言的常态，甚至比一形一义更能代表人类语言的本质。"① 而语气词的多功能之间的关系目前还呈离散状态，各个功能之间彼此孤立，其间的引申关联还不清晰。各个功能之间呈现什么样的网络关系，能不能画出一个局部的语义地图来？目前还没有这方面的成果。如果细化的局部语义地图画出来还有难度，那么可不可以从宏观角度找出语气词和语气词之间功能的差异，从语气系统角度出发，画出个粗线条的语气词"全国"语义地图出来。这些目前可能一时还做不到，还有待于研究方法和理论的创新，更需要一批研究语气词的队伍。

三 过于聚焦突出问题，研究范围有盲区

目前语气词研究的突出问题还是语气义的问题，这是语气词研究的重中之重，前面我们提到在句法语义层面，前贤的研究主要聚焦在语气词的分布、层次、意义及语气义的离析方法四个方面，可以说这四个方面的成果占了已有成果的绝大多数，这一方面使得语气词语气义的研究不断深入，取得了大量可喜的显著成果。但另一方面又容易造成研究的盲区，忽视其他问题的研究。例如语气词的语用功能在20世纪90年代之前未能引起学界的重视，进入21世纪后，才出现语气词认知语用功能的研究转向，一些典型语气词的"话语功能""缓和功能""削弱语气"等功能被挖掘出来，但语气词的认知语用研究还处于起步阶段，还有很多问题有待我们研究。

---

① 刘丹青所作的题为"语言库藏类型学的形义观"讲座。又见《社科院专刊》2015年3月20日总第288期。

例如，语气词使用的语用条件有哪些？"马克去过北京吧？"和"马克大概/可能去过北京。"（参见第二章第四节）都是表示对命题内容的弱传信，根据语言的经济性原则，两句的功能不可能完全相同，那么它们之间的区别是什么？在话语交际中语气词如何体现（交互）主观性？语气词在一定语境中如何参与人际关系的构建和维护？这些都需进一步探讨。齐沪扬（2002）曾敏锐地提到人称和助动词的选择性功能，受此启发，人称范畴和语气词之间是什么样的关系，人称范畴作为一个重要语用范畴对语气词起到哪些制约作用，两者共现具有哪些规律？以语气词"吧"为例，同一个句子有的排斥第一人称，而有的排斥第二人称（详情参见第二章第三节），这些问题还没有专门的研究成果。

A 组（人称₁）	B 组（人称₂）
*我【吧】，真没劲儿。	你【吧】，真没劲儿。
*我【吧】，不机灵。	你【吧】，不机灵。
我【吧】，经常锻炼。	*你【吧】，经常锻炼。
我【吧】，打算去趟日本。	*你【吧】，打算去趟日本。
*我知道周总理【吧】。	你知道周总理【吧】。
*我们在看球赛【吧】。	你们在看球赛【吧】。

语气词的研究需要突破传统理论和方法的局限，采用认知功能主义的最新研究成果继续挖掘语气词的人际语用功能。另外，如何进行语气词的对外汉语教学，语气词的语音特点、语气词在语流中的音高、音长的变化及其与话语功能之间的关系、语气词是不是汉语的显赫范畴，具有哪些类型学上的意义等也有待进一步的探讨。可见，语气词研究还存在很大的研究空间。

四　语气系统内成员之间区别性特征不明

目前对语气词研究基本是按句类进行的研究模式。应该肯定的是句类为我们研究复杂的语气词提供了一条清晰的分类研究方法，对其描写也是很有必要的。但胡明扬（1981）早就指出根据语气词的使用范围来确定语气词的语气意义，实际上是不合适的，也是行不通的。邵敬敏（2012）也持类似的观点，强调"啊""吧""吗""呢"四个语气词都可以出现在不同句类，"在这一点上没有什么根本性区别，如果说有区别，只是在不同句类里使用的概率有差异而已"，"现代汉语里的这些语气词本来就都是多功能的词，并非仅仅附属于哪一个具体的句类"。所以，句类差异并不是语气词成员之间的区别性特征。那么语气词系统内部成员之间的差异到底有哪些，还不够明确。

不同的语气词应该具有不同的功能。"不同语气助词，使句子的意思发生微妙的变化。"（邢福义，2003）但是对这些微妙的差异目前的研究重视得不够。例如，认为"吧"和"啊"都具有同样的"缓和功能"，也有研究指出"啊"和"呢"都有"提请注意"的功能。同样的语气功能存在两种不同的表达形式，显然是不符合语言经济原则的，两种不同的表达形式并存必然导致功能的分化，存在一定功能差异。因此，从语气系统内统观语气词的职能格局的研究还有待深入，语气词和语气词之间的差异有待进一步挖掘。

五 研究方法难以有效突破已有成果的藩篱

任何语法范畴都是语法形式和语法意义的统一体。在语气词的句法语义研究范式上，前贤始终遵守的是形式和意义相结合的原则，即"形式和意义相互渗透，讲形式的时候能够得到语义方面的验证，讲意义的时候能够得到形式方面的验证。"（朱德熙，1985）从胡明扬根据美国描写语法提出的"省略法""对比法""替换法""分布法"，到储诚志提出的"最小差异对比法"和"最大共性归纳法"都是努力做到形式和意义的结合，在研究语气词意义时尽其所能地寻找形式上的验证，提出了许许多多的富有说服力的观点。

但还有些问题存在争论，争论的原因还是方法不够给力。熊子瑜、林茂灿（1994）采用语音实验的方法，认为话语交际中，不同功能的"啊"在韵律表现上具有很大差异，"'啊'在语流中的实际韵律表现能够在一定程度上反映其话语交际功能"，例如句末"啊"在音高上的升降并不表达陈述语气和疑问语气之间的对立，"汉语疑问句调和陈述句调的区别并非表现在句尾音高的升降的对比上"。这种分析有两个方面的意义：一方面能揭示语气词"啊"的不同韵律表现其背后实质是语用功能的差异；另一方面也给灵活多变的语用意义赋予形式上的韵律标记。邵敬敏（2012）撰文对其早期成果进行了反思和否定。1989年，邵先生在《中国语文》上发表《语气词"呢"在疑问句中的作用》一文，指出疑问句中的疑问信息是由语调决定的，和"呢"无关。现在，通过语音实验的方法，通过比较语气词的"基调曲线"发现之前的结论"犯了一个基本错误"，即"认定有关疑问信息载体时采取了简单化的办法，即只承认单一的载体，而否认了复合载体和多重载体"。通过对语气词"啊"的"基调曲线"的对比，指出现代汉语中事实上存在着带降调的"啊"字是非疑问句，"啊"具有承担疑问信息的重要作用。通过科学的实验方法，突破了已有研究成果，发现证明了传统方法没有发现、还未解决的问题。

可见，只有突破传统方法，才能不囿于成见，有所创新，进而推进语气词的研究。然而，这些研究还主要停留在句子层面，对于语气词核心意义的探讨，人际语用功能的挖掘帮助不大。因此需要突破句子层面研究的限制，从更大的篇章单位进行考察，采用篇章功能的研究方法，只有这样，才能取得突破性的研究成果。

第三节　语气词意义的层次性

储诚志（1994）引用系统功能主义的观点，认为语气是一个复杂的多层次的语义系统。根据言者选择的言语角色的不同，整个语气系统是一个存在上下位关系的层级系统。有些差异体现在上位层，例如"你不想去大连。"（降调）和"你不想去大连吗？"（降调），前者是平叙语气，后者是疑问语气，在句类这一上位层存在差异。有些上位层没有太大区别，细微差异能在下位层找到。例如"明天早点儿来！"和"明天早点儿来啊！"两句在上位层都是祈使句，但是在下位层，前句口气直率干脆，表"命令"，后句口气温和，表"叮嘱"，也就是说，"叮嘱"义和语气词"啊"有关。

受此启发，语气意义根据在句子上的表现形式，可以分为单独表现语气意义和多种语气手段综合表达意义，前者我们称为语气词主体赋义，后者称为语气词复合赋义。

一　语气词主体赋义

语气词主体赋义是个相对概念。理论上讲，语气意义和句子的命题意义是可以分开的两个意义，一个表示程序性意义，不参与命题意义的构建；一个表示陈述性意义，是真值意义，但是在实际的分析操作层面，我们又很难将语气意义和真值意义完全分开。所以，语气词主体赋义可以理解为语气词承担着绝大部分的语气意义，形式的验证方法是删除语气词以后，会产生下面三种语法后果中的任意一种。一是句子语气类别发生了改变；二是语气类别没有改变，但话语性质发生了转向；三是话语性质没有改变，但添加了额外的语气意义。

（一）句子语气类别发生了改变

（12）一连半个月，他几乎天天在同样的时间出现在窗口，从没间断过。亚敏姑娘跷疑起来了。他真的是来借书的【吗】？他能看得那么快，一天一本？难道他就不要上班？别看他外表那样文静、敦厚，像个正人君子，说不定也是个像张占承那样的轻浮之徒！

（13）连输四场球后，各种各样的说法都有，其中主要认为厦新队打得不够稳,要学云南红塔打防守反击,甚至把去年的甲 B 夺冠也归结为防守反击的功劳。事实果真如此【吗】?"防反"能造就厦门队那么丰富的中路进攻手段吗?答案是否定的。

例(12)"他真的是来借书的吗?"是疑问语气,如果将"吗"去掉,语气类别发生了改变,变成了陈述语气。有人对该句疑问语气是不是由"吗"带来的表示怀疑,以为句末疑问语调同样也能产生疑问语气,删除"吗"以后疑问语气没有消失。其实不然。删除"吗"后,句末疑问语调确实能表示疑问语气,不过是升调,这和"吗"表疑问语气时,句末语调是降调不同,所以如果将"吗"去掉,并保持句末降调,该句就没有疑问语气。这证明了该句的疑问语气还是"吗"带来的。同样,例(13)"事实果真如此吗?"表示的反问语气,如果将"吗"删除,语气类别也发生转向,变成陈述语气,表确认。

(二)语气类别没有改变,但话语性质发生了转向

(14)"我想手术治疗。"

"我不推荐想生小孩的妇女手术治疗。因为手术两年内胎儿死亡率高达百分之四十。"

"你给我开个刀【吧】!"

(15)病患家属泪流满面地求:"大夫,就是那个医院跟我们说他们没办法,得送你们这里。"二师兄眉毛一上挑,表情极其嚣张得意,"我们也不行啊!我们是骗钱的呀!我们没有医德的呀!我们水平不好,这不是你们说的吗?你们找高明大夫去【吧】。"

例(14)表"请求",如果将句中的"吧"去掉,话语性质就发生转向,表示"命令",虽然都是祈使语气,但是话语性质由表

"请求"转变成表"命令"。例（15）原句表"建议"，如果将句中"吧"删除，"你们找高明大夫去"根据句末语调，可以理解为"命令"。"吧"的有无都不影响其祈使语气，影响的是话语的性质。

（三）话语性质没有发生转向，但添加了额外的语气意义

(16) 主任就说了句："你给我滚【吧】！"
我们三个面面相觑。老二咬牙切齿地掐老大脖子说："你这个叛徒，只要有你在，我注定只有失败没有成功！"

例（16）"吧"的有无不影响句子的祈使语气，也没有改变"命令"的言语行为类型，但是添加了"吧"以后，就增加了缓和的语气意义，额外的"缓和"意义是由语气词"吧"带来的。

二 语气词复合赋义

复合赋义包括语气副词、情态动词、轻重音、句调，句子构式义、语境、交际意图等和语气词共同承载语气意义，各种语气手段承载的语气意义难分伯仲。在形式上的验证方法是，如果省去语气词，句子的语气意义没有明显变化，变式句和基本句基本保持意义不变。根据语气意义表达的方式，复合赋义有"强化"和"整合"两种。

（一）强化

强化指语气词的介入增强了原句的语气意义。例如：

(17) 甲：你能住几天？
乙：<u>大概</u>一个礼拜【吧】。
(18) 吉新鹏这两天的比赛打得较为顺手，前两场比赛都没有让对手超过7分。今晚与江苏队的比赛稍微费力一些，但仍以2∶0一举拿下。不过，他倒对自己的表现不大满意，

"可能是因为对手比较年轻【吧】！"他一边擦着满头的大汗，一边告诉记者，自己在奥运会后有许多社会活动，没有接受系统的训练，由此导致自己竞技状态下滑。

上句例（17）具有信息冗余度，用两个方式，一个是语气副词，一个是语气词来重复，"大概"和句末语气词"吧"可以省略其中任何一个，原句的"不肯定"的语气意义仍然存在。例如"一个礼拜吧"或"大概一个礼拜"。"吧"强调该句信息的不确定性，通过冗余信息一方面突出了关键信息；另一方面也易于关联识解，降低听者认识的努力。例（18）"可能是因为对手比较年轻吧"，同时出现了"可能"和"吧"两种表示不确定语气的表达手段。从认知语言学数量象似性（quantity iconicity）来看，语言形式的"增量"，必然引起表达意义的"增量"，所以"吧"对"可能"义起到强化的作用。徐晶凝（2008）在分析句末"吧"的情态意义和句法分布时，也指出"在实际使用中，'吧'的情态义还常常得到其他表示推量的语言形式的加强。如'不可能、不会、该、也算是、总、大概'等词语常与'吧'共现"。例如：

（19）可馨不想细说，便搪塞道："也算是下海【吧】。"
（20）杜梅挽着我在农贸市场从头逛到尾，我看着阳光下熙攘的人群想：这大概就是幸福【吧】。

甚至，有时可以直接组合成"情态成分+吧"，成为规约化的构式，表示情态的加强和委婉语气，例如"可能吧、不可能吧、大概吧、应该吧、不应该吧、没必要吧、有必要吧、不一定吧、也许吧"等。

（二）整合

整合是指语气词的语气意义和原句的语气意义在一定语境中经整合后产生了新的语气意义。例如：

(21) 老二说："三十关放疗，她怎么可能不知道病情？也太天真了【吧】？我不知道是病人家属天真还是病人天真。"

(22) 以前孔子说，有教无类。病人也应该这样【吧】？不能以自己的喜好决定收与不收。主任说，医生就要训练出一种本能，就是死的要往活里拉，活的要往好里拉。每救活一个人，都是对自己的挑战。

"吧"用在疑问句中，一般认为表示言者的"疑信参半"。陆俭明（1984）认为是介于疑问语气和非疑问语气之间的半个疑问语气词，起承载疑问信息的作用。而胡明扬（1981、1993）通过可见音高仪记录了"是你吧？"和"是你吧"的语调曲线和音高参数，证明了疑问语调的存在，并认为疑问信息是由疑问语调赋予的。邵敬敏（1996）也持类似的观点。卢英顺（2007）在分析"吧"的核心意义基础上，认为"吧"不是疑问语气词，不承载疑问信息。我们同意疑问信息是由疑问语调带来的观点。莱考夫和约翰逊（Lakoff & Johnson，1983）指出，在语言中"用向上的升调表示疑问，向下的降调表示肯定"，这在认知方面也有解释。体验哲学认为："很多语言中疑问句多用升调是基于这样的经验之上的，人是站立在土地之上的，只有脚踏实地才感到稳妥，才有一种肯定感。而直立向上的状态是不十分稳当的，因而就产生了一种疑惑感。"（王寅，2007）

在话语交际中，例（21）、例（22）两句不需要对方给予证实回答，如果说疑问语气是由句末疑问语调带来的，那么"推量"的语气意义是交际意图、句式和语气词"吧"在疑问语境中共同整合出的新意义。从层次关系来看，如果将"吧"删除，句末降调也难以在该句成立，需要改成升调，所以句末语调和语气词"吧"的关系比较紧密，而且句中的"吧"不能被同类的其他语气词，如"啊""呢"等替换，否则句子不成立，但是在保留"吧"的情况下，句末语调则可以被替换成句号和感叹号。可见，"吧"参与了意义的整合过程。

第四节 人际功能的动态性及语气词的多功能性

话语交际是个动态的复杂过程，而不是静态的。如同走路一样，在行走过程中，身体的运动肌肉会互相协作保持身体的平衡，防止摔倒，一旦路况发生变化，走起来摇摇晃晃，外部环境打破了原有的身体平衡，那么身体的运动肌肉会再次做出调整，直到获得新平衡，从而保证行走的顺畅。人际功能是在交际主体互动协作中实现的，具有显著的动态性。"复杂的交际情景因素、交际意图的理解和共有知识、视角、信念的估计都随时可能对话语交际过程产生影响。"（周红辉，2014）话语主体在构建的人际意义时也需根据交际对象、交际意图、态度等心理认知因素以及文化、社会、习惯等社会语境因素做出适当的调整。系统功能语法认为语言单位的意义是在一定的语境中获得的，语境的动态性决定了人际意义的动态性。这与语用学顺应理论强调变异性和商讨性一致。

顺应理论（Adaptation Theory，AT）是由瑞士著名语言学家维索尔伦（Verschueren）创立的一种语用学理论，于20世纪80年代提出。1999年 *Understanding Pragmatics* 的出版标志着顺应理论的诞生。顺应理论的核心在于"强调语境的动态性，语言形式或策略选择的灵活性和顺应性。正因为自然语言存在类似特征，交际主体才能根据特定目标进行语言形式的选择或交际策略的选择，其中心理因素是制约说话人实施言语行为的一个重要语境变量，这预示着交际中必然会出现凸显交际主体的情感、心理等的用语、结构、话语即语篇特征。"（冉永平，2012）为了交际的顺利进行，话语主体会选择顺应语境的表达式。汉语中的语气词就像润滑剂一样灵活地适应顺应语境的需要。

德国心理学家恩格尔坎普（Engelkamp）（陈国鹏译，1997）指出，逻辑上等值的句子在心理上不一定等值。例如"A 比 B 大""B 比 A 小""B 没有 A 大"这三种表达在逻辑上是等值的，但三者在言者心理上并不等值。因此，含有语气词的表达式和没有语气词的表达式虽然逻辑意义具有一定的等值性，但它们在交际主体的认知心理上并不等值，具有不同的语用效果。进而，我们认为语气词虽然具有多功能性，但是在一定的言语场景中却是唯一的。

　　语气词是个语用成分，"一词多能"是常态，其功能会随着交际对象、社会角色、交际意图等因素的不同而不同，具有多能性、动态性。所以，需要结合具体的语境从语境关系顺应的角度对语气词的人际语用功能进行定位分析。在动态的交际中，说话人选用语气词并不在于提供命题信息，其目的之一在于实现人际关系的顺应。语气词的多功能并不是离散的，功能和功能之间是有语用理据的，是其原型意义在特定语境下缩小、充实、扩张、互动的结果。这样有限的语气词通过动态的语境产生丰富的人际语用功能。语气词、语境和功能之间的关系如下：

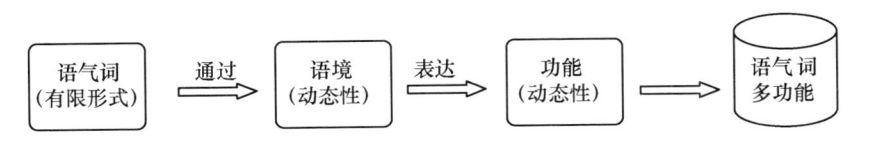

语气词（有限形式） —通过→ 语境（动态性） —表达→ 功能（动态性） → 语气词多功能

图1.1　动态语境中语气词的"一形多能"

第二章

语气词"吧"的人际语用功能

语气词"吧"是使用频率最高的语气词之一。其研究成果也颇为丰富，普遍按照句类将句中"吧"和句末"吧"放在一起进行分析。本章我们将句中"吧"和句末"吧"分开进行研究，除重点分析各自的语气意义和人际功能外，还从主观性和交互主观性的新视角审视两者之间的差异。在吸收前人研究成果的基础上，重点描写、解释语气词"吧"研究中一些被忽视的功能，我们认为语气词"吧"的诸多意义呈现一个从主观性到交互主观性的连续统。第一节，我们分析了句中"吧"后续话语的语义类型，对句中"吧"的域空间及域值差异进行了探究。第二节，我们重点研究了句末"吧"的交互主观性，句末"吧"的求同示证功能以及"传递合预期信息的功能"等。第三节，在对比句中"吧"和句末"吧"差异的基础上，认为句中"吧"还没有完全"专职化""话题标记化"，还具有语气意义，和句末"吧"呈对立互补格局。第四节，从语气副词和语气词"吧"选择制约的角度，重点考察了一些常用搭配构式的句法语义关系及人际语用功能，如"还是……吧""一定……吧"等。第五节，结合留学生的问题，探讨了人称、现实—非现实范畴对语气词"吧"的约束作用。

第一节 句中"吧"的人际语用功能

一 句中"吧"研究成果及存在的问题

目前关于句中语气词"吧"的研究主要是散见于一些著作和论文中，专门的研究还不多见。已有成果主要有朱德熙（1982）、吕叔湘（1982）、丁声树（1979）、李兴亚（1986）、孙汝建（1999）、屈承熹（2006）、徐晶凝（1998、2008）、张斌（2001）、冉永平（2004）、何自然（2006）、齐沪扬（2011）等。由于这些成果都不是讨论句中语气词"吧"的专文，所描写的都是从各自角度选取的少数典型用例，造成各家观点不一致，莫衷一是。但大家基本都认为句中"吧"有以下几个用法：

用于句中停顿处，表示举例。例如：

（1）比如喝茶【吧】，内中有许多讲究。（张斌，2001）

用于交替假设的小句，表示假设。例如：

（2）不给钱【吧】，不好意思白拿；给钱【吧】，又给不起。

（赵元任，2005）

用于让步小句，表示让步。例如：

（3）就算你行【吧】，也应该收敛一些。（齐沪扬，2001）

这些研究明显存在三个方面的问题：一是描写不够全面，只是举例性的；二是没有区分句中语气词"吧"的意义和表达式意义；三是句中语气词"吧"的人际语用功能研究得不够。下面分别对这三个问题进行说明。

（一）对句中"吧"的描写是举例性的，不够全面

句中"吧"除了上述三种分布外，还可以出现在主语、主谓短语、状语、动宾短语等话题主位后，还有连接标记语、插入语等篇章主位的后面。例如：

1. 话题主位后

主语后：

（4）我【吧】，就有个毛病。明明不能喝，还非得喝。

（5）她【吧】，长得也不难看，往人堆里一扔也算是小美女一个，可是现在在这么俩妖孽级别的俊男美女的衬托下，她就跟一村姑似的。

状语后：

（6）打小【吧】，我也以为自己是文曲星下凡……

（7）大概去年夏天的这个时候【吧】，我看到天上有一个圆形会发光的物体。

主谓短语后：

（8）我觉得我们教汉语【吧】，就该走出国门，走向全世界。

2. 人际主位后

（9）我觉得【吧】，你特有才气哎。

（10）我说【吧】，你们又把碗摔碎了。

3. 篇章主位后

（11）朋友画戒指，由于个人比较偏爱中指戴戒指，所以也画在那手指上。结果【吧】，我们班小朋友为了炫耀手上的戒指，个个出出进进都竖着中指。

（12）"实话跟你说【吧】，待会儿我们老师要来家访。今天让你过来的目的，是要顶替我妈应付老师的。"刘星道出了实情。

（13）"我来也可以。但我最近怎么觉得自己眼花。经常看一会就要眨眨眼。这样【吧】，还是你来，我替你看着。对，对，就这里下刀。你不要怕，先剪三分之一看看，出不出血。"

（14）比如【吧】，胖子就比一般人爱出汗，还动不动就喘。

可以看出"吧"前的语言成分比较多样，"吧"在句中的位置也相对灵活。

(二) 没有区分句中语气词"吧"的意义和句式意义

句中语气词"吧"属于黏着性的虚词成分，不能独立使用，不参与命题意义的构建，表示的意义是语法意义。由于句中"吧"意义的动态性和灵活性特点，在概括句中"吧"的语气意义时，容易混淆语气意义和表达式意义。例如上述例（1）—例（3）将举例句、交替假设句、条件句中的"吧"的意义分别概括为"表举例""表假设"和"表条件"就存在随文释义，将句式义误认为是"吧"的语气义的问题，没有将语气词自身的意义和跟语篇赋予的意义区别开来。如果将上述例句中的"吧"去掉，原句表示举例、交替假设和条件的语义还存在，可见，"表列举""表假设""表条件"并不是句中"吧"的意义。这一点张雪平（2008）、郭红（2010）等经过论证，已经明确了"吧"不负载假设意义，本书在此不再赘述。那么这些句中"吧"表示的是什么语气意义呢？这是本书要解决的问题之一。

（三）句中语气词"吧"的人际语用研究得不够

目前对句中语气词"吧"的研究主要是将其局限在句内进行考察，分析"吧"在句内的句法语义功能。句中"吧"是话语情态的重要表现手段，在交际中直接参与人际关系的建构，其人际语用功能才是其最重要的功能，遗憾的是"吧"的人际语用方面的研究还比较缺乏。

二 句中"吧"后续话语的语义类型

朱德熙先生指出，句中语气词有两个作用：一是表示停顿；二是表示语气。而方梅（1994）从篇章功能角度将句中语气词"吧"视为没有语气意义的纯主位标记，徐烈炯、刘丹青（2007）则认为它是没有语气意义的专用话语标记，但是有些"吧"前语言成分如"我们从小吧……"就很难进入主位或话题的范围。可见，对"吧"前成分的定性暂时还很难有一致的意见，但是对句中语气词表示停顿这项功能却是学界一致认可的。可能正因如此，目前学界只重视停顿前的语言成分，而普遍忽略"吧"后的语言成分。这样会客观地造成"吧"前后成分在句法语义上的脱离，不利于我们全面正确地把握句中语气词"吧"的使用特点及功能。即使重视"吧"前成分，也还只是举例性的。再者，如果说句中语气词"吧"反映句子次要信息和重要信息的切分，"吧"的后续话语才是重要信息，对句子的结构制约理应最大，只考察"吧"前成分，不考察其后续话语，有点避重就轻之嫌，有失偏颇。因此，考察句中语气词后续话语有利于揭示句中语气词"吧"的语义选择条件及其人际语用功能。

在话语交际中，话语的性质有时可以根据"吧"前语言成分的语义类型来判定，例如："像他这种人吧，以后没有什么好结果。"句中语气词"吧"前成分"像他这种人"是表示消极意义的语言片段，预示着后续话语的负面性质。但是根据语料，这种具有预示后续话语性质的前成分较少，更多的要结合具体语境分析后续话语的语义类型。这些语义类型有负面信息、正面信息、逻辑辩论、与听者相左、认知域中的主观认定、现实域中的客观信息等。下文将一一进行说明。

（一）负面信息

包括负面评价、不如意信息等。例如：

（15）看你那个照片照得【吧】，乱七八糟。

（16）刘书友：我那儿有一条被子【吧】，那个面儿稍微旧了点儿。

（17）他【吧】，就不是读书那块料，还是让他早点出门打工去得了。

例（15）"吧"的后续话语"乱七八糟"为补语，是对听者照相技术的否定，例（16）"吧"的后续话语是言者对"被子"的负面评价，认为"面儿稍微旧了点儿"不太适合捐赠。例（17）的后续话语"不是读书那块料"是对"吧"前成分"他"的否定性评价。

在话语交际中有时会涉及个人隐私信息。"隐私"俗称"私事"，指的是与公共利益、群体利益无关的、禁止他人干涉的纯个人私事。在话语交际中提及他人或自我的隐私被视为对当事人的一种冒犯，会引起当事人的不满，属于不如意行为。

（18）孩子那时候都八岁了，没离过北京，我跟您讲【吧】，我都没有出过北京市！

（19）姑娘，我猜【吧】，你的年龄估计不止30岁。

例（18）"吧"的后续话语"我都没有出过北京市"是听者没有想到同时也是言者很少提及且不愿别人知道的隐私。例（19）

"吧"的后续话语涉及女性的年龄隐私,交际对象是陌生人时,一般女性是不愿别人问及个人年龄问题,否则会引起交际紧张。在表达负面信息时,"吧"的后续话语在语言特征上常常出现表示消极意义的词语或构式,如"嘲笑""欺负""旧""都没有……过"等,"吧"前成分多是第二人称或第三人称。

(二) 正面信息

包括高兴、自豪、赞扬、褒奖等。例如:

(20) 结果那天【吧】,上场之前我突然心血来潮,我觉得我要演一个人物,于是呢我就想演一个老太太卖鸡蛋,我就坐在镜子前面就把我自个化妆。

(21) 其实小油菜一个搞人事的,突然跑去做行政,这有点文不对题。不过吴文这个人【吧】,用人十分的不拘一格。

(22) 据说美国总统有点好色,不过奥巴马这人【吧】,也有个优点,不挑食。

(23) 我【吧】,就是特爱钻研,对什么都感兴趣,不管社会上刮什么风我都跟着凑热闹。(方梅,1994)

例(20)"吧"的后续话语是言者"吕中"得知自己"那天"要上场扮演一个老太太,获得表演机会,心里非常高兴,"自豪"之情流露在字里行间,后续话语表达的是"高兴"的积极内容。例(21)"吧"的后续话语是言者对吴文用人的赞扬,吴文不受部门限制大胆地让有点结巴的"小油菜"改做行政,体现了其"不拘一格降人才"的领导智慧。例(22)"吧"的后续话语是言者对奥巴马的褒奖。当然褒奖的对象除了是别人之外,也可以是言者自己。例(23)"吧"的后续话语就是言者对自我热爱钻研、兴趣广泛的自我肯定,也可以理解为后续话语表达的是言者的得意之情。在语言形式上,当肯定的对象是言者自我时,"吧"的后续话语常常出现"喜欢""讲究""感兴趣"等具有积极意义的词或句式。

（三）逻辑辩论

逻辑辩论是以事实为中心，避免情感因素的干扰，在话语中可以用来表示客观的逻辑事理关系，也可以用来表示言者的中立立场。例如：

（24）后来一问二师兄，二师兄得意地笑说：舆论媒体这东西【吧】，有好有坏。我们治好了九十五个病人，媒体不来追踪报道，没什么可报的，因为是狗咬人，不是新闻，治好是分内事，它们只追求那治不好的有差错的极少数。

（25）员工 A：老板刚才批评我，有点过分，是堵车，又不是我故意迟到的。

员工 B：这件事【吧】，你有你的道理，老板有老板的理由。

例（24）"吧"后续话语"有好有坏"是对"吧"前成分"舆论媒体"的辩证看法，是根据现实事件的逻辑推理，具有较强的逻辑性。例（25）的情景是"员工 A"在向"员工 B"诉苦，"员工 B"则根据事实做出客观的评说，既不表态老板不该批评听者，也不表态听者迟到有错，而是采取中庸之道表示中立。在语言形式上，"吧"后续成分常出现表示事物正反两个方面的词语，例如"有 A 有 B"或者对举句式等。

（四）与听者相左

即言者的认知和听者的认知不一致，即不同意、不认同等。例如：

（26）编辑部：咱们这么说，你这东西是好东西，<u>可对我刊来说太长了</u>。

作者：我觉得我们办刊物【吧】，<u>编辑方针应该很灵活的。有话则长，无话则短，别先把自己限制死了。</u>

(27) 正在这时候，组长来了，看到情况，很温和地说：你这个情况，我们也没想到，我们也感到抱歉。但你听我说，你随便去哪里问好了，这肯定不是事故。……你母亲这个情况【吧】，只能叫意外。我们没有疏忽的地方，也没有要害她的故意，情况就是不巧，怎么办呢？

例（26）中的"作者"希望自己的长篇作品能够刊发，"吧"的后续话语是言者"作者"对办刊物的认知，觉得办刊物作品可长可短，但这与前文编辑部的意见不一致。例（27）言语情景是听者的母亲在手术中出现了医疗意外，听者认为这是医疗事故，这从上文"这肯定不是事故"的预设中可以得知，但是从"吧"的后续话语可以看出，言者则认为是"意外"。可见，"吧"的后续话语与听者的认知相左。语言形式上"吧"的后续话语主要表现在语篇前后相应表达的正反对比上，如画线部分。

（五）认知域中的主观认定

包括猜测、推论、决定或论述道理等。

(28) 这两个女生都不错，不过小丽温柔一些，我觉得【吧】，她可能更适合你。

(29) 这人【吧】，甭管多大。遇到事只要自己还没想通，谁来劝都没用！

(30) 她觉得【吧】，宋子诚肯定还是记仇的，只不过人家有涵养，不会发作。

(31) 你的意思我们明白的。这样【吧】，下一次手术，我想办法从组里或者课题里出钱，不给你们增加经济负担，你看怎么样？

例（28）"吧"的后续话语是个小句，是言者根据自我认知图式（听者喜欢温柔的女孩，小丽温柔）的判断，结合具体语境具有建议功能。例（29）"吧"的后续话语是对"做人"道理的感悟。例（30）"吧"后续话语是句法主语"她"根据掌握的信息对"宋子诚"为人的主观推论，例（31）"吧"的后续话语是言者了解病人经济有困难的情况后，做出的给予对方经济支持的决定，在语言形式上，做出决定时，"吧"前成分多含有指示语"这/那样"。

根据 Pustejovsky（1995）的研究，谓语可以分为两类：一类是表状态的，属于"个体平面"（individual-level）；另一类表事件，属于"阶段平面"（stage-level）。"个体平面"表示个体所具有的永久性（permanent），在时间轴上是同质的，而"阶段平面"表示个体暂时的（transient）、阶段性特征，在时间轴上是异质的，动态可变的。表现在句法上，"个体平面"的谓语没有时体范畴，不能和时体标志如动态助词等连用，但常与情态范畴共现，而"阶段平面"的谓语有时体范畴，可以和时体标志连用，不和情态范畴共现。刘丹青（2002）分别译为"状态谓语"和"事件谓语"。例如：

（32）a. 熊猫吃竹子。
　　　b. 熊猫吃了竹子。
（33）a. 学生就该好好学习。
　　　b. 学生正在好好学习。

例（32a）、例（33a）的谓语都是状态谓语，主语是类指；例（32b）、例（33b）都是事件谓语，主语是有定或无定。

在论述道理、规律时，"吧"前成分为具有类指（generic）功能的体词性成分，具有"个体"的语义特征，"吧"后是状态谓语。如：

（34）a. 学生【吧】，就该好好学习。
　　　b. #这位学生【吧】，就该好好学习。
　　　c. *学生【吧】，正在好好学习。

(35) a. 这熊猫【吧】，都爱吃竹子。
　　 b. #这只熊猫【吧】，爱吃竹子。
　　 c. *这熊猫【吧】，吃了竹子。
　　 d. 这种熊猫【吧】，都爱吃竹子。

如果将 a 句中"吧"前成分添加数量以后就不是讲述一般道理，如例（34b）、例（35b），但是指类量词除外，如例（35d）。如果将"吧"后成分改成事件谓语的话，那么句子就不成立，如例（34c）、例（35c）。

在做出主观认定时，往往和言者所掌握的证据有关，由主观猜测、建议、推论到做出决定，其证据充足度呈现递升状态，可以视为一个连续统。这样，"吧"前成分常出现诸如"我觉得""我想"等证据范畴（evidentiality）① 或"总之""所以"等语篇衔接标记语，"吧"后话语根据话语的示意语力选择匹配的情态范畴，如低值情态成分"可能""大概"、高值情态成分或构式"肯定""一定"等。有时同一话语既可以理解为建议，也可以识解为论述道理等。可见，主观认定辖域内存在交叉叠加现象，如：

(36) 失败了，其实心情也挺复杂的，和你们一样难受，一下子啰唆这么多，总之【吧】，大家多尝试，摆好心态。我十分愿意和你们一起分担风雨，分享成功。

"吧"的后续话语，通过"结论"的形式给予大家"尝试"的建议，同时"摆好心态"也似论述人生道理。

（六）现实域中的客观信息

现实域中的客观信息，包括两难的情况，多用在回忆性的表达

---

① 证据范畴是雅克布森（Jakobson）1971 年提出的概念，狭义的证据范畴指的是知识的来源（source of knowledge），包括感知的、引证的、个人推断的等；广义的指对知识的态度（attitudes towards knowledge）。本书取广义理解。

中，例如：

（37）唐东：大概 2006 年【吧】……我们做一个舞台剧……那两天就是可能太累了吧……意外就发生了，当时我，是这个手着地……

（38）还有一次【吧】，我在放学的路上，和很多同学一道，我说生物书上说的，人的毛细血管很长，能绕地球一周，有个同学不相信，他说我们有，你肯定没有。

（39）没办法，人家是 VIP，你去说【吧】，病人妈妈正哭得死去活来，任何一句不恰当的话都有可能招来老拳；你不说【吧】，病房走廊探出许多脑袋看着咱们，这一层楼热闹得都像七浦路了。

由于是现实域中的事件，所以"吧"前有标识过去时空的词语或语言片段，如"2006 年"还"有一次"等，"吧"后续话语是对已然事件的叙述，如例（37）是言者对 2006 年那次意外的回忆，例（38）是对学生生活片段的回忆。但是例（39）并不表示已然事件，也不是对过去的回忆，而是对现状进行描述的假设性复句。对探视者过多是"说"还是"不说"，根据病人 VIP 身份及自身的地位难以选择，这是言者当时客观的心理状态，在特定语境下具有现实普遍性，也可视为客观信息。当然，如果强调"吧"后话语的不如意性，也可以将其纳入"负面信息"类。这些时空成分和假设性条件小句表明"吧"后话语成分所表事件或命题是在其所设置的框架内有效。① 在语言形式上，"吧"的后续话语动词多是［+终结性］（+telic）的情状类型，即完结（accomplishment）和达成

---

① Gadse（1999）将话题分为关涉话题（aboutness topic）和框架设置话题（frame-setting topic）。他认为："位于句首或句子前部的表示时空、个体甚至假设条件的名词性成分或介词短语、条件小句，都有框架话题的性质，并认为这类话题是 IP 之外的，句法位置更加外在，与述题的语义关系也就可以更加松散。"（刘丹青，2008：248）

(achievement) 情状，表示两难的假设复句的后续话语是假设条件下产生的结果。

需要指出的是，在话语交际中，"吧"后的话语成分一定必须出现。① 共有三种情况：不便或不想说出；寻求对方反馈信息；思考不成熟。

A. 不便或不想说出。例如：

（40）窦文涛：你说这玩意，我承认是信息不对等，或者说学术门槛是很高的。但是你想没有，我是觉得这是不是也说明，咱们中国这两年闹得【吧】。

李菁：大家谁都不需要了。

窦文涛：<u>学术尊严没有了</u>。我想欧美国家也不外乎这样，普通老百姓哪懂，但是基本上人家这个权威尊严在，一般来说，一个你们学术界的人认为是这样，老百姓也就是相信了。

这时，"吧"位于述语和补语中间，鉴于补语部分的负面性在第一个话论中不便或不想说出。

B. 寻求对方反馈信息。有时亦可以跨越话语对，在嵌入听者话语后，出现在下一个话论中。又如：

（41）甲：我觉得你这个同学【吧】……

乙：嗯。

甲：<u>喜欢占别人小便宜</u>。

---

① Wu（2003）从话语分析的角度根据语气词在话论中的位置将这类位于未完成话论结构单位后的语气词（non-turn-constructional-unit）也视为句末语气词，这与本书从句子角度的分类不同。所谓"未完成话论结构单位"指的是在话论交替给听者过程中，有关的还未完成的话语。例如"实际上啊……""他帮忙'install'啊、'setup'那些东西啊……"

在会话过程中，有技巧的言者常常会有意识地主动寻求对方的反馈信息，以掌握话语推进进度，通过延长句中语气词"吧"来了解所传递信息是否被听者接受，从而决定是继续话论还是重复、澄清或是解释，让听者跟上言者话语的发展。其中"嗯"是个语言反馈项目，表示"我在听，请继续"的话语意义。第三个话论"喜欢占别人小便宜"才是"吧"的后续话语。

C. 思考不成熟。例如：

（42）妻子：老王，女儿今年是在北京读大学还是去香港读？

老王：让我想想，要我说【吧】……

口语交际具有即时性，交际主体在传递信息、表达意图时通常会一边组织话语一边思考，当出现一时难以回答或思考还不成熟或难以找到合适表达等表达障碍时，交际主体常常会采取句中"吧"停延策略，为自我争取更多的思考时间，试图保持话论的主动权。

三 句中"吧"的人际语用功能

在话语交际中，语言不仅可以用来传达命题信息，同时还可以用来表达自我的情感、态度，管理、调节人际关系。句中语气词"吧"在话语中不构成命题意义（prositional meaning），可以说对语言信息的传递和理解并不重要，只有程序性意义（procedural meaning），仅对话语主体行为起语用修饰作用。句中"吧"的人际语用功能体现在人际域、情态域、语气域和现实域等多个域空间。

（一）人际域中的缓和功能

语言交际涉及话语主体双方的社会地位、亲疏关系、权势关系以及礼貌、面子等社会形象等因素，在话语交际中这些因素制约着语言形式和话语策略的选择。因此，在言语交际中言者会采用一定语言手段来体现对对方的"关照"，减少话语的负面性、驱使性，推进人际交往的顺利进行，维护提升人际关系。

当后续话语的语义类型是负面信息、主观认定、"相左"等类型时，句中语气词"吧"在人际域能缓和这些言语行为在人际关系上的消极效果，包括缓和负面信息的冲击、缓和说教信息的冲击、弱化自我表达等。

1. 缓和负面信息的冲击

负面信息的冲击，按照冲击的方向，可以分为两类：一类是对听者的冲击；一类是对言者自我构成冲击。下面就这两类分别论述。

A. 缓和负面信息对听者的冲击

（43）你弟这个人【吧】，平时性子软，看起来挺好说话的，可一旦决定了什么，没有人能撼动。

例（43）中"吧"的后续话语"性子软"是对"你弟这个人"性格的负面评价，如果将"吧"去掉，转换成：

（43′）你弟这个人 ϕ，平时性子软，看起来挺好说话的，可一旦决定了什么，没有人能撼动。

这样例（43′）的命题内容虽没有发生变化，但是示意语力比较直接，言者的观点和立场比较绝对，没有留给对方空间，对对方"弟弟"的贬损损害了听者的面子，不利于话语的接受和人际关系的建立。但是通过句中语气词"吧"的停延，可以弱化话语的绝对性，缓和后续话语的负面性，提高命题的可接受性。

B. 缓和负面信息对言者自我的冲击

（44）这个脚不能动弹不能着地，有个两三次，这个我痛风【吧】犯了，我就慢慢地下楼。

在访谈节目中，受访者向受众呈现的是一个坚强的社会形象，通过语言表达将自我"不幸"的严重性弱化，维护这一坚强的语境形象，同时也是和受众对其社会形象认知保持一致的需求，"吧"体现了弱化后续句负面程度的意图。莱考夫（Lakoff，1989）指出，交际的目标之一就是建立并传递自己的良好形象，即建构自己所期望的身份现象。句中"吧"通过缓和"不如意"的程度，以达到维护自我"坚强"的正面形象。此时，后续话语不能出现增强"不如意"程度的相关言语成分。例如：

(44′) *这个脚不能动弹不能着地，有个两三次，这个我痛风【吧】犯了，<u>痛得让人真要命</u>。

还有一种可能，就是有时候需要对后面负面信息的夸大，博取听者的同情。到底采取哪种策略需要根据语境和言者的意图来择定。言者根据交际意图选择相关语言成分来调控语境资源，引导言者的认知，使其与自己的意图保持协调，取得相应语境效果。如果要博取同情，此时一般不能使用具有缓和功能的句中语气词"吧"，而应选用具有增强情感的语气词"啊"。例如：

(44″) 这个脚不能动弹不能着地，有个两三次，我这个痛风啊犯了，<u>痛得真要命</u>。

"维护自我的正面形象"和"缓和负面信息的冲击"都和"吧"的后续话语的负面性或者说不如意有关，不同的是负面性的方向不同。"维和自我正面形象"缓和的是涉及"自我"的负面性，而"缓和负面信息的冲击"缓和的是涉及听者的负面性。

2. 缓和说教的冲击

（45）你作为一名人民教师【吧】，就该为人师表，既要授业又要解惑。

（46）现在，面对尖锐的问题，习惯性的忽悠就随它过去，不然你要我怎样？做人【吧】，真不用较真。哈哈，熊姐新年快乐。

话语交际中，在向听者讲道理、说事理时，言者的话语意图是希冀对方能够认可接受。但是说教常常预设听者不明或违反该事理，有教育对方的意味，会引起对方的不悦，威胁到对方的面子，不利于话语的接受和言者话语意图的实现，此时选用"吧"就能缓和说教的冲击。例（45）是对"如何做教师"、例（46）是对"如何做人"的说教。如果将两句中的"吧"去掉，转换成：

（45'）你作为一名人民教师φ，就该为人师表，既要授业又要解惑。

（46'）现在，面对尖锐的问题，习惯性的忽悠过去，不然你要我怎样？做人φ，真不用较真。哈哈，熊姐新年快乐。

去掉"吧"以后，两句的说教程度增强，此时可以用高值情态动词来检验。如例（45″）、例（46″）两句可以和高值情态成分"一定""必须"等匹配。如：

（45″）老师φ，就必须为人师表，授业又要解惑。

（46″）现在，面对尖锐的问题，习惯性的忽悠就随它过去，不然你要我怎样？做人φ，一定不能较真。哈哈，熊姐新年快乐。

3. 弱化自我表达

（47）我知道。他的故事多有名啊！报纸上都登过相关的报道。所以这里一有事情，我们就赶紧去叫他。不过，我觉得【吧】，大家都别抱太大希望。……

（48）主持人：吃口西瓜吧我建议你。刚才我们看到的，都是实心的东西。能不能整个透明的东西让我们大伙看一看？

嘉宾：那我这样【吧】，谁有喝水的，借一个，里边还有水没喝完，你把它喝完。清楚一点，来，拿着。借我一个手机，主持人你有吗？

当代语言学研究的一个核心思想是话语中任何语言成分都是言者根据交际语境和目的加以选择的结果，都会体现言者立场、认识、态度或修辞策略。从这层意义上来说，主观性不是一个涉及语言表达内容的概念，而是涉及语言使用的概念（斯梅特和维斯特拉特，2006；赵秀凤，2010）。在话语交际中，言者在表达自我认识时，体现的是对"自我"的关注，自我表达的主观性比较强，但是通过句中"吧"的选用，可以弱化自我表达，转让部分话语的决定权，增强自我表达的可商议性，体现对听者的认知状态或社会形象的关注，即凸显交互主观性，从而推进促成言者的自我表达被听者识解和接收的语境效果。例（47）是言者的"推论""判断"，如果将"吧"去掉，表达的是与听者认知相反的自我观点和认识，自我表达的主观性比较强，"吧"的停延起到了削弱"自我"，凸显交互主观性的作用。例（48）是言者的"决定"，如果将"这样吧"变成"这样"，那么"决定"的示意语力增强，体现了言者较强的主观性，而句中"吧"软化了言者"决定"的绝对性，模糊了"决定"的肯定力，具有商量的语气。

可见，句中"吧"是一种缓和手段（mitigating devices）。Caffi（1999）指出话语交际中缓和手段具有两方面的语用功能：

第一，顺利实现交际互动的有效性（interactional efficiency）；

第二，调节话语主体间人际关系。

通过对句中"吧"的考察，可以看出，句中"吧"可以缓和话语的贬损性；降低言语行为给对方面子的威胁力度；还可以通过句中"吧"将涉事程度往"小"里说，维护"谦虚""坚强""礼貌"的正面形象。

"吧"是缓和成分，言者选用的意图应是降低话语的示意语力，而高值情态成分或构式是增强示意语力，两者难以共现兼容。这一点与句末"吧"难与强语气成分或句式共现高度一致。齐沪扬（2011：14）在分析语气词"吧"时，指出"如果句式的语气较强时，一般不用'吧'"，包括两种情况：

一是有表示强调作用的语气副词"千万""可"等，如"＊你可别乱说吧"；

二是在祈使句中，表示禁止、命令等语气时，如"＊这里可是禁止吸烟的吧！"

但是在后续话语中有时会出现增强情态的成分，例如程度副词"特别"等：

（49）我爸爸【吧】，<u>特别</u>喜欢足球，看起足球来，可以不吃饭不睡觉。

这是为什么呢？我们认为是言者通过夸张式的高值表达来表示主观情感的不满，表层看起来是积极意义，但深层的话语意图实则为负面情感。

（二）情态域中的主观性

（50）二师兄说……我告诉你，你爱一个女人也许只能维持三五年，你爱肿瘤，会是一辈子的事情。女人，你看多了就是一个样，天天吃一道菜吃个十年八年怎么都会生厌。<u>而瘤子</u>

这个东西【吧】,就好像让你夜夜换新娘,个个都如花似玉,想不爱都不行。

(51) 他双手托着这位小少爷,不使劲【吧】,怕滑溜下去;使劲【吧】,又怕伤了筋骨,他出了汗,对于怎样好好托着这位小少爷祥子很是忐忑的。

例(50)"吧"的后续话语,是"二师兄"对"瘤子"与众不同的主观认识。转折标记语"不过""而"等表明"二师兄"经过对比思考后其主观上有新的认识。例(51)是对语法主语"他"主观为难情感的表达,如果将"吧"去掉,其客观性就比较强,主观性减弱,"吧"具有增强"为难"这一主观情态的功能。邢福义(2003)指出语气词具有增加额外信息的功能,主观性就是其额外的信息。因此,综合前面人际域的研究,我们发现句中"吧"在情态域中实际上呈现出从主观性到交互主观性的连续统,即从表达言者对命题内容的主观认识和情感态度到对听者社会形象的关照。根据语境及表达需要句中"吧"在知域表现的是主观性,在言域表现的交互主观性。

(三)现实域中的模糊化功能

句中"吧"用在表示对已然事件的回忆时,常位于一些表示过去的时空词语之后。前面已经分析过这些时空成分表明"吧"后话语所表事件或命题是在其所设置的框架内有效,"吧"的后续话语动词多是[+终结性](+telic)的情状类型,即完结(accomplishment)和达成(achievement)情状,也就是说命题所表达的事件在现实域中已经发生或存在,属于现实范畴[①](rea-

---

[①] 现实(realis)和非现实(irrealis)是一对情态范畴,在句法上对应现实句和非现实句。"'现实'指言者认为相关命题所表达的是现实世界中已经正在发生或存在的事情。'非现实'指言者认为相关命题所表达的是可能世界中可能发生/存在或假设的事情。与此相应,表达现实情态的句子就是现实句,表达非现实情态的句子就是非现实句。"(张雪平,2009)

lis)。例如:

(52) 后来隔了一天【吧】,她的广告部长就给我打电话说老总让我再去一次。我能感觉到她内心对这个非常喜欢。他让我报个价。就这样,伴随着坎坷和忐忑,左晔赚到了自己人生中充满阳光的第一桶金。

例(52)时空表达"后来隔了一天吧"表示的是一个模糊的时间,在回忆性表达中,信息传递、记忆储存的焦点通常不是时空这些背景信息,而是事件主体部分。所以交际中言者对一些不太重要且记忆不精准的信息常常予以语用上的模糊化处理,表明对事件的陈述和事实本身稍有一点儿差距。时空成分后的"吧"具有这种模糊化的功能,能降低其前时空成分的肯定性。这种模糊化功能具有这样一种语用特征:"客观命题具有中心意义,而围绕中心意义会产生各种外围意义,或出现上下、左右等幅度误差。这类外围意义或幅度误差表现在语用上就是笼统或含糊。"(何自然、冉永平,2009)所以,"吧"常常与一些低值情态成分或模糊限制语(hedge)[①],如"大概""可能""好像"等搭配,组合成"大概……吧""可能/应该……吧""好像……吧"以加强对信息可能性的表达。例如:

(53) <u>大概昨天晚上八点</u>【吧】,我听到了门外有轻轻的脚步声和手推门的声音。

(54) <u>好像去年的这个时候</u>【吧】,我们村的王老二又从

[①] 模糊限制语是莱考夫(Lakoff,1972)率先提出的,指一些把事物或事情弄得模模糊糊的词语或结构,可以就话语的真实程度或涉及范围对话语的内容进行修正,也可表明言者对话语内容所做的直接主观测度,或提出客观根据,对话语尽进行间接评估。可分为变动型模糊限制语和缓和型模糊限制语。(何自然、冉永平,2009:177—183)

越南讨了个老婆回来。

这些低值情态成分在句法上不具有强制性，省略后时空的模糊性还存在。

（四）话语方式域中的舒缓随意功能

"舒缓"指的是在话语构建中，言者气徐声柔，使话语节奏平缓，避免急促，具有物理性和生理性特征。句中"吧"在话语中，通过停延，起到平缓话语节奏的作用，有利于营造轻松的话语环境。例如：

（55）他们那个团队个个都很精干，就说小李【吧】，他现在一个人能干三个人的活儿。

（56）学术创作是一项严谨辛苦的工作，拿收集材料来说【吧】，就需要我们花大量的时间和精力。

（57）计算科技的发展【吧】，就是把双刃剑，给我们生活带来方便的同时，也给青少年教育带来负面影响。

当句中"吧"的后续话语的语义类型是"逻辑辩论"时，整个话语强调的是命题内容的客观性，前后句间存在某种逻辑语义关系，例（55）、例（56）前后句之间是说明与被说明的关系，通过举例进一步论证前句观点。例（57）的命题内容是对"计算科技"的正反两个方面的客观理性论述，这些句中"吧"都是起到舒缓话语节奏的作用，增强了话语轻松随意的语气。

四　句中"吧"的域空间和域值差异

综上分析，句中"吧"的人际语用功能体现在人际域、情态域和现实域等域空间上，总结如下：

表 2.1　　　　　　　　　句中"吧"的人际语用功能

域空间＼语义类型	负面信息	意见相左	主观认定	正面信息	交替假设	逻辑辩论	客观信息
人际域	＋缓和人际冲突	＋缓和人际冲突	＋缓和人际冲突	＋缓和人际冲突			
情态域	＋交互主观性	＋交互主观性	＋交互主观性	＋主观性	＋主观性		
现实域						－肯定性	－肯定性
话语方式域						＋舒缓随意	＋舒缓随意

说明：表中标注的都是该项有别于其他并列项的主要功能，域空间未做标注的并不表示没有此项功能。

从表 2.1 中我们可以得出以下结论：

（一）当句中"吧"的后续话语是"负面信息""意见相左""主观认定"时，"吧"都有缩短人际距离，缓和人际冲突的功能，在语气上也都是相对委婉的表达，在情态域都有弱化自我的主观认识。但是"吧"在人际域中的域值并不相同。"负面信息"和"意见相左"其命题内容的肯定力较强，命题内容是言者"已有择定"的信息，和对方可商量性的空间较小，"吧"所承载的缓和意图最明显，此时体现的是"吧"和语境的互动，而"主观认定"的部分命题内容和听者可商议性较强，言者对命题内容还只是倾向性看法，但还不太肯定、把握性不高，"吧"除了可以用表缓和人际冲突外，还有较强的"可商议性"，此时体现的不仅是和语境互动，也有和命题内容的互动，其所承载的人际缓和功能比前两者弱。因此，三者在人际域和语气语域的域值差异见表 2.2。

（二）当句中"吧"的后续话语是"正面信息"和"交替假设"时，"吧"主要凸显言者自我主观上的新认识和"为难"的认知情态，体现主观性。特拉格特（Traugott）认为交互主观性是主观性进一步发展的产物。换句话来说，在程度序列上交互主观性比主观性的强度更强。据此"正面信息""交替假设"类中"吧"的主观性比"负面信息""意见相左""主观认定"的要弱。其域值差异见表 2.2。

（三）在话语方式上，句中"吧"都具有调控话语节奏的作用。当句中"吧"的后续话语是"客观信息"和"逻辑辩论"时，句中"吧"最突出的功能就是舒缓话语节奏，构建轻松口气，增强口语色彩。同时，句中"吧"具有模糊命题"时间""地点"等次要背景信息的功能，这两个表达式的客观性较强，主观性弱。其域值差异见表 2.2。

如果换个角度，从命题内容的性质来看，我们可以将含有句中"吧"的话语分为言者"已有择定"和"未有认定"两类。当句中"吧"的后续话语是"已有择定"的内容时，"吧"的作用主要是为了缓和人际关系，如"负面信息"类、"意见相左"类等。当是"未有认定"的内容时，句中"吧"既有表示对命题内容的主观认识，又有增强"可商议性"。

表 2.2　　　　　　　　句中"吧"域空间的域值差异

语义类型＼域空间	人际域（缓和）	现实域（肯定力）	话语方式域（舒缓随意）	情态域（主观性）
负面信息	↑			↑
意见相左	↑			↑
主观认定	↑			↑
交替假设				
正面信息				
客观信息		↑	↓	
逻辑辩论		↑	↓	

纵观表 2.2，我们会发现，"负面信息"类句中"吧"凸显的是其交互主观性，即对听话面子的关注，所以主观性最强；"逻辑辩论"类中的"吧"凸显的是话语方式的舒缓随意，命题内容的客观性强。

斯威彻尔（Sweetser，1990）指出语义的发展可能在内容域（content domain）、认知域（epidemic domain）和言语行为域（speech-act domain）之间通过隐喻机制投射到语言中。句中"吧"的多个语气意义并不是孤立的，杂乱无章的，而是存在内在的规律，是心理空间多个域之间的投射，而且域值存在规律性的变化。句中"吧"的认知域用法是言语行为域用法的主观性表达，言语行为域用法是认域用法发展出交互主观性以后，即开始对听者社会形象给予关注后才出现的表达。

第二节 句末"吧"的人际语用功能[*]

从上面分析可以看出，句中"吧"在话语中并不参与概念意义的构建，主要起调节人际关系和主观性的人际语用功能，主要用在陈述句中。"据陈建民《汉语口语》的实况录音材料统计，语气词用于陈述句的话题停顿处，是口语中十分常见的现象。"其中"吧"出现的次数最多（徐晶凝，1998），而句末"吧"可以用在是非问句、祈使句和陈述句末，根据徐晶凝（2008）的统计，用在祈使句最多，约占56%；其次是是非问句，这一结果和金智妍（2012）的调查结果（祈使句占55.1%，排第一；疑问句占29.3%，排第二）相似。句末"吧"目前学界研究成果颇为丰富，但"吧"在各个句类中的意义功能仍存争议。"吧"在表示不同语气时，所起的作用并不是完全一致的（齐沪扬，2002）。

一 句末"吧"研究成果及存在的问题

关于句末"吧"的意义，张斌先生在《现代汉语虚词词典》的解释是：

---

[*] 本节部分内容刊于《世界汉语教学》2018年第2期；《对外汉语研究》2018年第2期。

第二章 语气词"吧"的人际语用功能

（一）用于揣测、猜度等半信半疑的口气。出现在疑问句末尾，表示疑中有信。

大雨就要来了吧？你已经知道了吧？

出现在陈述句末尾，表示信中有疑。

大雨就要来了吧。你已经知道了吧。

（二）用于后续句（前边有始发句）的末尾，表示认可、同意之类的口气。

好吧，就这样定了吧。苦就苦点儿吧，只要心情舒畅就行。

（三）用在祈使句末尾，加强请求、商量、劝告、建议等口气。

你就快告诉我吧。我们早点儿休息吧。

在表示号召和祝愿的祈使句里，"吧"表示言者的强烈期待，有较重的感情色彩。

奋斗吧，祖国年轻的一代！让延安精神代代相传吧！

（张斌，2001）

上述《现代汉语词典》的解释只是句末"吧"众多解释中具有代表性的一种，也是当前的普遍认识。然而，经过对已有成果的初步统计，我们发现除了表"揣测""猜度""认可""同意""请求""商量""劝告""建议"之外，涉及句末"吧"的意义还有

"委婉发问""催促""命令""表示委婉""言者已有倾向性认识""弱式传信""不肯定""迟疑""寻求同意""起降低或削弱语气的作用"等近二十种意义。(侯学超,1998;徐晶凝,2008;邵敬敏,1994;吕叔湘,2005;胡明扬,1981;张谊生,2000;屈承熹,2006;Li & Thompson,1981;卢英顺,2007等)。这些意义都是按句类差异进行分析,取得了丰硕的成绩,基本上达成了两个学界共识:一个是句末"吧"表示"弱传信",有"不确定"义;二是句末"吧"具有"缓和"功能。另外,从汉语教学角度看,这种分类描写似乎也符合语法教学的细化原则,方便教学。但从研究的角度看,至少存在以下两个方面的问题。

一是语气意义数量众多且缺少系统上的关联,二是无法解释不同句类的语气意义差异从何而来。

从研究方法上看,这种"分析,分析,再分析"的研究范式势必会把"吧"分出若干个"吧$_1$""吧$_2$"来[1],不利于全盘掌握其意义系统,最终也不利于汉语教学。沈家煊(2011)对这种分析法曾有过精辟深刻的论述,在肯定分析法的作用之后,进一步指出:"另一方面,我们也要充分认识到,一味地分析而不讲整合,会带来两个不好的后果:一个是丧失语法的概括性,一个是削弱语法的解释力。"例如:

a. 在黑板上写字。→ 把字写在黑板上。
b. 在飞机上看书。→ *把书看在飞机上。

为了解释 a 句和 b 句在转换上的差异,分析法把"写"和

---

[1] 赵元任(1979)认为用于建议和交替的假设中的"吧"为"吧$_1$";用于是非问句或带疑问的陈述中的为"吧$_2$"。朱德熙(1980)认为"吧$_1$"用于是非问句末尾,表求证;"吧$_2$"用于祈使句的末尾。"吧$_1$"还可以用于特指问句、选择问句以及正反问句的末尾。

"看"分别细分为动词的两个小类 V_a 和 V_b，V_a 有［＋附着］义，V_b 没有［－附着］义。同样的分析也可以使用在"给"字句上面。

    a. 给校长写了一封信。→ 写给校长一封信。
    b. 给爸爸炒了一个菜。→ ＊炒给爸爸一个菜。

同样，ab 两句在转换上的差异，也可以给动词"写"和"炒"分类来做解释，V_a 有［＋给予］义，V_b 没有［－给予］义。

但是这种给动词进行下位分类的分析忽视两个句式间存在某种对应和共通之处，即句式的整体意义，这样做的结果将是一个动词一个类，最终失去了语法的概括性。再如：

    怡静说："我要被中国男人笑死了。"（把她笑死的是，中国男人对性的认识。）

"笑死"有两个意思：一个"笑"没有使动义，"中国男人笑怡静"，"笑死"的意义是"笑"与"死"意义的加合，指"笑的程度加深"；一个"笑"有使动义，"中国男人使怡静笑"，补语"死"不是表示"程度加深"，而是和"笑"整合产生新的意义——"使笑"，产生了使动意义。类似的还有"追累式"等"因果整合"[①]现象。如果只作分析，就会分析出两个"笑"来。

可见，科学的做法是在分析的基础上概括、整合。

基于此，学界对"吧"的研究走的也是一条从分析到概括的道路，在经过早期多年的分析研究后，开始寻求"吧"的核心意义，以期增强"吧"语气意义的概括性和解释性。相关的努力有：Li &

[①] 沈家煊（2004）认为"张三追累了李四"中"追累"有"使李四追"的意思。"使追"的意义是通过"追"和"累"两个概念的整合而产生的，"追"是"因"，"累"是"果"，这种整合为"因果整合"。

Thompson（1981）、Shie（1991）、齐沪扬（2002）、屈承熹（1998、2006）、卢英顺（2007）、徐晶凝（2003、2008）等。这些研究突破传统语法句子层面的研究，从功能篇章语法角度进行探索，大大推动了"吧"语气意义研究的深入。

二　关于句末"吧"的核心意义

寻求"吧"的核心意义、基本功能、原型意义是为了以简驭繁，揭示其众多意义间的意义网络，以期最终对"吧"的语气意义做出统一解释。李呐、汤珊迪（1981）认为"吧"的基本功能是"寻求同意"，其他"建议""推测"等意义是从这一基本功能引申出来的。Shie（1991）认为"吧"的基本语篇功能是"不确定"，其他"指责""要求确认""迟疑"意义是"吧"和语境互动获得的特定意义。徐晶凝（2008）认为"吧"的原型意义是"言者对语句内容做出弱传信式推量，并交由听者确定"。屈承熹（1998、2004）将"吧"的核心功能概括为"表示言者迟疑"，除此之外，还有增强言者和听者互动的作用。郭继懋等（2002）认为祈使句的"吧"是用来凸显行为动作的适宜条件，这种功能可以推广到表疑问、揣测等语气的句子。例如，"您老今年八十了吧。"言者使用"吧"是为了凸显言者对自己所提出的命题是否为真没有把握。这些核心意义彼此差异不大，比较接近。可惜的是，其他意义是如何从核心意义、基本功能或原型意义引申发展而来，它们之间是什么样的关系，这些研究成果对此大都语焉不详。

三　句末"吧"的交互主观性

屈氏的"表说话人的迟疑"和卢英顺的"降低或削弱语气"，都是从言者的视角进行的概括，体现的是言者对"自我"的关注，即主观性，都没有涉及交际的第二方，即对听者的"关注"。我们认为，语气词"吧"除了可以表达说话人的主观性，还有很强的交互主观性。屈承熹（2004）指出，"吧"是用来增进言者和听者之间互动的。这种互动的增进是通过两种途径完成的：a 是增加和语境的联系；b 针对听者而发。这种互动功能实际上是交互主观性的体现。根据前面绪论部分对交互主观性理论（Traugott，1999、2004；Verhagen，2005、2007）的介绍和重新构建，我们知道，对听者的"关注"主要体现在两个方面：对听者认知状态的关注和社会形象的关注。下面，我们主要阐述一下句末"吧"的交互主观性。

（一）对听者认知状态的关注

言者对听者认知的关注其本质是言者根据交际意图，采用一定的语言成分，通过言语行为影响到听者的认知状态。句末"吧"就是这样的语言成分，在话语交际中，言者通过"吧"的介入使其对听者的关注外显化，这主要表现在：对听者认知"自我"的关注；引导和协调听者的认知立场；对听者情感体验的关注。

1. 对听者认知"自我"的关注

（58）甲：昨天晚上我们在这间教室开过 party。
乙：我们打扫下【吧】。
甲：好，打扫下。

如果将"吧"去掉，言者的语气比较直接，肯定的是言者"自我"的认知，即"要打扫一下"，却没关注与之平等的交际主体——听者"自我"的认知，即"愿不愿意打扫"，对听者认知状态的忽视会影响说话人的交际意图被对方顺利接受。通过"吧"的选择，给对方留出自我选择的空间，关照了对方对认知"自我"的关注，从而提高了言者建议被接受的可能性。"吧"是体现言者关注听者认知状态的语言成分，具有交互主观性。

2. 引导和协调听者的认知立场

（59）张某：因为我是一个业主，买房之前他们把这个房子说得多么好，都说了 N 遍了。
　　主持人：就是这一套话您都听熟了，是【吧】？
　　张某：我现在已经倒背如流了。

　　从语用功能看，言者选用"是吧"主要目的不在于"求信"或"求证"，即对方提供肯定或否定的回应，而是激活对方认知相关图式（N 遍了，应该很熟），寻求对方的认同，不以获取信息为目的，意在引导对方和言者认知识解的协调，同时将话语权交给对方，推进话语的进行。体现了对听者认知的引导和认知立场的协调，类似的还有"对吧"等。我们可以将其形式结构概括为：

　　　　P，是/对吧。/？（语气平缓）

　　P 为言者根据上文语境或背景知识对听者认知状态所作的推理，是言者所预期的信息。句末语气比较平缓，这和诘问语气重而急促不同。
　　3. 对听者情感体验的关注

　　（60）她擦干净手，将手放在嘴边呵着热气变暖。然后用手轻轻按病患的伤口，"疼吗？有点疼【吧】？不过，这个疼是好的疼哦！跟你以前的那种生病的疼是不一样的，对吧？"病患很高兴地说："对的！这个是硬伤，我知道很快会好的。以前那个头疼谁受得了？"

　　"移情"又称"语用移情"（pragmatic empathy），是言者将自我置于听者的立场，从听者的视角出发，设身处地地感知理解对方的心理和情感，属于情感趋同（convergence）。例（60）中护士呵着热气将手变暖，再去按病人的伤口，担心手不暖会加重病人伤口的痛感，顺着语境的语义走向，"有点疼吧"，体现了护士考虑到病人的感受，关注到病人大都不喜欢疼痛并希望获得同情照顾的认知。"吧"的介入缩短了护士和病人间的心理距离，产生心理趋同，有利于形成和谐的人际关系，这种语效是言者关注到听者认知"自我"的结果，去掉"吧"的话，就变成客观叙述，人际方面的语效就消失。此外，还有"累了吧""不要紧吧""饿了吧""想家了吧"，等等。命题内容多含有表示心理感受类的词语，隐含着"第二人称"主语。这些话语，主要用来对听者的关心和寒暄，所以其人际功能强于概念功能，类似于我们见面时常说的"去哪儿？""上课啊？"等，所以在交际中可以不予回答，必要时做出"嗯""啊"等简单的语言回馈即可。我们可以将这类话语的结构概括为：

（你/你们）P _{心理感受类} + 吧？

（二）对听者面子或社会形象的关注

英国语言学家布朗和莱文森（1987）的面子威胁理论认为理性的交际者都有面子观，交际时应尽量维护双方的面子。如果言者的言语行为让对方利益受损，威胁到听者的面子，就是一种面子威胁行为（Face Threatening Act，简称"FTA"）。"面子"又称为"社会形象"，可分为正面面子和负面面子。正面面子指希望得到别人的认可、肯定、赞美、喜爱，威胁听者正面面子的言语行为主要有：不认可、批评、抱怨、指责、侮辱等。负面面子指自我的权利、行为不受别人的干涉和阻碍，威胁听者负面面子的言语行为主要有：提供、许诺、请求、建议、提醒、劝告、命令、妒忌、憎恨、恼怒、威胁、警告等。从人际关系角度来看，威胁面子的言语行为会拉大交际双方的距离，给人际关系造成紧张，不利于交际的顺利进行。为了确保交际的顺利进行，交际要在合作原则和礼貌原则基础上最大限度地降低对听者的面子威胁力度，对于本身就存在潜在威胁的言语行为，如建议、命令、威胁、警告等要采取适当的调控策略最大限度地向听者表示礼貌。根据前人的研究和考察，句末"吧"主要用在祈使句中。我们认为句末"吧"在祈使句中，其主要功能是削弱祈使的驱动性，缓和人际关系，维护的是听者正负面子，体现的是言者对听者社会形象的关注。

1. 对听者负面面子的关注

在建议、命令、提醒、劝告等言语行为中，命题内容是要求听者行使某一行为，威胁到听者的利益和行为自由，给听者的负面面子构成伤害。句末"吧"的介入对 FTA 的威胁力度起到调控和缓和作用，为听者的行为自由留有空间，体现了言者对听者负面面子的关注。删除"吧"，就没有了这种语效。例如：

（61）领导也不问小蕾，任她歇着。副主任让我劝劝小蕾，让她息事宁人，不要告了，撤诉【吧】！大家都知道她是受害者承担了委屈，可这就是现实。

（62）主任对她一笑，"休息【吧】！再有几天，你就能出院了。"

（63）他把盒子郑重地放到刘梅手里，然后说道："妈妈，您能再帮我一个忙吗？""说【吧】，我的小天使。"刘梅一把搂住夏雨，差点儿让他喘不过来气。

在句末"吧"的调控下，例（61）、例（62）"撤诉""休息"由威胁力度强的"命令"行为削弱为威胁力度较弱的"建议"，例（63）"说"也由"命令"缓和为威胁力度较小的"鼓励"，听者的行为自由空间增大，礼貌度都有所提高。

2. 对听者正面面子的关注

在不同意、不接受、不认可等言语行为中，听者的交际意图没有获得认同、赞扬、肯定，属于情感趋异（divergence）现象，给听者的正面面子构成威胁。如果言者直接表达"否定"，给听者正面面子威胁最大，从话语交际来看，对"否定"力度的削弱，体现了言者维护听者正面面子的意图，是对听者正面面子的关注。如果

第二章 语气词"吧"的人际语用功能   83

上面维护听者负面面子在言语行为内部就可以分析的话,那么维护听者正面面子需要放在更大的上下文语境,如"相邻对"中进行分析。例如:

(64)"我想手术治疗。"
"我不推荐想生小孩的妇女手术治疗。因为手术两年内胎儿死亡率高达百分之四十。"
"你给我开个刀【吧】!"
(65)主持人:孩子当时多大!
王梅:那时五岁。
主持人:也不能都信他的,孩子有自己的一些想象【吧】。
王梅:我的儿子不会骗人的。

("这个班主任不好当"《实话实说》)

根据上下文语义关联来看,例(64)中作为听者的医生不推荐手术治疗,而言者没有听取医生的意见,坚持要求"开刀",威胁到医生的正面面子,不过言者采取调控策略,通过句末"吧"降低威胁力度,将直接威胁缓和为间接威胁,体现了对医生正面面子的关注。例(65)言者根据自我的认知(孩子只有五岁,还很小,想象比较多,孩子的话不能全信)提出不同于听者的看法,为了避免情感趋异带来的面子威胁,言者通过"吧"的选择模糊直接否定,体现了对对方社会形象的关注,具有交互主观性。

总之,"吧"对听者面子和社会形象的关注,体现在对FTA的威胁力度所起的调控和缓和作用方面。实际上,从言语行为的驱使力度看,言语行为是一个连续统,除了礼貌原则有级别性,面子威胁实际上也存在级别性,礼貌原则的级别性和面子威胁的级别性两者是此消彼长的负相关。例如:

把你的自行车借给我。

我希望你把自行车借给我。
你愿意把自行车借给我吗？
能不能把你的自行车借给我？
介意把你的自行车借给我吗？
可不可以把你的自行车借给我？

（何自然、冉永平，2009）

　　该序列从上往下，何自然、冉永平（2009）认为脱离具体语境的情况下，其语言手段越来越间接，礼貌程度不断递增，体现了礼貌的级别性。但是反过来，如果从下往上看，那么其语言手段越来越直接，言语的驱使性也越来越强，那么给听者的面子构成的威胁也就越来越大，而这也就体现了面子威胁的级别性。祈使句中，言语行为从请求、建议到命令再到警告等给听者负面面子构成的威胁也呈递升的层级性特征，这也是句末"吧"行使调控和缓和FTA威胁力度的层级装置。

　　需要注意的是，对听者认知状态和对社会"自我"的关注并不是完全分开的。言者在对听者社会"自我"进行关注的过程中，有时会隐含着对其认知状态的关注。如例（62）"休息吧"，作为言者的主任已经关注到病人需要休息这一状态后给听者的建议。可以这么说，对听者社会"自我"的关注有时是对听者认知状态的关注在"吧"的"不确定"的原型意义作用下，增加听者行为空间后所产生的结果。所以，对听者社会"自我"的关注离不开对听者认知状态的关注。反过来，对听者认知状态的关注有时也含有对听者社会"自我"的关注。如例（58）"我们打扫一下吧"有对听者"愿意打扫"这一认知状态的关注，又有通过"吧"缓和FTA的威胁力度对其社会"自我"的关注。

四　句末"吧"的求同示证功能

　　所谓"求同示证功能"，就是指通过激活听者的共享信息，寻求对方认同，为言者的立场提供论据的功能。言语交际的过程也是言者和听者交换信息，共同构建意义的过程。交际主体，即言者和听者都处于大致相同的环境中或共享相同的文化知识。所谓相同的文化知识，Clark（1996）用共同背景（common ground）来概括，指的是两个或两个以上的人们共同享有的知识、信念和预设。巴拉（2013）称之为"共享信念"（shared belief），认为拥有共同信念还不是交际的充分条件。"为了实现交际，除了拥有共享信念之外，每个参与者还必须认识到其他参与者也拥有这些信念"（［意］巴拉，2013），荷兰认知语言学家维哈根（2005/2007）在其交互主观性的专著中，也提出类似的"特定文化模型"（topos）概念，即言者和听者共享的模型。这些概念大同小异，我们采用"共享知识"这一概念。"因为正是基于这种共享模型，听者对话语进行某种语用推理，从而得出特定结论。如果缺乏这种共享知识，言者与听者进行认知协作以达到对特定概念化客体的认知平衡就难以实现。"（文旭、高莉，2014）因此，在话语中，如果言者需要根据交际意图要让储存在听者认知状态中潜在的共享知识外显化，就需要采取一定的语言手段激活。激活就是对听者认知状态的关注。这样既能为自己的立场提供论据，又能引导对方按照自我认知方向和立场进行推理，引起对方的或共鸣，或同情，或认可，通过认知协作最终实现认知平衡。例如：

（66）二师兄也请假了，将 call 机交给我，说，没有紧急的事严禁呼他。他受够了约会的时候被我们呼回来的痛苦。有一次据说是好事行进一半。

"你们知道这种感觉【吧】？你们体会过这种尴尬【吧】？我跟小芹一个月就见那么一次两次，凑个时间约一下那么难，关键时刻熄火哦！<u>你们有没有良知啊？</u>"

例（66）二师兄和女朋友小芹因为工作的关系一个月才见一两

次，难得的"好事"进行一半就被医院同事用 call 机叫走。彼时彼景复杂的内心感受应是人们共享的体验，据言者推断这应属于彼此的"共享知识"。言者通过"吧"表征这一共享信念，使听者认可或同情言者当时的内心感受，为"你们没有良心"这一结论提供论据。如果将句中"吧"替换成"吗"，试看：

(66′) 你们知道这种感觉【吗】？你们体会过这种尴尬【吗】？我跟小芹一个月就见那么一次两次，凑个时间约一下那么难，关键时刻熄火哦！你们有没有良知啊？

虽然语句也能成立、连贯，但是所表达言者内心的情态增强，由不满变成了责备，而且"吗"的反问侧重的是言者单方视角感受的阐述，隐含的是一种断言，即"我知道这种感觉""我体会过这种尴尬"，缺少"吧"所体现的共享性和交互性特征。刘丽燕（2006）在分析"你知道吗"时指出"在说话人的推测中，该信息对于听话人来说是未知的，意料之外的"，这和我们"言者单方视角感受"的观点一致。

"吧"除了引出这种语境推理的"共有信念"外，还可以引出一些高显著性的现实百科知识。例如：

(67) 人就是这样肤浅。大部分人都肤浅。深刻这个东西，得用放大镜去找。你为什么不能让自己变得让人容易理解一点？雷锋同志好【吧】？高风亮节【吧】？可他要是不写日记，以后他的故事我们怎么整理得出来？怎么拍成电影？你心好，面也要好，这才是真好。但心不好，面好，至少还落个假好。心好面不好。最招人恨。

言者的交际意向是"你应该让自己变得让人容易理解一点"。为了给这个结论提供论据，言者通过"吧"引出交际双方的已有认知"雷锋同志高风亮节"这一高显著性事件,增强了话语的说服力。

这类对听者已有认知状态关注的话语在结构上有其特点,通常出现在以下格式中:

(你/你们 + 动词$_{感知言说类}$ +)P + 吧?

该格式的主语通常是第二人称形式,动词是感知言说类,包括"知道""体会""晓得""了解"等,"你/你们 + 动词$_{感知言说类}$"将听者置于前台,在交互主观性维度上起作用。语义上信息 P 需要满足下列条件之一:第一,对听者来说,信息 P 具有可及性(accessible),如例(66),"这种感觉"应该是听者可及的;第二,信息 P 具有普遍意义的可及性(accessible),如例(67),"雷锋同志好""雷锋同志高风亮节"是社会大众普遍知道的信息,具有普遍意义的可及性(accessible)。如果信息 P 结构较长,信息量比较大,能够独立成句的话,这时"你/你们 + 动词$_{感知言说类}$ + 吧"成为具有话语标记功能的表达,可以溢出格式。此时,格式可以转换为:

P,你/你们 + 动词$_{感知言说类}$ + 吧?

或

你/你们 + 动词$_{感知言说类}$ + 吧,P?

例如:

(68)是这样的。我们俩只要在一起,基本上就是白天黑夜干革命。这叫加班加点。我们俩见一回好难得你知道【吧】?她一拍戏出去两三个月,中间就回来一天。我又不能像人家那些大款，没事就探班，两人不就为这一天而活着吗？不要打扰我们。

句中信息 P"我们俩见一回好难得"对于经常一起工作的同事来讲，可及度高，且 P 信息量大，结构较长，可以单独成句，此时，"你知道吧"独立出来，成为具有提醒功能的话语标记，激活对方共享信念、引导对方注意并参与交际的交互主观性功能。

从上述分析可以看出，"吧"激活听者已有认知，将听者置于前台，为言者的立场提供证据的语义模型可以概括如下：

Ⅰ. 言者推断听者应该和自我共享信息 P；

Ⅱ. 言者用"（你/你们 + 动词$_{感知言说类}$……）吧？"将听者置于前台，引出共享知识 P，并希望听者注意；

Ⅲ. 共享信息的可及性（accessible）高，听者无需回应，并移情至言者的立场，产生对言者立场的认可或同情；

Ⅳ. 对言者来说，听者的认可是最有力的论据。

需要说明的是：激活共享知识的"求同示证功能"是由"吧"承载还是"你知道"承载呢？我们认为这是一个"吧"和"你知道"互相博弈的过程。

请看例（66）"你们知道这种感觉吧？你们体会过这种尴尬吧？"其句法结构是：

你/你们 + 动词$_{感知言说类}$ + P$_{宾语}$ + 吧？

类似的用例还有：

（69）交警：你知道这样的货车不能拉人【吧】。
司机：知道知道，照顾照顾吧，俺开得慢着点。

共享信息 P 句法上是动词的宾语，"你/你们"和"动词"都充当句子成分，和句末"吧"一样不能删除，也不能替换成"吗"，否则交互特征消除，说明此时"吧"和句子成分共同承载"求同示证功能"。"吧"以句内成分为辖域。

再看例（68）"我们俩见一回好难得你知道吧？"其句法结构是：

P_{小句}，你/你们 + 动词_{感知言说类} + 吧？

类似的用法，例如：

（70）窦文涛：罗马尼亚你知道【吧】，罗马尼亚已经有一个人自杀了。这个人就是加入了一个邪教，他认为世界末日的到来就会是这一轮的流感，甲型 H1N1。

许子东：一个人自杀算什么？美军说，每年都有一两百个人自杀。

共享信息 P 可以是独立成句的小句，包括独词句，"你/你们 + 动词_{感知言说类}"从句子层面脱离并逐步发展成话语标记，并和"吧"组合在一起，在句中的位置比较灵活，可前，可中也可后。例如：

→你知道吧，我们俩见一回好难得？
→我们俩，你知道吧，见一回好难得。

句末语调既可以用句号也可以是问号，用问号时，并不表示言者有什么疑问要求听者回应。恰恰相反，言者心中已有定论，只是通过"你知道吧"来激活言者的共享认知，引导听者，使听者的观点、立场和言者一致，为自我的认知被听者接受提供证据。此时，"吧"和"你知道"紧密相连，谁也离不开谁，此时"吧"和话语标记共同承载交互主观功能。"吧"以命题为辖域。

再看例（67）"雷锋同志好吧，高风亮节吧？"其句法结构是：

P_{小句} + 吧？

在三种结构中，第三种结构共享信息 P 的可及性（accessible）最高，是高显著性事件，"小句"的谓语中须是评议性形容词，如"诸葛亮聪明吧"等。具有标记功能的"你/你们 + 动词$_{感知言说类}$"可以不出现。但是如果删除"吧"，则无法体现对听者认知状态的关注，其交互性也随之消失。可见，句末"吧"承载着该句的"求同示证功能"。"吧"以语篇为辖域。

通过结构和意义相结合的分析方法，我们发现，句末"吧"的"求同示证功能"有层次性，是从"语气词复合赋义"走向"语气词主体赋义"。其辖域变化是：命题内辖域 > 以命题为辖域 > 以语篇为辖域。这证明"（你/你们 + 动词$_{感知言说类}$ + ）P + 吧？"中"吧""求同示证功能"的产生是一个语法化的过程，其演进过程是：

其一，"吧"和其他句法成分共同承载"求同示证功能"。

其二，有关句法成分溢出句子范围，成为话语标记，"吧"和话语标记共同承载"求同示证功能"。

其三，信息 P 可及性（accessible）高，话语标记得以省略，"吧"主体承载"求同示证功能"。

五 句末"吧"传递合预期信息的功能

预期（expectation）表达的是相关语境中的两种情形：一种情形是言者知悉并认为对方或言语事件应是某种情况；另一种情形是对方或言语事件果真是这种情况。预期是一个具有量度差异的概念，如果我们将现实域中的言语事件、言语行为的实际量度称为 x，说话人的预期量度记为 y，这样两者间存在"不及""超过""一致"和"意外"四种关系。

第一种：[x，y]，$x < y$（现实域不及预期域）；

第二种：[x，y]，$x > y$（现实域超出预期域）；

第三种：[x，y]，$x = y$（现实域和预期域一致，合预期）；

第四种：[x] —— [y]，$x \phi y$（预期域中为 y，但在现实域中却出现了 x，出人意料）。

第一、二、四种都属于反预期，合预期信息表示言语事件的结果与交际主体所预想的潜势一致，属于第三种关系。在言语交际中，交际主体会根据语境通过句末成分"吧"来表达合预期信息，句末"吧"是传递合预期信息的语言手段之一，句法上具有强制性，在语音上有延宕。例如：

（71）你看，我买了【吧】？夏琳笑着说。"你说十分钟，可是我在这儿已经十七分钟了"陆涛有点幽怨。（石康《奋斗》，转引自肖治野，2010）

（72）小华：我没骗你，按时回来了【吧】。
丽丽：算你识相，回来晚了有你好果子吃。

例（71）现实域中的言语事件"我买了"是符合听者预期的结果的。在言语事件之前，言者给予听者一个预期，并完成该事件，"实现"了听者的预期，使事件的结果符合预期，在语言表达上，通过句末"吧"来传递这种合预期信息，同时从交际的过程来看，也体现了言者对听者认知状态和情感的关注。例（72）丽丽的预期是"小华能按时回来"，现实域中言语事件的结果和这一预期相符。由于上述两例都是符合听者预期，在具体语境中产生了"提醒"或"兑现诺言"的语用功能。那么句末"吧"表示言者"提醒"功能在什么样的语义背景下使用呢？我们认为应该具备以下三个语义条件：

条件 A：言者向听者提供执行某种行为的承诺或已经存在的某种信息；

条件 B：听者对言者的承诺或提供的信息表示怀疑或者忽略该承诺或信息；

条件 C：言者完成该承诺或该信息内容为真。

在这三个条件中，条件 A 和条件 B 存在逻辑上的转折关系，和条件 C 之间则是因果关系，条件 A 是"因"，条件 C 是"果"。例如：

（73）那天晚上，宋蔼龄做了一个美梦：<u>一位身穿蟒袍、头戴乌纱的大人物</u>，坐着轿子来太谷视察，接见了他们夫妇并夸奖了铭贤，称赞了夫妇二人；还提笔写了匾，<u>且用轿把丈夫抬出了太谷</u>（条件 A）。当时宋蔼龄上前拦轿，有话说给丈夫听。那大人物不答应，宋蔼龄急了，醒来却是一场梦幻。
……
宋蔼龄见天色已亮，便推醒了丈夫，把梦讲给他听。<u>孔祥熙听后哈哈大笑道："人家是望子成龙，你却是望夫成凤啊！"</u>（条件 B）宋蔼龄用指头点了一下孔祥熙的鼻尖尖："我这是夫耀妻荣嘛！……"说话间，家人送来了文书一封：<u>山西都督阎锡山要来太谷，并顺便到铭贤拜望</u>。孔祥熙感到惊讶，宋蔼龄起初亦不解，<u>忙抢过一看嚷道："呀！美梦成真啦！祥熙，我不是说谎【吧】？"</u>（条件 C）

"佩服，佩服！夫人真乃是先天之见。"孔祥熙哈哈大笑道："快起床，你负责学校环境卫生，我去组织师生欢迎。"

例（73）中，宋蔼龄做了个"美梦"，梦见将有大人物接见丈夫孔祥熙，并抬出了太谷，这意味着丈夫要升迁。宋蔼龄将这一信息作为预期提供给作为听者的丈夫，为"条件 A"。但是，丈夫孔祥熙哈哈大笑，不以为然，即"条件 B"。就在此时，果真接到了山西都督阎锡山前来拜访的消息，美梦成真，宋蔼龄提供的信息为真，为"条件 C"，这一结果与之前的预期一致。该语境语义背景具备了上述三个条件，"吧"具有传递合预期信息和"兑现"的功能。

在交际过程中，传递合预期信息的语言形式"吧"在与语境互动中通常还表达了言者的预期和对预期情形的主观评价，如责备、关心、调侃等。例如：

(74) 语境：儿子下棋，没有按照老爸的着下，结果输了。
老爸：输了【吧】。

(75) 语境：天气转凉，妈妈让儿子出门多穿件外套，以防感冒，儿子不听，结果回来就打喷嚏。
妈妈：感冒了【吧】。

(76) 语境：同学们在聊天，文艺委员喜欢一个男生，班长说她见到男生就会脸红，文艺委员不承认。这时那位男生正好走过来，文艺委员"刷"的一下脸红了。等男生走后：
班长：刚才脸红了【吧】。

以上三例都是传递言者的预期信息，如果将"吧"删除，就都变成了断言，其预期功能和交互主观性则消失。另外，在具体语境的作用下，例(74)儿子没有听爸爸的建议，出现了老爸预期的结果"输了"，通过句末"吧"增加了"责怪"的语气；例(75)儿子没有听取妈妈的劝告，出现了妈妈担心的结果，"吧"引出预期信息，"责备"中带有关心；例(76)班长揭露文艺委员的"秘密"，文艺委员虽不承认，但现实还是和班长预期一致，有"调侃"的意味。这三例的语义背景和例(71)—例(73)略有不同。我们将其语义背景总结为：

条件 A：言者提供某个观点、建议或劝说并希冀对方认可执行，否则就会出现预期的某种结果；

条件 B：听者没有听取、接受言者的观点、建议或劝说；

条件 C：出现了言者预期的结果。

同样，只有具备三个条件后，句末"吧"传递言者预期信息的功能才能显现。例如：

(77) 现在和我抱怨有什么用。大学期间，就和你说过，

<u>这个小子没钱没背景，和他在一起不会幸福快乐的</u>（预设条件A），<u>你不听，说有爱就有一切，偏偏和他结婚</u>（条件B），现在，你看，为柴米油盐烦神了不是，为孩子能不能接受良好教育操心了不是，<u>后悔了</u>【吧】（条件C）。真不知道你当时是怎么想的。

从例（77）中可以看出，言者抱怨听者不该舍弃大学期间的富二代、官二代，不该放弃富裕的生活，实际预设着言者的观点，即应该和富二代、官二代恋爱结婚，追求富裕的生活，并希冀听者能够接受，否则会后悔。但是听者没有听取其意见，而是坚持和那个小子结婚，结果就出现了言者之前的预期结果"后悔了"。从句法上看，句末"吧"具有强制性，是传递这一预期信息的语言手段。

如果不具备这些语义背景，句末"吧"就没有传递合预期信息的功能，体现不了对预期情形的主观评价。试比较：

（78）从这以后，争吵替代了温馨，抱怨淹没了柔情。一次，他痛苦地说道："真想不到你是这样的女人！"她回答说："后悔了【吧】……"听了这话，他落下了伤心的泪水。

同样是"后悔了吧"，在例（78）中句末"吧"的语气意义是表示"不确定"，没有传递合预期信息的功能，这种差异可以通过句末"吧"的增减来检测。例（77）中的"吧"不能删除，具有句法强制性，而例（78）的"吧"不具有句法的强制性。而且从语义上看，例（77）中的"后悔了"是"已定"态；而例（78）中的"后悔了"则是"未定"态，是言者的一种猜测。所以，在零语境中，下列句子存在歧义。

（79）a 乌梁素海风沙大，环境苦，后悔了【吧】。
b 不好好复习，没及格【吧】。

c 不听我的话，迟到了【吧】。

例（79）三句都有两种意思：

一种是将句末"吧"理解为传递合预期标记，语篇中显现了条件 B 和条件 C，条件 A 隐含于语篇中（可以根据语篇添补出来）。此时，句末"吧"不能删除，语音上有延宕，"吧"前的小句在语义上具有"已定"特征，我们补充出语境，歧义就消除了。如：

a′乌梁素海风沙大，环境苦，后悔了【吧】。（言者事先告知过听者那个地方工作条件很差，去了会后悔的，劝说听者不要去。）

b′不好好复习，没及格【吧】。（言者之前告诉过听者及格要好好复习。）

c′不听我的话，迟到了【吧】。（言者事先建议过听者听他的话，早点出发，否则会迟到。）

一种是将"吧"视为用于陈述句中表"不确定"义的句末语气词。此时，如果将语调扬升，句末"吧"可以省略，省略后句义仍然可以表示弱传信，"吧"前的小句在语义上是"未定"态，语义上有可取消性，这一点从应答语可以看出，如：

a″乌梁素海风沙大，环境苦，后悔了【吧】。//我不后悔！（言者根据现实条件做的推测）

b″不好好复习，没及格【吧】。//谁说的，及格了。（言者根据掌握的信息做出的推测）

c″不听我的话，迟到了【吧】。//听你的也会迟到。（言者根据掌握的信息做出的推测）

在上述三个语义背景条件中，条件 A 和条件 B 之间也是转折关系，可以用转折连接标记语"但是"等来检测，言者提出建议或劝告，但是听者并不采纳接受，在语境中衍生了"责备""调侃"的主观意义。条件 B 与条件 C 是因果关系，条件 A 与条件 C 是假设和证实关系。在具体语篇中三个条件常常不会同时显现，有时会隐含条件 A，一般以条件 B、条件 C 显现为常。例如："我说什么来着，着凉了吧""你看，火车走了吧"，等等。

为了进一步检验句末"吧"具有传递合预期信息的功能，我们可以通过预期标记语"瞧"① 来进行凸显测试。例（71）—例（78）的测试如下：

(79′) 瞧，我买了吧？
(80′) 瞧，我按时回来了吧。
(81′) 瞧，我不是说谎吧？
(82′) 瞧，输了吧。
(83′) 瞧，感冒了吧。
(84′) 瞧，脸红了吧。
(85′) 瞧，后悔了吧。

经过测试，都可以和预期信息标记"瞧"共现。

为了表述方便，我们将这类具有传递合预期信息功能的"吧"字句的句法结构统一概括为：

$P_{预期信息}$ + 吧。

六 句末"吧"的核心意义和语义扩展

胡明扬（1981）认为：" '吧'可以用在各类句子后面……在句子中其他语词和句型语调的影响下，全句可以有各种不同的语气

---

① 邱闯仙（2010）认为"瞧"是预期标记语。

意义。""吧"的多功能性使得其语气意义变得更加飘忽不定。从早期对"吧"是不是疑问语气词的身份讨论,到近几年对"吧"的核心意义的探索,学界在功能主义思潮的影响下,新的观点和成果不断问世,可惜的是还不能很好地解决"吧"的多功能特点,足见句末"吧"意义的复杂性。(详见前文)尤其对句末"吧"语气意义的判定缺少一个必要的参照标准,为此,我们分析了句末"吧"语气意义的层级性,该层次性不仅是句末"吧"的属性,也是我们鉴别其语气意义的标准。

（一）句末"吧"的语义网络

在吸收借鉴前人研究成果基础上,我们从人际语用角度对其意义做了初步分析,综合前人研究和本书分析,句末"吧"的语气意义网络概括如下,见表2.3。

表2.3　　　　　　　　句末"吧"的人际语用功能

句类	陈述句	疑问句		祈使句
典型功能	陈述一个事实	询问		驱使
人际域				缓和
情态域	"不确定"的主观认识	"待确定"的主观认识	对听者"自我"立场、情感体验的关注、引导、和协调;激活共享信息	维护听者正面面子 维护听者负面面子传递合预期信息
			关注听者的认知状态	关注听者社会形象/认知状态
	主观性	主观性	交互主观性	交互主观性
语篇功能	上下文关联,交际互动功能			

从表中可以看出："吧"的语气意义在言语场景中存在不同表现,主要体现在情态功能上,而非表示建议、选择、请求等。

在祈使句中,句末"吧"在人际域表示"缓和人际距离",具有削弱FTA的威胁力度,维护听者正面面子和负面面子的功能,有交互主观性。冉永平(2004)认为"吧""在总体上可避免直接表达某一观点或思想，增加言谈内容的可商榷性与可接受性"。但是"说话人选择表达的语气与对客观事实的确定度可以不尽一致"（卢福波，2010）。我们认为"可商议性"可以分为两类：一类是在言者的认知中，商议的内容是"已有择定"，可商议性纯基于人际关系的考量，此时其交互主观性最强，例如"命令""提醒""催促""寒暄"等，我们可以视为形式上的"假性商议"。另一类是和听者商议的内容是"未有择定"，还不确定，需要听者给予证实或回应，属于"真性商议"，例如"请求""建议"等。其实，"'吧'的语气，表现了说话人把决断权交给听话人一方，从'催促'到'请求'，其给予听话人的决断权渐次递增，语气也渐次趋缓"（卢福波，2010）。从交互主观性的级阶来看，应该是"假性商议"高于"真性商议"；"对社会形象的关注"高于"对认知状态的关注"。另外，在祈使句中还有"合预期"功能，如"摔打了吧"。

在疑问句中，句末"吧"主要具有情态功能，既可以表示言者"待确定"的主观认识，也可用于言者的"语用移情"（"累了吧"）和对听者共享知识的激活，具有求同示证功能（你知道这种感受吧？）。

在陈述句中，句末"吧"表示言者"不确定"的主观认识。"不确定"的对象不同，可以是"不确定"于命题内容是否为真，例如"她是你女朋友【吧】"；可以是"不确定"于对命题的态度是否合预期，例如"她应该会同意我们结婚【吧】"；甚至还可以是"不确定"于针对命题内容能否采取期待的行为，例如"公司给他一点儿钱【吧】"。

"吧"在句类中的用法是一个连续统，疑问句是这个连续统的中间纽带。用于询问的疑问句，表示"待确定"，目的在于"求证"或"求信"，和陈述句中的"不确定"比较接近；不用于询问的疑问句，徐晶凝（2008）认为，"总是用来表达道义情态（请求或发出指令）"。言语行为理论称之为间接言语行为，鉴于与祈使句之间的关系，袁毓林（1993）称之为"边缘祈使句"。因此，从语气类别角度看，句末"吧"源于陈述句，是言者做出断言的标志，体现言者在一定语境中对断言的情感和态度，后来在疑问语调和祈使句式的作用下，进一步发展，可用于疑问句和祈使句中，所以疑问句和祈使句中的句末"吧"还保留陈述句中"不确定"义，隐含着一个断言，其在疑问句和祈使句中的语气意义是"弱传信"义语用化的结果。

（二）句末"吧"的核心意义和语义连续统

我们认可句末"吧"的核心意义是表示"弱传信"，即"不确定"。徐晶凝（2008：211）在比较句末语气词的差别时，指出"吧"的原型意义是"弱传信式推量和交由听话人确认"。胡明扬（1981）早就指出句末"吧"的语气意义是表示"不肯定"。后来很多研究在此基础上提出了"不确定""迟疑"等相似概念。遗憾的是包括胡明扬本人都没有对这一观点做进一步的分析，没有研究"弱传信"义和其他意义的关联，也没有解释不同句类意义各异的语义制约条件。近几年杜建鑫（2011）做了相关研究，并模拟Chu，Chanucey C（2006）的篇章语义网络的图示方法，勾画出了"核心意义""衍生意义"和"附加意义"之间的衍生过程。但是图中"该句环境""该句情况"是比较模糊的表达，对意义衍生的制约条件也没有做出说明。例如，"婉转"如何结合语境衍生出"猜测/迟疑"义，在"该句情况"下，"吧"作为各种主位标记有没有语气意义，"衍生意义"和"附加意义"如何区分等都语焉不详，甚至没有涉及。

陈颖（2009）认为"吧"是传信标记，表示"不肯定"的传信功能并衍生"缓和"功能。周士宏（2009）认为"吧"是信疑之间表示"不确定"义，是削弱肯定语气的话语缓和成分。冉永平（2012）也指出"吧"在很多现实语境中具有不肯定的语气，并在此基础上增加了商榷和缓和语气，进而推进互动的人际交往。从主观性和交互主观性角度看，由陈述句中的"不确定"义到祈使句中的"缓和"义体现了"吧"从主观性到交互主观性的连续统，这个过程是其主观性不断增强，人际功能日益突出的过程。

再者，"吧"不参与命题意义的构建，主要表达言者的情感、态度。王德春等（1995）曾引用康德的观点，认为态度有三种成分：认知成分、情感成分、意向成分。他指出"认知成分是指对事物的知觉、理解、信念和评价。情感成分是对事物的情绪体验，包括尊敬、轻视、喜欢、厌恶等。意向成分，是对事物的反映倾向，即行为的准备状态，也就是说态度具有完成某种行为的取向"，在话语交际中，言者有了某种认知，才刺激产生某种情感，继而产生某种意向，三者间存在内在的语义和心理逻辑，具有语义的一贯性和关联性。句末"吧"在句类中的多功能性也正好体现这一内在的语义和心理关联。如果将主观性和交互主观性理论与"态度"构成成分内在的一贯性结合起来的话，我们发现，句末"吧"在陈述句中表示"不确定"的主观认识属于认知成分；在疑问句中表示"语用移情"的"交互主观性"属于情感成分；而在祈使句中表示的"缓和"，是为了取得"言有所为"的效果，属于意向成分。句末"吧"从认知成分，到情感成分，再到意向成分正好是"态度"在语义上的一贯性和关联性的体现。

如果上述对句末"吧"语气意义间的关联性还只是宏观阐述的话，那么表 2.4 则是微观的刻画。表 2.4 将形式和意义结合起来，综合本节分析，初步刻画出句末"吧"的核心意义和语用意义间的具体关联。表明句末"吧"的语气意义是其核心意义在一定形式中受到语境语义制约产生的结果。

"不确定"：何为"不确定"？指的是，根据语境或背景知识，言者已经掌握了与命题 P 相关的部分信息，但是陈述断言时证据还不够充分，把握性不大，可以与情态成分共现。

"待确定"：核心意义"不确定"在疑问语调的作用下，引发疑问，隐含着断言 P 在等待听者给予回复证实，从而产生"待确定"。

表 2.4　　　　　　　句末"吧"的核心意义和功能网络

核心意义	形式	语义制约	语用意义	主观情态
不确定	（情态成分）P_{断言}+吧。	P 为断言	不确定	主观性
	P_{断言}+吧？	P 为隐含的断言	待确定	
	P_{断言}，是/对吧。/？（语气平缓）	P 为言者的推理	引导和协调听者的认知立场	交互主观性
	（你/你们）P_{心理感受}+吧？	P 含有心理感受类谓词	语用移情	
	（你/你们+动词_{感知言说类}）P_{可及}+吧？	P 的可及性（accessible）高	求同示证功能	
	P_{预期}+吧。	P 为预期信息	传递合预期信息	
	（你/你们/我们）P_{施为}+吧。	P 具有施为性	缓和	

"引导和协调听者的认知立场"：P 是言者根据上下文或双方背景知识做出的推理，命题趋于为"真"，但在话语交际中，"吧"的"不确定"义可以起到邀请对方参与对话，推进话语的顺利进行的功能。

"语用移情"：心理感受类谓词表示的是交际主体双方经验、共享的心理背景状态，但是自我经验的心理感受是客观真实的、确定的，同时言者推断：在即时语境中所激发的心理感受应为双方所共有。就像工作久了产生累的感受，受伤了会出现痛的反应一样，都是基于人们的共知。但言者毕竟不是听者，对听者心理感受的状态还只是推测，存在一定的"不确定"性。言者将自我的经验感受"由己及人"，体现了对对方心理感受状态的关心，从而产生了"语用移情"。

"求同示证功能"：核心意义"不确定"在 P 的高可及性（accessible）的制约下，"不确定"度获得中和和降低，命题内容趋向为"真"，通过问句形式，引起了听者共鸣，从而获得听者的认同，有效地为言者立场提供论据。

"传递合预期信息"：P 为预期信息，在言语事件中的结果和预期 P 一致，是确定的事实，具有绝对性，言者通过"吧"的不确定性，弱化其绝对性，在关照了对方认知自我（听者已经认识到因为自我坚持而出现了预期结果，这会让听者产生难堪等心理状态）的同时，维护了听者的社会自我。

"缓和"：P 具有施为性，会导致言者对听者较强的驱动性，威胁到听者的行为自由，但是通过"吧"的不确定，增强了言者与听者的可商议性，给予了听者一定行为自由的空间，削弱了威胁力度，从而缓和了人际关系。

从句法形式方面我们可以看出：影响语气意义的参数有句类、情态范畴、句末语调、人称指示语、话语标记等，从语义制约角度看，则有命题内容的性质和特点，谓词的类别等。句末"吧"从陈述句到祈使句，从"不确定"到"缓和"这些语气意义是一个从主观性到交互主观性的连续统。见图 2.1。

陈述句　　　＞　　　疑问句　　　＞　　　祈使句

"不确定"＞ 待确定 ＞ 协调认知立场、语用移情等 ＞ 为言者立场提供证据 ＞ 缓和

主观性　　　＞　　　主观性增强　　　＞　　　交互主观性

图 2.1 句末"吧"（交互）主观性的连续统

可以看出，句末"吧"不仅具有表示言者对命题内容的情感、立场和态度这些主观性，在话语交际中，还具有明显的交互性，体现了对听者"认知状态"和"社会形象"的关注。黄国营（2000）将句子分为语法句和语用句，语法句是备用单位，语用句是使用单位。他认为从备用单位到使用单位是一个"实现"的过程，这个过程需要有一种语用提示来将句子激活，使备用单位进入交际者的真实世界，在时空、情态、共喻圈方面赋值后取得现实意义。句末

"吧"具备这一语用提示功能，言者通过句末"吧"的选用激活语法句的交际活力，根据交际意图，或关照对方"认知状态"或关照对方的"社会形象"，通过句末"吧"有效地调控、管理话语和人际关系，具有明显的人际语用功能，或者说"吧"的选用存在语用理据。

第三节 句末"吧"和句中"吧"的关系

句中"吧"和句末"吧"是同质的，具有同一性，这是目前普遍接受的观点，也是学界努力对其做出统一解释的前提。但是，在汉语事实中其用法却存在着某些差异，也就是说，在用法上是异质的，具有差异性。这种差异是语言演变和句法位置变化的结果。在分析句中"吧"和句末"吧"时，既要重视其同一性，也不应忽视发展演变后产生的差异，更不能简单地将两者画上等号。李秉震（2010）在分析话题标记的时候，将"拿……来说""就说""再说"视为"就/再 + VP"和"拿 + NP + VP"的一种特例。他认为："要想分析出话题后停顿位置的'吧'的语气意义，只需要厘清祈使句末'吧'的功能"。这种认识看到了句中"吧"和句末"吧"的关系，但是将两者的语气意义等同起来，未免不合适。本节将结合前面的章节内容重点分析句中"吧"和句末"吧"的关系。大多数句中"吧"由句末"吧"发展而来，两者当然围绕着核心意义享有一些共性。例如，都具有"缓和"人际关系的功能，都表达"弱传信"的主观认识，都难以和高值情态成分共现，在对话语篇中都具有人际互动功能，等等。但是，随着句法位置的变化，两者间也存在明显的差异。

一 句中"吧"和句末"吧"的差异

句中"吧"和句末"吧"最明显的不同体现在句类方面。句中"吧"主要用在陈述句中，而句末"吧"主要用于祈使句，还可以用于陈述句、疑问句。除了这个差异之外，两者在韵律特征、句法功能、语气意义、交互主观性的侧重点和程度、现实—非现实范畴、人称等方面又存在一定区别。

（一）韵律特征不同

句中"吧"是低沉有延宕，轻重音模式是前轻后重，音节通过停延为后续话语储蓄动力。句尾"吧"是前重后轻模式，对应的语调通常是降调，包括低平调和重降调。例如：

（80）杨女士说，他太勇敢了！坏人打他咬他的时候，我说，同志算了，让他去【吧】，可是他就是不放手。杨女士对郭燕辉表示感谢，并赠送了营养品，祝他养好身体。（轻重音模式是前重后轻，表示"鼓励"，去掉"吧"命令力，驱使性和指使性强）

（81）让他去【吧】，他不好好干，不让他去【吧】，又天天在家闹。（前轻厚重，"吧"音节拉长，去掉"吧"为难不太明显）

（二）句法功能及辖域不同

句法上看，句末"吧"参与完句，辖域是前面小句，删除后，句子可能不自足，而句中"吧"不参与句子构成，其有无并不影响句子的合法性。例如：

（82）吴保传思虑再三，对妻子说："丹妮，我的眼睛看来是没治了，我们还是分手【吧】……"

（83）观众：我是觉得【吧】，北京的房价已经非常非常之高了，我所住的六环的周边的房子都一万多了，那一万以下的房子，我只有到河北去找了……

例（82）句末"吧"的辖域是"我们还是分手"，如果将

"吧"删除，句子不自足，所以在该句中"吧"具有完句功能。石定栩（2008）、高增霞（2011）甚至认为句末语气词和小句间存在某种句法关系。而例（83）句中"吧"仅表示言者的表达功能，删除句子仍然自足。

（三）语气意义的层级及话语功能不同

从语气意义的层次看，句中"吧"不能改变话语的性质，而句末"吧"会改变话语性质，具有话语转向的功能。这一点我们在分析语气词的层次性的时候，也有涉及（详见第一章第三节）。在此再举两例加以说明。

（84）禅师却轻轻地说："你老远的来看我，总不能让你空手而归呀！夜凉了，你穿上这件外衣【吧】！"说着，便慈爱地把外衣披在小偷身上。

（85）小华：小丽，最近你总是不理我，我没有做过什么对不起你的事【吧】？

小丽：不用多心，我最近有个老同学来了，比较忙。

（86）主持人：杨硕，你当时是怎么开始和农民朋友开始接触的？

杨硕：我这个角色【吧】，跟他们两位有点区别。因为我现在工作这个村，就是我的家乡，我就在这个村里面长大的……跟他们沟通来说，有叔，婶什么的都非常的方便。

例（84）"你穿上这件外衣吧"属于祈使句，表示"建议"，如果将"吧"去掉，语气就很直接、强硬，成为"命令"的言语行为，话语性质发生了变化。例（85）属于是非问句，需要对方确认，如果将"吧"删除，话语的语气类别就变成了陈述句。但是例（86）"我这个角色吧"中的"吧"的有无对话语的性质没有任何影响。除此之外，句中"吧"由于不在句末，也不能改变话语的语气类别。

（四）虽然都具有交互主观性，但是交互主观性的侧重点和程度不同

我们已经论述了句中"吧"和句末"吧"都具有交互主观性，但是在具体语用环境中，其侧重点存在差异。

（87）王小贵：你这个人【吧】，真没劲儿，说好一起去山东旅游的，突然又不去了，没劲儿。

（88）主持人：谁先说？你是医生你先说【吧】。

句中"吧"主要用于陈述句中，侧重的是对听者负面面子的关注；而句末"吧"主要用在祈使句中，侧重的是对听者正面面子和负面面子的关注。除此之外，根据前文分析，在对听者认知状态的关注方面，句末"吧"更明显，更突出。而且，语气词用于句中时，"因为它所管辖的成分不具有独立交际的能力，因此，语气助词所具有的交互主观性特征也的确是相对弱了一些的"（徐晶凝，2008）。

二 句末"吧"和句中"吧"呈对立互补的格局

方梅（1994）指出，现代口语里的句中语气词都是由句末语气词发展而来的。在北京口语中"某些语气词（如'吧''啊'）其原有的表示揣度、疑问、感叹等意义已经丧失，其功能已经有了明显的专职化趋势"。总体看来，是向着标示话题、标示主位的方向发展。齐沪扬、蔡瑱（2005）从语法化角度分析了"吧"的虚化链。在齐、蔡看来，表示停顿的句中"吧"是由句末"吧"虚化而来，这和方梅的观点基本相同。后来徐烈炯、刘丹青（2007）更进一步，从类型学视野，将句中语气词独立出来，称之为表示话题标记的没有语气意义的"提顿词"，在比较具有典型的专用话语标记的傈僳语和台湾的布农语后，认为"提顿词基本上是北京话的一种专用话题标记"，至于出现在非话题性成分后的句中语气词，徐、

刘认为这是具有专用话题标记功能提顿词的类推或泛化的用法。在徐、刘看来，句中语气词一方面是专用话题标记；另一方面又指出"从话语功能看，重要的是看这类标记（即句中语气词，提顿词，笔者注）有无话题功能。只要有话题功能就应该归入专用话题标记，即使她它在表示话题的同时还兼有其他跟话题性有关的语义和话语功能"（同上），似乎句中语气词作为"专用话题标记"并不是真正意义上的"专用"，"没有语气意义"并不是"没有意义"。

通过上面的对比分析，我们发现虽然从句末"吧"到句中"吧"，"吧"受到句法上的限制越来越弱，从具有完句功能到话语成分，其语义内容也在减少（句末"吧""待确定"义消失），语义域越来越窄，失去了祈使句、疑问句中的用法，但从共时平面来看，其在句法功能、话语功能、交互主观性及人称搭配等方面总体呈现对立互补的格局。句中"吧"仍然拥有一定的体现言者（交互）主观性的语气意义及话语人际功能。

从历时角度看，句中"吧"和句末"吧"都在不断虚化。根据孙赐信（1999）的考察，明代以前未见"吧"的运用，直到清代在剧作家杨潮观（1710—1788）作品中，开始出现句末"吧"的用例。

（89）我只得咬破指尖写血书求救【罢】！（杨潮观《吟风阁杂剧·荀灌娘围城救父》）

（90）茶不现成，我去取壶酒来【吧】？（同上《偷桃捉住东方朔》）

但是，"吧"还不多见，在 19 世纪初的《儿女英雄传》中，也只有一例。

（91）倒是教他们小孩子们画着顽儿去【吧】。（《儿女英雄传》第二十九回）

到了20世纪初，北京话小说中就普遍出现"吧"的用法，包括句中"吧"的用例。

（92）我先给您诊诊脉吧。（《小额》88页）
（93）钱粮明儿个再说吧。（《小额》7页）
（94）先请在书房里坐吧。（《小额》105页）
（95）您瞧瞧火克（去）吧。（《小额》11页）
（96）简直的说吧，彼此都没安着好心。（《小额》46页）
（97）说句迷信话吧，也是小额活该倒运。（《小额》2页）

（孙锡信，1999）

从上例可以看出，例（89）具有"罢"的"算了"义，例（90）表示"待确定"，例（91）表"不确定"，例（92）—例（95）用于祈使句，而例（96）—例（97）句中"吧"只用于句子外围成分——插入语的后面，并没有用于句法成分后或之间的用法。可以看出，句中"吧"晚于句末"吧"，这为句中语气词是由句末语气词发展而来提供了佐证。"吧"从句末移至句中，从隶属于句子层面降格到隶属于句子成分等下级单位层面，也可视为语法上的降格，是主观性增强的一个重要机制。因此，可以说句中"吧"是句末"吧"语法化的结果。但同时也应该看到，句中"吧"和句末"吧"从清朝到现代，都产生了新用法，功能不断扩展丰富。因此，通过对"吧"核心意义的评述，句中"吧"和句末"吧"功能的比较，以及语法化过程的分析，我们初步可以得出这样的结论：句中"吧"和句末"吧"功能逐步分化，呈对立互补的格局。可以肯定在相当长的一段时期内，句中"吧"和句末"吧"这一格局状态将一直存在。

第四节 "吧"与语气副词的选择关系

齐沪扬（2002）指出"一个句子中的每一个词，都有其搭配范围，这些搭配范围会限制它的意义和用法"，词语搭配问题实质是成分与成分间的韵律、句法、语义或语用等多个层面上的关系问题。语气意义属于语义—语用层面，语气的表达不仅和句法因素有关，更离不开语义、语用因素，其实，一个词语和这个成分共现（co-occurrence）而不和那个成分共现，反映了词语间的选择性。讨论语气副词与"吧"的搭配问题实质就是讨论语气词对语气副词的选择性、制约性，这同时说明了含语气词的相关构式是具有理据性的，而非任意组合。

本章前面部分内容实际上已经提及"吧"和其他成分的选择关系，例如在分析语气词的层次性时，指出语气词复合赋义是语气副词、情态动词、轻重音、句调、句子构式义、语境、交际意图等和语气词共同承载语气意义；又如在分析句中"吧"的缓和功能时，也指出句中"吧"和句末"吧"一样，一般不和高值情态成分共现。这种观点实际上隐含着其他语气成分和语气词的选择制约关系，能在句法上共现、共同承载语气意义是彼此"相互选择""相互制约"的结果。再如后面第五节我们将讨论的人称、现实—非现实范畴对句末"吧"的选用限制。从前三节的分析，可以看出，语气词和这些成分紧密相连，呈现一个极其复杂的系统。句类、句子类型和时体（现实句与非现实句）、句子的谓语类型（状态谓语或事件谓语）、话题、韵律、人称、语气副词、情态动词等都会制约"吧"的使用。由于句类、句子类型、谓语类型等在前文已有论述，在此不再赘述，下面我们重点考察一下语气副词和"吧"的选择制约关系，并对一些使用频率高且规约性强的搭配进行个案研究。

一　"吧"和语气副词的选择与合作

张谊生（2014）在给现代汉语副词分类时，根据传信范畴和情态范畴，在"现代汉语副词分类系统表"中，列出了一类评注性副词，又称为语气副词。评注性副词既有传信功能又有情态功能。张谊生认为："在汉语中，表示情态可以用词汇手段，也可以用语法形式。而使用评注性副词无疑是表示汉语情态的一条重要的途径。"并且，他进一步考察了评注性副词表示"强调与委婉、深究与比附、意外与侥幸、逆转与契合、意愿与将就"等十个方面的情态。在"现代汉语副词分类表"中，语气副词共列有 159 个，基于典型性和常用性的考虑，我们同时参照《新汉语水平考试（HSK）大纲》（2010）和《常用汉语 1500 高频词语表》（2006），取其交集，共得出以下 18 个高频语气副词（语气副词下标的数字是其频度值，数字越小说明使用频率越高）：

还$_{35}$、才$_{83}$、真$_{94}$、还是$_{126}$、一定$_{167}$、倒$_{275}$、终于$_{315}$、原来$_{332}$、其实$_{502}$、大概$_{506}$、甚至$_{545}$、实在$_{575}$、几乎$_{715}$、本来$_{736}$、简直$_{793}$、到底$_{923}$、千万$_{1412}$、正好$_{1463}$。

根据 CCL 语料库，以"语气副词 \$18 吧"为检索测试框架，对这 18 个语气副词进行了穷尽式的检索测试，截至 2015 年 11 月 1 日，检测结果详见表 2.5。在该检索测试框架中"\$18"是指语气副词和"吧"间隔字数小于或等于 18 个字。为什么会选择 18 个字作为参数呢？这里涉及汉语口语平均句长（MLUm）的问题。根据已有研究，汉语计算平均句长至少有"字"和"词"两个计算单位，范晓（1985）认为汉语口语语体的平均句长不超过 9 个实词，而左思民（1992）以字为计算单位，对接近口语的中篇小说《井》进行统计，认为其平均句长为 17.9 个字。为了避免词的界定问题对统计结果准确性的影响，同时也是为了得出更多的统计结果，我们在左思民研究结果的基础上，确定接近 17.9 的整数 18 作为统计参数。

表 2.5　　　　　高频语气副词和"吧"的共现例句统计结果

还是$_{126}$	大概$_{506}$	一定$_{167}$	还$_{35}$	才$_{83}$	终于$_{315}$	其实$_{502}$	到底$_{92}$
4150 例	1504 例	505 例	915 例	329 例	25 例	19 例	15 例
千万$_{1412}$	简直$_{793}$	实在$_{575}$	正好$_{1463}$	甚至$_{545}$	几乎$_{715}$	本来$_{736}$	倒$_{275}$
8 例	5 例	4 例	4 例	3 例	2 例	0 例	0 例

可以看出揣测类语气副词（"大概"等）、推断类语气副词（"还是"等）和"吧"选配可能性大，而道义类语气副词（"本来""倒"等）、加强情态副词（"千万""简直""到底""实在""几乎"等）则和"吧"选配的可能性小，甚至不能选配。下面我们以共现频率最高的"还是""大概""一定"为案例做进一步的分析，以考察其在组合中"呢"的作用。

（一）还是……吧

"还是……吧"是推断类语气副词"还是"和语气词"吧"双向选择的结果。语气副词"还是"的基本义是表示"延续"。在《现代汉语八百词》（2003）中，"还是"有两个用法：一是表示行为动作或状态保持不变，或不因上文所说的情况而改变，仍然，仍旧；二是表示经过比较、考虑，有所选择，用"还是"来引出所选择的一项。其中的第一项是其基本义，第二项为"选择义"。至于两个用法之间的关系，彭小川、胡玲（2009）通过对转折句中"还是"的考察，认为："对延续义的主观性的介入以及延续义的逐渐脱落，这是选择义形成的主要动因。"但是，并不是能用语气副词"还是"的句子，其结尾都可以带上句末"吧"。例如：

　　①这些警告虽然年年重复，但每年还是有人冻死在暴风雪中。
　　②虽然走了一些弯路，试验还是获得了成功。
　　③虽然大型国有菜店某些菜的质量好，但对大多数顾客来

说，还是宁愿去方便灵活的集贸市场。

④大庆得知此事，虽然理解母亲的良苦用心，但还是回绝了。

（转引彭小川、胡玲，2009）

在彭、胡的上述用例中，①②中的"还是"是表"持续义"，③④是表"选择义"。但是，基本都不能使用"吧"。那么在什么条件下"还是"需要带上"吧"呢？"还是……吧"有什么语义语用功能呢？邵洪亮（2013）在分析"还是"的元语功能时，认为"还是"的元语用法是对主观上"非断然"的选择，往往起到舒缓语气的作用。这与句末"吧"的"揣测""犹豫不决""让步"等语气十分吻合。我们认为这种观点无疑是正确的，但是还不够全面，没有包括"还是"和"吧"组配的全部情况。因为"吧"除了在"不确定"义层面和"还是"组配外，在人际域等人际语用层面也可以和"还是"组配，其中"还是"保持"持续义"的基本用法，"吧"贡献着言者的（交互）主观性，两者协调合作，从情态的不同方面共同构建意义。

1. 对某一过去状态，在新的情况下是否还继续需要进一步确信时

根据"还是"的基本义，可以概括出其使用的四个语义构件：之前条件（记为 X）、行为状态一（记为 Y）、新的条件（记为 Z）、行为状态二（记为 Y′）。在语义关系上，旧条件 X 和新条件 Z 之间是比较关系，状态一 Y 和状态二 Y′ 存在潜在的同一关系。但是和"吧"搭配后，就增加了言者的不确定性，对状态 Y′ 在多大程度上与 Y 存在同一性，言者需要听者给予回应。例如：

（98）LY：（现在）（Z）你的现场演出至少有一半还是用普通话（Y′）【吧】？

ZLB：其实不到一半，一部分普通话，一部分上海话。

2006年（X）我第一次演"海派清口"的时候国语占到了70%，2007年（X）达到了一半，到2009年（X）更少了，越来越觉得好像清口还是以上海人为主的。

在例（98）中，经过和之前的条件"2006年""2007年""2009年"的比较，言者主观认为听者ZLB现在仍然用一半的普通话表演（Y'），但是"现在"（Z）作为新条件，之前"用一半普通话"演讲的这种状态（Y）是否持续，有没有变化，言者不太确定，即言者不确定状态（Y'）和（Y）是否一致，这时通过语气词"吧"来增添这一"不确定"的主观认识。在意义构建过程中，"还是"承载概念域的"持续义"，"吧"承载语气域"不确定"义，两者语义分工明确，各司其职，所以能"和谐相处"。

2. 做出不一致的选择，会威胁到听者正面面子时

上述例（98）中的行为状态Y是已然状态，是客观事实。但是下列句中的Y则是未然状态，是言者的主观预期。例如：

（99）<u>这次（X）</u>到陕北对共产党和红军进行实地采访，是斯诺渴盼已久并且是他对宋庆龄反复要求的。（Y）宋庆龄经与周恩来联系后，特意安排了斯诺的此次陕北之行。但是<u>就在临出发之际（Z）</u>，不料斯诺又有些害怕起来。

"孙夫人，要不，我还是另找机会再去（Y'）【吧】。"

"为什么呢？"宋庆龄有些不解地望着这个美国小伙子。

例（99）言者"斯诺"盼望去陕北采访，听者宋庆龄为其提供了预期的选择项（Y），但是临出发之际（Z），"斯诺"有了新的选择"另找机会再去"（Y'），这与听者提供的预期选择项不一致，即言者的主观预期选择（Y'）与提供的可选项（Y）不一致。从言语交际角度看，这种不一致的选择给听者"宋庆龄"的正面面子构成了威胁。在话语交际中，言者需要采取缓和策略，体现对听

者社会面子的关注，语气词"吧"缓和面子威胁力度的功能满足了这一交际需求。在意义构建过程中，"还是"承载概念域的"选择义"，"吧"承载着人际域"缓和"义。两者语义分工明确，合作构建意义，所以能"和谐相处"。有时，上述四个条件并不需要同时显现，只有行为状态（Y）和（Y′）即可。例如：

（100）费格拉哈忙说道：……"<u>也好，你来背</u>。"（Y）"不行！<u>还是</u>让俺自己走（Y′）【吧】！"

"还是"在词句中表达的"选择义"与原来的"持续义"存在语义上的一致性，可以说"选择义"是"持续义"语境化的结果。例（99）中斯诺渴盼去陕北采访红军，实际蕴含着在这一期盼之前的初始状态是"在寻找机会"，但是现实条件为言者提供了可能性更大的预期选择项，即"可以去陕北采访红军"，然而，在言者心理变化的影响下，面对预期选项，言者却选择了放弃，退回到原来的寻找机会的初始状态，并通过"还是"来表达这一"持续"状态。例（100）中"自己走"是言者基于常理（路应该由自己走）产生的认识，在现实条件下，"还是"表示言者放弃当前的可选项（别人来背），选择"持续之前的常理行为"。"还是"在语境中"选择义"是显性意义，"持续义"则是隐性意义，两者在潜在语义上具有关联性。

3. 提供建议

"还是"的"选择义"是基于言者视角做出的概括。但在一定语境中，如果从听者的视角看，言者做出的选择在听者那里常常被识解为"建议"。所以"还是……吧"的"选择"和"建议"之间存在转喻关系。例如：

（101）这期间，我发现，原来要跟随作导师的那位教授年纪已经较大，他所做的研究课题有些过时了。<u>同学给我建议</u>，

"不要选择博弈论政治学或者数理经济学了，还是学金融经济学【吧】"。

（102）我们常因说话而后悔；但从未因沉默而后悔。所以，当你对某事无深刻了解的时候，最好还是保持沉默【吧】！

（103）母亲哪里肯依，继续泪雨滂沱地苦苦相劝："孩子，你还是不要去南洋【吧】，你如果在家里，即便再苦的日子我也能过，我只怕你一个孩子去了那种地方，是要受苦的呀。……"

在上例中，"还是……吧"都表示建议，在形式上，有"建议""最好""相劝"等表示建议功能的词语。虽然"还是……吧"表示建议功能，但是在语篇上，还留有"选择"的语法痕迹，这些痕迹主要有词法和句法两个方面。在词法方面，表现为语篇中含有"选择""或者"等标记选择关系的词语，如例（101）。更多的则是在句法方面，在句法方面表现为上下文中有多个"并列项"与之共现，"还是……吧"引出的只是其中言者主观择定的一项。如例（101）中"学金融经济学"有"博弈论政治学""数理经济学"与之并列；例（102）中"保持沉默"有"说话"与之并列；例（103）中"不要去南洋"有"在家里"与之并列。在意义的构建中，"还是"仍然贡献着概念域的"选择义"，"吧"提供语气域的"委婉"语气和话语的"交互"功能。这样，从交际的角度看，"选择义"在"吧"的"委婉"和"交互"功能的作用下，在语境中整合出"提供建议"的功能。

4. 话题转换

所谓"话题转换"是指原来进行的话题是 Y，现在的话题转换为 Y′。在句法层面常常会出现"说说""谈谈"等言说动词的重叠形式。例如：

（104）"啊，小伙子，我们随便聊聊。我们过去打过交道，但是一直无缘见面。昨天晚上你的几句话，给了我很好的印象。我已经感到，你在中国是可以干一番大事业的。"

……

"感谢夫人夸奖。我<u>还是</u>说说我的简要情况【吧】。我1915年出生于波兰，自幼随父母定居美国，但童年是在中国的天津度过的。1931年起在《京津晤士报》从事新闻工作。1937年起任美国合众社记者……哦，就是这么多。"

（105）一听说上讲台，我的心非常慌，但课程已经排好，躲也躲不过去，只好硬着头皮进教室。没想到，一年下来，学生们还比较满意。

<u>话题有些扯远了</u>，咱们<u>还是</u>谈谈你的现状【吧】。信中说，你目前干的都是些琐碎的辅助性工作，对此你不屑于干，心里也很不平衡。

在例（104）中，斯诺和自己崇拜的对象宋美龄第一次见面，还没来得及自我介绍，就先获得宋美龄直白的赞赏，腼腆的斯诺对于突来的夸奖有点无所适从，在对宋美龄的夸奖进行简单的回馈后，迅速转换话题，介绍自己最为熟悉的话题，即自己的情况。在交际过程中，言者"斯诺"通过"还是……吧"将原来夸奖自己的话题Y转移到新的话题Y′上，"还是……吧"承载话题转换的功能，删除或替换任何一方都不行。

在构建意义的过程中，"还是"仍然贡献着潜在的"持续义"，在例（104）中，根据认知图式知识，在言者的已有认知中，隐性地存在一个需要介绍自己的陈述性知识Y，但是意外地受到宋美龄夸奖的干扰（Z），原陈述性知识被打断，为了继续之前的Y，言者需要"还是"的"持续义"。这从另一个方面可以说，"还是"隐含着修正功能，可以将话题修正、恢复到言者意欲继续讨论的话题上来。在语篇上，有时会在转换话题之前，出现类似于"话题跑偏了""话题扯远了"等提示话语，如例（105）。但是转换话题打破了话题的连贯性，展示出言者不愿继续当前话题的想法，给听者的社会面子构成一定威胁，此时，需要"吧"这个"缓和语"增加话语的"可商议性"进行调节，这从谓语动词一般采用礼貌的复杂的重叠形式（如"说说""谈谈"）可见一斑。"还是……吧"在表示话题转换功能时，"还是"和"吧"的搭配是语义和语用相互结合，彼此协作的结果。

所以"还是"经常和"吧"组配。"还是……吧"从表"对持续状态的不确定"到"转换话题"，（交互）主观化起着决定性的作用。彭小川、胡玲（2009）指出"'还是'有的延续义不但描写了客观存在的延续内容，而且这种延续义还加入了陈述对象或者说话人的主观因素，这时延续义就有可能发展为选择义"。我们同意这一观点。从对持续的确信到选择、建议、"转换话题"，"还是……吧"的功能不断扩张，其中"吧"的（交互）主观性也为这一功能扩张提供了动力。

（二）大概……吧

构式"大概……吧"是揣度类语气副词"大概"和语气词"吧"双向选择的结果。语气副词"大概"的基本语义是"推测或估计"。《现代汉语八百词》中介绍了两种用法：一是表示对数量、时间的不很精确的估计。例如，小红大概十六七岁；我大概月底回国；大概讲了半个小时等。二是对情况的推测。例如我想他大概会同意；这道题大概不错，你再问问老师；已经十点了，大概他不会来了。这些是对"大概"句法和语义方面的介绍，没有涉及其语用功能。张斌在《现代虚词词典》中在此两种用法基础上，增加了第三个用法"表面看似一种推测和估计，实际上表示一种委婉的肯定语气"，例如，"我大概不会是你所说的那个人吧""不是我说大话，我大概不会那么傻"。张斌的解释进一步丰富了"大概"的功能，包含了"大概"的语用功能。

前面第一章第三节在介绍句末"吧"语气意义的层次性时，提到"吧"可以和语气副词通过复合赋义的方式强化语气意义，从信息冗余度角度指出了"大概"和"吧"都可以用来表示"不确定"语气，言者通过两个语言手段的搭配来强化表达的"不确定"语气，一方面突出了关键信息；另一方面也易于关联识解，降低听者认知的努力。正因为"大概"和"吧"在"不确定"义上具有一致性，所以上面的用例，基本上都可以在句末添加语气词"吧"，甚至可以直接组合成"大概吧"，成为规约化的构式，表示情态的加强。类似还有"也许""大约""差点儿"等表示揣测类的语气副词。这是从句法—语义层面分析"大概"和"吧"的选择条件。

实际上，还可以从互动性交际和非句法—语义功能角度进一步考察"大概"和"吧"的选择关系，这是之前研究没有重视的。

语气副词"大概"在表示"推测或估计"义时，在交际中常常是因为言者无法提供准确信息或者对话语信息把握性不大，是为了避免表达过于武断而采取的一种得体的表达手段。根据其语义语用功能，"大概"属于何自然、冉永平（2009）提出的"模糊限制语"（hedge）。何、冉认为"模糊限制语"就是让话语信息或说话人用意变得含糊不清的词汇或结构，包括变动型和缓和型两类。"大概"在表示"推测或估计"义时属于变动型模糊限制语，此时"吧"和"大概"在"不确定"语义域内互相兼容。例如：

（106）很久没吃过红薯了，大概已有二十年了【吧】？当然，偶然吃一点是有的，只是当零食吃罢了。

（107）在今年北京国际车展上，由北京吉普公司自主开发的一辆多功能车概念车——挑战者，首次亮相就大受好评。问及已花了多少开发费用，回答说，"大概两亿元人民币【吧】"。

例（106）、例（107）中的"大概……吧"中间输入的是准确数字"二十年""两亿元"，但在构式的作用下，成为"不确定"的模糊数字。体现了"大概"的语义模糊和"吧"的"弱传信"

功能。除此之外，构式中也可输入约略数量。例如：

（108）业务员："你认为大约多少张呢？我是指每印一百张，一千张或一万张便发生故障呢？"
顾客："我不知道，大概是每隔几星期【吧】。"
业务员："每隔几星期？的确相当多。"
顾客："我想大概一万张左右【吧】。"
（109）中间正房中陈列的小平同志的照片还比较丰富，大概有好几百幅【吧】。
（110）笔者问黄米土，今年繁殖田鱼苗收入多少。他说，大概八九千元【吧】！

例（108）中打印机到底打印多少张后才会出现问题，顾客对此无法提供准确的数字，但是在会话合作原则和礼貌原则的作用下，需要对说话人的话语做出回应，只得给予对方一个估计的数字"几个星期"或"一万张左右"。再看例（109），在邓小平故居中究竟陈列了多少张小平同志的照片，在做空间说明时，言者没有也不需要进行精确的统计，而是通过主观大量的模糊表达方式传递照片较多的信息即可。例（110）中"黄米土"对今年的收入给了一个主观小量"八九千元"。这些数字表达中含有表示约略数量的词语"几""左右""好几"、相邻数等进一步凸显数值的模糊性。而这些"模糊"表达和"大概"、句末"吧"的"弱传信"意义正好协调一致。由此可见，"大概"和"吧"可以共现的内在语义动因是："大概"的"或然性"和"吧"的"弱传信"存在语义上的"和谐性"。

"大概"在话语交际中还具有语用模糊的功能，言者出于某方面考虑蓄意将话语信息进行模糊化处理，而句子的真值意义不会发生改变。此时，"吧"和"大概"在缓和人际关系的人际域内相一致，相兼容，也都体现了言者的主观性和交互主观性。

1. 确切事态的语用模糊

在话语交际中，言者本来能提供准确的数字或对事态已有明确的断言，但是基于某些语用方面的考虑，在传递给听者时，却有意识地选择"大概……吧"将该确切信息进行模糊化处理。例如：

（111）语境：刘君家境不好，但是他非常急切地想救那位受伤的老人，就跑到医生办公室询问。可是救这位老人换一个肾要1万块，医生知道这笔费用对于刘良君来说是个大数字。

刘君急切地问道："医生，换一个肾要多少钱？"

医生默算了一下："大概一万元【吧】。"

"一万？"刘君惊了一下，这可不是一笔小数目。家中的存款刚好有一万元钱，这可是我们夫妻两人结婚六年来省吃俭用存下的。

在例（111）中，医生本知道换一个肾的准确费用，但是面对刘君的经济能力，为了避免说出准确数字给听者带来冲击，在回应刘君时，采用了"大概……吧"的模糊化表达进行缓和，这体现了医生关注到了听者刘君的认知状态。"大概……吧"具有交互主观性，它是医生为了方便对方在心理上易于接受而采取的语用模糊的话语策略。与例（106）、例（107）不同的是，此时，"大概"和"吧"是在人际域内功能一致，也就是说"大概"和"吧"都具有缓和人际距离的功能，这是两者能够组合的基础。这与张斌在《现代汉语虚词词典》中增释的第三条"实际上表示一种委婉的肯定语气"相似。

2. 个人观点或评价的语用模糊

在表达个人观点或进行评价时，通过"大概……吧"的模糊表达可以避免个人观点的绝对性和武断性，其语用意图是给自我留有话语调整的空间或增加传递信息的可接受性。例如：

（112）何谓"滥题字"，首先对"滥"该有所界定。滥，一是指题字的领导人过滥。领导干部中确实有书法大家，但较多的还处于业余水平，充其量是个书法爱好者而已。现在，"家"与"者"同时提笔公开大书特书，岂不太滥？二是指题字的范围、内容太滥。许多题字，完全与干部的职务不相干，与政治不相干，甚至是纯属商业行为的为企业题匾。把这些超范围的题字称为"滥"，大概不为过【吧】。

（113）而且，作者为了感谢曲调的创作者——"哈萨克同胞"，还特地举行了一次"招待演出"。这里说得一清二楚，所谓"全系哈萨克民歌，谱以新辞"者，即全部曲调都是采用哈萨克民歌的曲调，并配上新歌词之谓也！最说明问题的是王洛宾先生为《沙漠之歌》所写的"前言"："本剧中所用插曲，全系哈萨克民歌，谱以新辞，曾在西宁上演二次，一次即系招待哈萨克同胞。"

当年王先生自己说的话，经用白纸黑字记载了下来，大概不会有错【吧】！

例（112）"大概不为过吧"表达的是言者对领导人"滥题字"现象的个人看法或评价。通过前文"岂不太滥""领导人过滥""内容过滥"等信息可以看出，言者认为领导人"滥题字"实在太过了，这一观点或评价在语篇中显露得十分明确和强烈。但是言者却采用"大概……吧"的模糊方式来表达个人强烈的、明确的观点和评价。例（113）"大概不会有错吧"表达的言者是对插曲是不是哈萨克民歌的个人看法。根据上下文提供的线索证据，"这里说得一清二楚""王先生自己说的话""白纸黑字记载了下来"等足以说明"插曲是哈萨克民歌"的观点不会有错。言者同样不是直陈个人看法，而是通过"大概……吧"进行模糊化处理。这是为什么呢？是言者基于人际语用方面的考虑。例（112）、例（113）言者采用"大概……吧"考虑的就是个人观点或评价的可接受性，体现了对听者认知状态的关注。此时，"大概……吧"模糊功能并不是模糊话语的真值信息，而是出于人际关系或特定语用意图的需要，是为了获得模糊的语用效果而采取的表达手段。

3. 负面信息的语用模糊

交际中对别人进行批评、指出其不足或涉及个人隐私时，言者常常采用"大概……吧"的模糊表达，是为了降低直陈负面信息给交际和谐带来的负面效果，避免对听者的社会形象或者"面子"构成直接的威胁，具有明显的语用效果。例如：

（114）"秦国如果真的愿意把商于的土地让给咱们，大王不妨打发人先去接收。等商于六百里土地到手以后，再跟齐国绝交也不算晚。"楚国的使者到咸阳去接收商于，想不到张仪翻脸不认账，说："没有这回事，大概是你们大王听错了【吧】。秦国的土地哪儿能轻易送人呢？我说的是六里，不是六百里，而且是我自己的封地，不是秦国的土地。"

例（114）楚国使者受大王之命前来接收商于时，秦国张仪直接给予否定，并指出对方大王听错了。从交际角色来看，对方大王"为尊""为上"，对其直接指责会给对方的"面子"构成很大的威胁，"大概……吧"赋予言语弹性，能降低指责的力度，其表层的"猜测、估计"义实际上传递的却是深层的语用模糊功能。

通过上面分析，可以看出，"大概"和"吧"组合选择关系体现在两个层面：语义层面和语用层面。在语义层面，"大概"的"推测或估计"义和"吧"的"弱传信"功能具有一致性，互相兼容；在语用层面，"大概"和"吧"都具有缓和人际关系的语用功能，都具有交互主观性，语用功能的协调一致是两者搭配的基础。

但必须注意的是：虽然"大概"和"吧"都可以表示"不确

定"义，但是并不意味着两者是完全等值的，没有任何区别。请看：

A1. 马克去过北京【吧】。/？
A2. 马克大概/可能去过北京。

在话语交际中，A1 中"吧"表达的是言者对命题内容的倾向性认知，但信息的主导权在听者一方，需要听者对"马克去过北京"的不确定给予回应确信，具有明显的交互主观性。从话语分析角度看，也具有推进话语衍进，邀请听者参与话语的人际语篇功能，是典型的话语成分，主要用于对话语篇中，体现的是语言的交际性功能[①]。但是 A2 中"大概/可能"体现的只是言者的主观认知，是言者根据"自我"掌握的信息做出的主观推测，是对"马克去过北京"这一事件的叙述，信息的主导权在于言者"自我"，无需关注听者的认知状态，也不要求听者给予回应，没有明显的邀请听者参与话语的人际语篇功能，体现的是语言的事务性功能。

因此，"大概"和"吧"在表示"不确定"义时，实际上侧重点不同，"大概"以言者为中心，侧重主观性，多用于对事件的叙述；"吧"以听者为中心，侧重"交互主观性"，多用于话语互动。

（三）一定……吧

"一定……吧"是由语气副词"一定"和"吧"复合而成。吕叔湘在《中国文法要略》中将"一定"归入"必然"范畴。范开泰（1988）根据"真值模态义"将一个句子所表达的命题真值分为"实然""或然"和"必然"。"实然"模态义表示"确定性"，通常采用零形式表达。"或然"模态义表示"可能性"，汉语主要

[①] 布朗和尤尔（Brown & Yule，1983）将语言的功能分成事务性功能和人际性功能。事务性功能主要涉及事实或命题信息的传递，交际过程中交际主体关心的是信息的成功传递。人际性功能则强调人际色彩。

包括"大概""也许""可能"等词语表达。"必然"模态义则表示"必然性",在汉语里常用"一定""肯定""必定""准"等词汇形式进行表达。根据吕、范的观点,"一定"属于"必然"模态义,其核心意义是表示"必然"。对此,《现代汉语八百词》的解释是:

一是表示意见的坚决。多用于第一人称,否定形式是"一定不";用于第二、三人称时,往往表示要求别人坚决做到。用在动词和助动词"要、得(děi)"前,否定形式是"一定别(不要、不能)"。

我一定照办｜你一定得抽时间去看看他｜他一定要去,就让他去吧｜领导一定要深入群众｜我一定不忘记你的嘱咐｜[你]一定别忘了!｜叫他一定别说出｜这种药一定不能乱吃。

二是必然,确实无疑。

他一定会同意｜一定是记错了｜这种材料一定结实｜这件事他一定不知道｜你放心,我一定不说。

后来,李成军(2005)、丁萍(2008)进一步分出两个"一定"来:"一定$_1$"表达情态,强调动作行为在说话后(未然)通过努力才能发生或出现;"一定$_2$"相当于评注性副词,通过某种征兆或迹象对已经发生(已然)或可能出现(或然)情况的判断或评论,属于确定性的推测。用"吧"对上述成果中的例句进行检测,我们发现:句末"吧"和"一定"的组合主要用于"表示对某种情况进行确切的推断",即表"必然义"时。在人称指示语上也有限制,只能用于第二、三人称,不能用于第一人称。当"一定"表必然义时,言者所做出的确切推断是基于一定的显性"证据"做出的,在语篇中或隐或现一定的语用前提条件。这些前提条件或为客观现实，例如"这个婴儿哭哭啼啼，一定是饿了吧"；或为社会规约或双方共知，例如"下这么大的雪，明天高速公路一定禁止通行"；或为言者假设预期，例如"如果我去的话，她一定不会来的"。

卢英顺（2007）曾统计了数百个含"吧"的句子，结果只有一例是跟"一定"同现的，认为"吧"很少和"一定"共现。这与我们统计的结果不同。我们发现，"一定"和"吧"共现的现象虽然较"大概……吧"少，但还是比较常见的，在常用语气副词中，和"吧"的组合用例位列第三，有500多条。例如：

（115）主持人：那么年轻就当上了科技副区长你父亲一定会以你为荣【吧】？

（116）爷爷，毛驴好骑吗？您摔过跟头吗？那么远的路一定很累【吧】？我长大后也想参加你的驴驴队，也去宣传咱们的国家。

（117）客人笑着对杜鲁门的母亲说："有哈里这样的儿子，你一定感到十分自豪【吧】！"

（118）那雪白的大理石陵墓在月光辉映下多么壮丽！绍端，你一定也不会忘记【吧】！

（119）徐鹏飞说："……成都失守，重庆危在旦夕？"……又说，"我想许先生听到这个消息，一定很高兴吧？""当然高兴。"许云峰毫不掩饰内心的高兴，脸上浮出肯定的笑容。

（120）她掏出一套印制精美带香味儿的《幼儿英语》说，这是我们社跟加拿大合做出的一套趣味英语，俞省长，也许您的孙子或者孙女会喜欢——您一定有了孙子或孙女【吧】？俞大声说我有个小孙女，我要把这套书送给她。

虽然卢英顺考察的数据不一定可靠，但是提出了两个需要说清楚的问题：一个是"一定"和"吧"为什么能共现；另一个是既然"一定"和"大概"都表推测，那么相比起来，"一定"和"吧"的共现为什么较少。卢英顺对这一现象的解释是："这可能是因为'一定、总是'这样的词表示的是很坚决的语气，与'吧'降低语气的作用不和谐。但'一定'也可以用来表示推测，这时与'吧'的作用又是一致的。"卢的解释似乎可以理解为：因为"一定"和"吧"的语气意义不和谐，所以一般不能共现，但是它们都可以表示推测，作用一致，所以又能少数共现。但如果进一步深究的话，就会发现这种解释存在一定的漏洞。

漏洞一："一定"和"吧"都可以表示推测，这是其共现的依据，而不是少数共现的依据。

漏洞二："一定"和"吧"语气意义不和谐并不能说明两者就不能共现。在言语交际中，祈使句一般表示坚决甚至命令的语气，但是常常和起语气"缓和"功能的语气词共现。例如"让他去！"和"让他去吧"。

漏洞三：按照卢英顺的观点，"一定"和"吧"同表推测，应该是能共现的。但是"一定"和"吧"语气意义不和谐，又是不能共现的。那么"一定"和"吧"到底能不能共现呢？

显然，卢氏对"一定"和"吧"的共现情况没有做出全面的解释。

我们认为这和"吧"的语境化的多功能性密切相关。"一定"和"吧"不是单纯从句法—语义层面进行组合，还可从人际语用层面进行搭配。

1. 句法语义层面的选择

至于"一定"和"吧"在句法语义层面组合的原因，我们同意卢英顺的解释，即两者都可以用来表示推测，语义上具有一致性。从传信范畴和情态范畴来看，"大概"和"一定"实际上都表推测，主要区别在于传信的信度不同，即"大概"表"或然"，信度较弱；"一定"表"必然"，信度较强。为了更好地区分"大概""一定"与"吧"的选择差异，我们提出了"信度同向"和"信度异向"的概念。当表达中同时出现两个传信手段时,若同为弱信度或同为强信度的,我们称之为信度同向;若一个为强传信一个为弱传信时,我们称之为信度异向。"大概"和"一定"虽然同为传信范畴,表示推测,但是信度的方向影响着其和"吧"的搭配。具体来说,与"吧"搭配时,"大概"的弱信度和"吧"的弱传信同向,相互吸引,弱传信获得增强,选配的概率大,而"一定"的强信度和"吧"的弱传信异向,"异向"则信度遇阻减弱,不过它们同属"推测"中的成员,可以在传信范畴进行组合,只不过组合的概率因遇阻而相对降低。这可以从认知语言学的作用力图式(Force Schemas)得到解释。Talmy(1988)认为该图式包括三个部分,分别是力的强制作用(compulsion)、力的阻碍作用(blockage),以及力的消除(removal of restraint)。"力的强制作用是指,当外力作用于某一物体时,该物体会顺着作用力的方向前进;但是,当外力遇到来自物体内部或者外部的阻碍时,该物体移动的方向会发生改变,或者造成物体沿着力的方向继续前进。"(转引文秋芳,2013:107)这个过程是现实世界中作用力的作用过程在语言中的映射。"一定"和"吧"传信异向,在组合时"一定"的强传信受到"吧"弱传信的阻碍,但仍然沿着"一定"的强传信方向前进。而"大概……吧"传信同向,"大概"的弱信度顺势得到"吧"的加强。这就解释了为什么"一定……吧"的组合频率低于"大概……吧"的原因。另外,"一定"的推测认知功能是其和"吧"共现的关键要素,这也是其之所以能和"吧"共现,而表加强语气副词"甚至""千万"等不能广泛和"吧"共现的主要原因。

2. 语用层面的选择

与"大概"不同的还有:"一定"没有表示委婉的语用功能。"一定"传递的是言者对命题真实性持较高的相信程度,是"确定性的推测",常常用来传递言者比较绝对的主观认知。在话语交际中,这种绝对的表达会显得绝对武断,给听者的社会形象造成威胁，这违背了"合作原则"和"礼貌原则"，不利于话语的接受和推进。作为理性的交际主体，此时，会积极改变话语策略选择一定的语言手段来降低"一定"的"坚决语气"，避免话语的绝对性和武断性，增强话语的弹性和接受性。句末"吧"的人际"缓和"功能正好能满足这一要求。所以"一定"的"坚决语气"和"吧"的"降低语气"表面上看似矛盾，实际上是语用选择的结果，"一定……吧"是言者用于委婉地表达确切推测的构式。在该构式中，"一定"和"吧"相互合作，共同构建意义。例如：

（121）傅成玉：是我非常推崇的一个项目，但是被否掉了，……事后呢这个公司上市非常好，投三十亿至少能拿回来三倍的价。

主持人：我想你当时一定特后悔【吧】？

傅成玉：<u>但是我没有后悔</u>，其实这个企业不能就事论事……

（122）由于生活无规律，饥饱不均，老王患有严重的胃病，这种职业病使他时常疼痛难忍，但他多少年来一直咬着牙克服。

记者问："家里人一定很担心【吧】？"

老王说：<u>"干了几十年，爱人也就无所谓'担心'了，孩子们都很喜欢我的工作……"</u>

（123）销售部经理说："我们做销售的，工作很有意思，天天和不同的人打交道。你们做审计的，工作一定很枯燥【吧】？"

这位审计师说：<u>"不，我们的工作也很有意思。我们天天和不同的数字打交道。"</u>

例（121）、例（122）、例（123）中，从画线部分的应答语可以看出，"吧"可以缓和"一定"的绝对性，为自我表达留下弹性的空间，避免被否定的尴尬，同时也增强听者的话语决定权，关照到听者的"面子"。

可见，"一定……吧"是言者用于委婉地表达确切推测的构式。表确切推测时，在句法上受到人称范畴的限制，主要用于第二、三人称，在语义上受谓语的现实—非现实范畴的制约，只能用于非现实句中。在话语语篇中还会受到一定语用前提条件的制约。如果将其形式化为"r，一定 q 吧"，那么其中 r 是推测 q 的语用依据。

二 "吧"和语气副词的选择机制

范晓（1985）认为词语在组合时，"必须考虑语义上的选择，功能上的选择和语用上的选择。语义上的选择要做到'合理'，功能上的选择要做到'合法'，语用上的选择要做到'合用'。组成短语，合理、合法是基本条件；运用到句子，合用是根本目的，因而在语用上的选择更为重要"。齐沪扬（2002：148—160）认为："语气词在使用中所受到的句法限制是比较少的，更多的应该是语义限制和语用限制"，并从宏观角度分析了语气词使用中的句义和词义限制。这充分说明了词语组合不是任意的，而是有限制、有理据的，词语组合应遵守选择性原则。那么"吧"和语气副词组合搭配是如何体现选择原则？根据上面"吧"的相关构式的个案研究，我们认为语气词"吧"和语气副词的选择需遵守语义和谐律（semantic harmony principle），而且其选配的理据性可以获得认知上的解释。

（一）语义一致

"语义和谐律"（semantic harmony principle）是陆俭明先生在"语音和谐律"（vowel harmony）的启发下提出来的。陆俭明（2008）认为在句法层面"语义和谐律"主要体现在三个方面：构式与构件之间、构件与构件之间、构件内和构件外词语之间在语义上都要和谐。"吧"和语气副词的选择关系，从本质上来讲，就是要求两者在语义上要体现上述三个方面的和谐。"大概……吧"构式中构件"大概"和"吧"在"不确定"义上保持一致;"一定……吧"构式中构件"一定"和"吧"在传信强度上虽然"异向",但是推测义上语义和谐一致。不管是语气副词还是语气词都表达言者对命题内容的主观态度或认识,语义一致是"吧"与语气副词选择的重要机制。对此,我们前面已经从作用力图式做出了解释,认为其过程和现实世界中作用力的作用过程相似,是概念隐喻。(详见构式"一定……吧"节)

(二) 语义语用的互动及整合

语气词除了传递言者对命题内容的主观认识之外,还可以表示对听者的态度或认知状态的关注。鲁川(2003)指出语气词和语气副词在情态表达上实际不同。语气词对"人",而语气副词对"事"。徐晶凝(2008:322)也接受这一观点,指出:"语气助词主要用于'人',即表达说话人鉴于与听话人的关系而做出的对语句的处置方式;而情态副词则主要用于对'事',即用于单纯对语句内容做出评价。也正因为此,情态副词与语气助词可以共现,而且,我们几乎找不到共现的规律是什么。"语气词和语气副词在表情态的这种互补性是"吧"和语气副词共现的另一个原因。我们可以看出语气副词在命题内参与意义构建,对"事",而语气词"吧"则在语气域、人际语用域等非命题内容上贡献意义,对"人"。例如"还是……吧"在表示"对过去状态是否继续进行确信"时,"还是"承载概念域的"持续义","吧"承载语气域"不确定"义,在表示"提供建议""话题转换"时,"还是"的意义是对"事",而语气词"吧"的意义对"人",两者互补协作表达情态意义。由于"吧"在和语气副词组合时,至少涉及两个空间域:"吧"域和语气副词的概念域,两者通过互补机制构建意义的过程实际上是两个域之间连通互动、移就整合的过程,是认知主体把认知的两个空间整合在一个线性的语符序列中的过程,构式所具有的人际语用功能是整合的"浮现意义"。

第五节　人称、现实—非现实范畴与"吧"的选配

在对外汉语教学[①]中，留学生拿出下面两组句子来找我们：

A. 1）我给过你钱吧。
　　2）＊我去过北京吧。
B. 1）我吧，去买了一个茶叶蛋。
　　2）＊你吧，去买了一个茶叶蛋。

留学生的疑问是：为什么A1）、B1）可以用"吧"，而A2）、B2）不能用呢？为了找出问题的答案，我们做了一些转换练习，结果发现有两个语法范畴影响着语气词"吧"的使用，那就是：现实—非现实范畴和人称范畴。

我们先来看看现实—非现实范畴。现实（realis）和非现实（irrealis）是一对情态范畴（Givón，1984、1994；Martin，1998；Palmer，2001；沈家煊，1999；方梅，2006；李敏，2006；张立飞、严振松等）。现实范畴主要用在肯定陈述句中，非现实范畴可以用在假设、推断、惯常、否定、可能、祈使、请求、命令、疑问等意义的句子中。（郭锐，1997；张雪平，2009、2012）从时体范畴上看，现实句通常是［+终结性］（+telic）的情状类型，即"完结"（accomplishment）和"达成"（achievement）情状，非现实句则是［-终结性］（-telic）的情状类型，即"未然"和"未成"情状。郭锐（1997）认为汉语的谓词性成分具有内在时间性和外在时间性。外在时间性有过程和非过程的对立。"过程是指谓词性成

---

① 对外汉语教学名称颇存争议，相近的概念有汉语作为第二语言教学，汉语作为外语教学、汉语国际教育等，可能是学科渊源的原因，学界使用对外汉语的还不在少数。

分实现外部时间流逝过程中的一个具体事件，这种谓词性成分一般带有'了、着、过、在、正在、呢'等时间性成分，非过程指谓词性成分不与时间流逝发生联系，只是抽象地表示某种动作状态或关系。汉语中的不少语法限制与过程和非过程的对立有关。"并分析总结了句子的指涉类型与动词的过程结构、时状的关系（见表2.6）。

表2.6　　　　郭锐的现实范畴、过程结构、时状关系表

动词过程结构 \ 句子指涉类型 \ 时状类型	过程	非过程
静态动词	现实句	现实句
动态动词	现实句	非现实句

从表2.6可以看出：非现实句不带"着""了""过""在""正在""呢"等已然和持续体范畴时才能成立，而现实句则必须带这些成分才能成立，静态动词不管是过程还是非过程都可以表示现实状态。"现实—非现实"范畴和句子的谓语类型存在着密切的关系。在吸收上述研究成果基础上，我们将类似"这道菜不错吧"也纳入现实范畴，因为性质形容词做谓语时，从时体上看也是对已然或持续性状的描述，也有过程特征，在句法上部分性质形容词也可和"着、了、过"等时体标记共现。厘清并补充了现实—非现实这对情态范畴所涉范围之后，下面我们看看现实范畴和句末"吧"的选配关系。

A组（现实范畴）　　　　　　B组（非现实范畴）

A1 你做了作业【吧】。　　　B1 明天我们去看表演【吧】。

A2 这本书你看过【吧】。　　　B2 股灾不会再来【吧】。

A3 球赛正在进行【吧】。　　　B3 这次也许能成功【吧】。

A4 你曾经去过美国【吧】。　　B4 早点儿起床【吧】。

A5 张艺谋是陕西人【吧】？　　B5 我想还是你来决定【吧】。
A6 这道菜味道不错【吧】。　　B6 学生应该好好学习【吧】。

A 组都是现实句，在句法语义层面从 A1 到 A4 分别有"了""过""正在""曾经"等体标记，是既定的已然事实，A5—A6 的谓语动词则都是静态动词和形容词，也是现实句，句末"吧"都可以与这些现实句共现，可以用在现实范畴中。B 组都是非现实句，在句法语义层面上 B1 有"明天"这一未然体标记，B2—B3 为猜测，B4 是祈使，B5 是建议，B6 是道义，在时间维度都具有"未然"的语义特征，属于非现实句。所以，我们得出句末"吧"既可以用在现实范畴，也可以用在非现实范畴，在该情态范畴内没有对立。

但是如果我们引进人称这一语法范畴，考察人称、现实范畴和句末"吧"的共现，就会发现人称对"吧"的选用起到制约作用，为了便于表述，我们将第一人称简写为"人称$_1$"，第二人称简称为"人称$_2$"，第三人称为"人称$_3$"。

Ⅰ．现实范畴

A 组（人称$_1$）	B 组（人称$_2$）	C 组（人称$_3$）
*我才吃完饭【吧】。	你才吃完饭【吧】。	他才吃完饭【吧】。
*我很累【吧】。	你很累【吧】。	他很累【吧】。
*我知道周总理【吧】。	你知道周总理【吧】。	他知道周总理【吧】。
*我们在看球赛【吧】。	你们在看球赛【吧】。	他们在看球赛【吧】。

Ⅱ．非现实范畴

D 组（人称$_1$）	E 组（人称$_2$）	F 组（人称$_3$）
我们明天再商量【吧】。	你们明天再商量【吧】。	他们明天再商量【吧】。
下午我可能去打球【吧】。	下午你们可能去打球【吧】。	下午他们可能去打球【吧】。
给我看看【吧】。	给你看看【吧】。	给他看看【吧】。
我不去【吧】？	你不去【吧】？	他不去【吧】？
我去买一瓶酒【吧】？	你去买一瓶酒【吧】？	他去买一瓶酒【吧】？

A组都是现实句，第一人称作主语时不能与句末"吧"匹配，但是第二、第三人称可以。如果换成在D组非现实句中，这时除了允许第二、第三人称和句末"吧"匹配之外，第一人称也可以。这说明第一人称只有在非现实句中才能和句末"吧"共现。第二、第三人称没有这方面限制。为什么会出现这种结果呢？我们认为这与"吧"表"不确定"的原型意义有着密切关系，可以运用认知语言学的"视角""识解"和"体验构建"等进行解释。从认知语言学角度看，Langacker（1987：129）将视角配置分为最佳视角配置（optimal viewing arrangement）和自我中心视角配置（egocentric viewing arrangement）。第一人称走上"舞台"，作为被观察对象，是"自我中心视角配置"，对其识解是客观的、确信的，与"吧"的"不确信"不一致。另外，从意义的构建过程来看，概念主体对客观世界的概念化是一个通过自己的身体（视觉、知觉、味觉、触觉、听觉、嗅觉等）感知经验，即体验构建的过程。言者自己的感知、经验具有最大的客观真实性，没有存疑的空间，现实句一般是第一人称主语已经实现的既成事实，所以，和句末"吧"的"不确定"义不和谐，难以共现选配。当然，在特殊情景中，例如言者工作繁忙或易于忘事的情况下，现实事态在言者的心理上时间较远或印象不深，这时可以用"吧"寻求确认。例如"我刚给了你100块吧""去年这个时候我回国了吧"。还有一种就是句末"吧"标记预期信息时，第一人称也可以在现实句中与它共现，例如"我做到了吧"。

　　我们再来看看句中"吧"的选配关系。

A组（非现实范畴）
A1 我【吧】，经常锻炼。
A2 我觉得【吧】，做总比不做强。
A3 明天【吧】，你过来，在我们家谈。
A4 他【吧】，打算去趟日本。

B组（现实范畴）
B1 我这个角色【吧】，跟他们两位有点区别。
B2 你【吧】，真没劲儿！
B3 大概昨天晚上八点【吧】，我听到了……
B4 刚才，我【吧】，肚子有点儿痛。

A组句中"吧"的后续话语是惯常义、A2是道义、A3有未然体标记、A4是意愿，都属于非现实句。B组B1—B2表示已有认定，B3—B4有已然体标记，都是现实句。可见，句中"吧"与现实—非现实这对情态范畴可以兼容共存。同样，我们引进人称范畴进行观察，发现人称和句中"吧"在现实—非现实这对情态范畴中也存在选择限制关系，但情况比句末"吧"要复杂一些。请看：

Ⅰ．现实范畴

A组（人称₁）　　　　　B组（人称₂）　　　　　C组（人称₃）

我【吧】，肚子痛。　　＊你【吧】，肚子痛。　　他【吧】，肚子痛。
我【吧】，正在看电影。　＊你【吧】，正在看电影。他【吧】，正在看电影。
我【吧】，去过日本。　　＊你【吧】，去过日本。　他【吧】，去过日本。
我【吧】，去买了一瓶酒？＊你【吧】，去买了一瓶酒？他去买一瓶酒【吧】？

Ⅱ．非现实范畴

D组（人称₁）　　　　　E组（人称₂）　　　　　F组（人称₃）

我【吧】，经常锻炼。　　＊你【吧】，经常锻炼。　他【吧】，经常锻炼。
我【吧】，打算去趟日本。＊你【吧】，打算去趟日本。他【吧】，打算去趟日本。
我【吧】，可能去打球。　＊你们【吧】，可能去打球。他们【吧】，可能去打球。
我【吧】，不去？　　　　＊你【吧】，不去？　　　他【吧】，不去？

在现实句中A组第一、第三人称后可以出现句中"吧"，但是第二人称不能。在非现实句中，分布情况相同，第一、第三人称后面可以匹配句中"吧"，第二人称仍然不能直接与句中"吧"组合。这样，我们就发现句中"吧"和句末"吧"和现实范畴、人称标记语选配的一般区别，详见表2.7。

表 2.7　　人称范畴、现实—非现实范畴和"吧"匹配的一般区别

"吧"\范畴\人称	现实范畴			非现实范畴		
	第一人称	第二人称	第三人称	第一人称	第二人称	第三人称
句末"吧"	−	+	+	+	+	+
句中"吧"	+	−	+	+	−	+

区别一：在现实句中，句末"吧"一般不能和第一人称主语匹配，第二人称主语则可以。句中"吧"的匹配规律恰恰与此相反。主语是第一人称时，其后可以出现句中"吧"，第二人称却不能。第一人称和第二人称在现实范畴中存在着对立互补的关系。

区别二：在非现实句中，句末"吧"与人称这一语法范畴选配比较自由，但是句中"吧"一般不能直接用于第二人称后。

然而，上面的比较分析还不是句中"吧"和人称范畴选择性差异的全貌。例如：

Ⅰ．现实范畴

G 组（人称₁）　　　　　H 组（人称₂）　　　　　I 组（人称₃）
*我【吧】，真没劲儿。　你【吧】，真没劲儿。　他【吧】，真没劲儿。
*我【吧】，不机灵。　　你【吧】，不机灵。　　他【吧】，比机灵。

J 组（人称₁）　　　　　K 组（人称₂）　　　　　M 组（人称₃）
我【吧】，就是个傻瓜。　你【吧】，就是个傻瓜。　他【吧】，就是个傻瓜。
我【吧】，不是读书的料。你【吧】，不是读书的料。他【吧】，不是读书的料。

从语义类型看，句中"吧"后续话语都是"负面信息"类，表示的都是"贬损"的不如意意义。从句法特征来看，G（H、I）组的谓词性成分都是贬义形容词，而 J（K、M）组的谓词性成分都是状态动词。上述已分析过"现实—非现实"这对范畴和句子的谓语类型存在密切的关系。因此，在考察现实范畴、人称和"吧"的匹配关系时，还需要关照句子的谓语类型。从上面的语料可以看

出，G（H、I）组和 J（K、M）组同属现实句，但是当谓词性成分是贬义形容词时（我们记为"谓$_{贬义形容词}$"），即句子是对人称进行负面贬损时，第二人称主语后可以匹配句中"吧"，但是第一人称主语不行；当谓词性成分是状态动词时，没有这种限制，句中"吧"前可以共现任何人称指示语。这样，表 2.7 可以进一步完善为表 2.8。

换个角度看，现实范畴、人称和"吧"的匹配差异也可以进一步表述为：

差异一：当句子主语是第一人称时，在现实句中，一般不能用句末"吧"，但是可以使用句中"吧"。

差异二：当句子主语是第二人称时，在现实句和非现实句中，都可以使用句末"吧"，但是不能使用句中"吧"，除非在实现句中，"吧"后续话语的谓词性成分是贬义性质的形容词，表示对听者的贬损。

表 2.8　　人称、现实—非现实范畴和"吧"的匹配关系

"吧" \ 范畴 人称	现实范畴 第一人称	现实范畴 第二人称	现实范畴 第三人称	非现实范畴 第一人称	非现实范畴 第二人称	非现实范畴 第三人称
句末"吧"	-	+	+	+	+	+
句中"吧"	+	- +（谓$_{贬义形容词}$）	+	+	-	+

第六节　本章小结

综上所述，"吧"的语气意义比较空灵，难以捉摸，具有多样性、动态性和语境化等特点，研究"吧"不能仅仅局限在句法语义层面，应将其纳入话语语篇中考察与命题内容和话语场景的互动，研究视角应从句内走向句外，除了要重视其语气意义，更应重视其

人际意义和语用功能。我们在接受、吸取"吧"表"不确定"的语气意义和"缓和"功能外,还对"吧"的(交互)主观性、人际语用功能等进行了相对系统的分析。主要观点如下:

(一)对句中"吧"的后续话语进行考察。如果说句中语气词"吧"反映句子次要信息和重要信息的切分,"吧"的后续话语才是重要信息,对句子的结构制约理应最大,但是前贤的研究只考察"吧"前成分,不考察其后续话语。本章第一节考察了句中"吧"的后续话语的语义类型,共有"负面信息""正面信息""逻辑辩论""意见相左""主观认定"和"客观信息"六类,在此基础上,进一步分析了句中"吧"的人际语用功能,认为句中"吧"的人际语用功能体现在人际域、情态域和现实域等多个域空间,在人际域具有缓和人际距离的功能,在情态域有主观化功能,在现实域有模糊化功能,在话语方式域有舒缓随意的功能。当后续话语为"负面信息""意见相左"和"主观认定"时,句中"吧"在人际域和话语方式域具有相同的"缓和"功能,但是在各个心理空间的域值却有差异。"负面信息"和"意见相左"其命题内容的肯定力较强,命题内容是言者已有择定的信息,和对方可商量性的空间较小,"吧"所承载的缓和的人际意图最明显,此时体现的是"吧"和语境的互动;而"主观认定"的部分命题内容和听者可商议性较强,言者对命题内容还只是倾向性看法,但还不太肯定,把握性不高。"吧"除了可以用表缓和人际冲突外,还有较强的"可商议性",此时体现的不仅是和语境互动,也有和命题内容的互动,其所承载的人际缓和功能比前两者弱。

(二)通过对句中"吧"表达的心理空间和域值差异的比较,我们会发现,"负面信息"类句中"吧"凸显的是其交互主观性,即对听话面子的关注,所以主观性最强;当句中"吧"的后续话语是"客观信息"和"逻辑辩论"时,句中"吧"最突出的功能就是舒缓话语节奏,命题内容的客观性强,"吧"的介入在于构建轻松口气,增强口语色彩。

（三）在句中"吧"的诸多功能中，表"不确定"是其核心意义和功能，其他功能是在此基础上通过语境吸收和语用推理等机制衍生的。

（四）句末"吧"表示"弱传信"和"缓和"功能基本上是学界的共识。但是还不全面，我们在此基础上，从（交互）主观性维度进一步丰富完善了"吧"的人际语用功能。认为语气词"吧"除了可以表达说话人的主观性，还有很强的交互主观性。在话语交际中，言者通过"吧"的介入使其对听者认知图式的关注外显化，具有：对听者认知"自我"的关注；引导和协调听者的认知立场；对听者情感体验的关注；激活听者的共享认知，表达求同示证功能；合预期等功能。言者通过句末"吧"的选用激活语法句的交际活力，根据交际意图，或关照对方"认知状态"或关照对方的"社会形象"，有效地调控、管理话语及人际关系，具有明显的人际语用功能。"吧"的选用存在语用理据。

（五）"吧"的语气意义在不同言语场景中存在不同表现，主要体现在情态功能上，而非表示建议、选择、请求等。冉永平（2004）认为"吧"可用于增强言谈内容的可商议性。我们在此基础上，将"可商议性"分为两类：一类是在言者的认知中，商议的内容是"已有择定"，可商议性纯基于人际关系的考量，此时其交互主观性最强，例如"命令"等，我们可以视为形式上的"假性商议"。另一类是和听者商议的内容是"未有择定"，还不确定，需要听者给予证实或回应，属于"真性商议"，例如"请求""建议"等。从交互主观性的级阶来看，应该是："假性商议"高于"真性商议"；"对社会形象的关注"高于"对认知状态的关注"。

（六）"吧"的核心意义在不同话语场景中获得语义扩张，其中（交互）主观性是其语义扩张的重要动因。句末"吧"从表弱传信到缓和功能是一个从主观性到交互主观性的连续统。

（七）句中"吧"和句末"吧"是同质的，具有同一性，这是目前普遍接受的观点，也是学界努力对其做出统一解释的前提。但是，在汉语事实中其用法却存在着某些差异，也就是说，在用法上是异质的，具有差异性，但总体呈对立互补的格局。这种差异是语言演变和句法位置变化的结果。在分析句中"吧"和句末"吧"时，既要重视其同一性，也不应忽视发展演变后产生的差异，更不能简单地将两者画上等号。

（八）句中"吧"是句末"吧"语法化的结果。但同时也应该看到，句中"吧"和句末"吧"从清朝到现代，都产生了新用法，功能不断扩展丰富。可以肯定在相当长的一段时期内，句中"吧"和句末"吧"对立互补的格局将一直存在。至于句中"吧"能不能专职化为专职话语标记或纯主位标记，还有待进一步观察。

（九）"吧"和推测类、推断类语气副词组合的概率高，和加强类语气副词搭配的概率较低，甚至不能组合。在推测类语气副词中，"信度同向""信度异向"及作用力图式理论能解释信度较弱的"大概"和"吧"的搭配率之所以高于"一定"的原因。我们认为"语义一致"和"语义互补"是"吧"和语气副词选择搭配的语义机制。

（十）之前，我们更多关注的是情态成分和语气词之间的关系，但是从语法教学的视角，受到学生的语法问题的启发，我们发现现实范畴、人称范畴对"吧"也有制约作用。当句子主语是第一人称时，在现实句中，一般不能用句末"吧"，但是可以使用句中"吧"；当句子主语是第二人称时，在现实句和非现实句中，都可以使用句末"吧"，但是不能使用句中"吧"，除非在现实句中，"吧"后续话语的谓词性成分是贬义性质的形容词，表示对听者的贬损。

第 三 章

语气词"啊"的人际语用功能

根据已有研究,"啊"主要有三种用法:一是作为句中语气词,即句中"啊",读轻声,如"所以【啊】,要好好工作";二是作为句末语气词,即句末"啊",如"不好好工作不行【啊】";三是作为叹词,即叹词"啊",如"【啊】?这是怎么回事啊!"其中第一、第二是语气词"啊"的用法,一般读轻声,句末"啊"受句调影响有升调、降调等,在语音和结构上都要附着于另一成分之后,不能独立使用;而第三种叹词"啊"不仅可以独立使用,还有阴平、阳平、上声和去声四种声调类型,与前后言语成分之间通常有较大的语音间断,所以,叹词"啊"不在我们讨论的范围之内。除了这三种主要用法之外,熊子瑜、林茂灿(2004)还根据韵律特征将"啊"分出第四种用法——作为话语标记的"啊",如"【啊】现在有房间吧",并将其分为两类:接管话轮的"啊"和保持话轮的"啊"。出现在话轮起始位置上的"啊"通常是用来接管话轮的,可以没有固定的调类,如"【啊】星期天上午";出现在话轮中间位置上的"啊"通常是用来保持话轮的,如"然后【啊】他大概是啊"[①]"四月【啊】二三号左右吧"。我们认可"啊"具有话语标记的功能,但是将其列为和句中、句末"啊"平行的一个类别还有待商榷,句中"啊"和话语标记"啊"是从不同维度的分类,

---

① 这种"啊"属于话语中的"噪音",起填充停顿的作用,本书暂不考虑。

其中难免有交叉，从熊、林的用例及阐述来看，保持话轮的"啊"也同属于句中"啊"。另外，赵元任（1926）把下列"啊"也纳入语气词范围。

（1）别哭，【啊】！（表劝听，声调是曲折的，大约是"低、高、中"或"低、中、中、下"）

（2）咱们又不是仇人，【啊】？（表试定，它的口气是我说这句话的时候，也许你同时对我发表什么意见，我没听见，有"啊？你说什么"的意思，相等于英语的"eh what?"）

这两种"啊"由于独立性强，在结构上和前一成分分开，我们将其视为"叹词"，也不是我们研究的内容。

语气词"啊"在《常用汉语1500高频词语表》中，频度为108，是高频使用虚词。"啊"在语流中，由于受前一音节尾音的影响，会产生音变，共有六个语音变体，在现代汉语中书写形式有"啊、呀、哇、哪"等。这些都是本章考察的对象。

第一节 句中"啊"的人际语用功能

一 句中"啊"研究成果及存在的问题

句中"啊"常用于口语的停顿处。根据孙汝建（2006）的初步考察，在所有句中语气词中，句中"啊"使用频率最高。朱德熙（1982）、赵元任（1929、1979）、李兴亚（1986）、储诚志（1994）、吕叔湘（2005）、刘月华（2001）、史有为（1995）、齐沪扬（2011）等都讨论过句中语气词"啊"，观点大同小异，基本都是将句法分布和意义结合起来对句中"啊"进行描写。这方面，以北京大学中文系1982年编写的《现代汉语虚词例释》中的描写最具代表性。（见表3.1）

表 3.1　　北京大学中文系《现代汉语虚词例释》的句中"啊"

句中"啊"			举例
表示停顿，使语势有起伏顿挫，同时表示一定语气			
句法分布		意义	
句子成分之间	主谓之间	引起听话人的注意，同时表示随和、舒缓的语气	养猪的好处【啊】，那可多啦
	动宾之间		他一共买了【呀】，两斤苹果……
	状中之间		我渐渐地【呀】，可以自己走啦……
	句首连词后		因此【啊】，你们一定要好好学习……
联合结构之间		列举	又把那些布匹【呀】，麻纸【呀】等等放在一道……
呼语之后		和缓	老赵【呀】，怎么办呢？
分句之后		多表假设	给我们修好了路，修好了沟，我上捐，不给我修【啊】，哼，我没法出车，也没钱上捐……
应答语后		表示欣然肯定或同意	是【啊】，尤大夫，你的意思……
V 啊 V 啊		表示过程长	追【啊】，追【啊】，追了半天也没追上
X 啊 X 的（四字格）		表示并列	她你【呀】我的跟我说了半天，……
那（这）个 +形容词/动词 + 啊		表示程度，含有夸张的语气	天空漫起片大烟，那个黑【呀】，连日头也遮住了

不过，吕、李、史三家还认为句中"啊"具有表示言者犹豫的用法。例如：

（3）我【呀】，还没考虑好呢。
（4）去年【啊】，去年这会儿啊，我还在上海呢。

齐沪扬（2002）根据停顿时间的长短，将句中语气词所处的位置分为句中位置 1、句中位置 2 和句中位置 3 三类。认为在停顿时间最短的句中位置 1 出现最多的是"啊"，而该位置与"呢""吧"的语气意义排斥。也就是说，齐沪扬认为处于句中位置 1 的"啊"

起纯粹的停顿作用，没有语气意义。而出现在句中位置 2 和句中位置 3 的句中"啊"除了表停顿外，还起到"表现说话时的各种情绪"的作用，但是这种功能相较于停顿是次要的，那么"各种情绪"是指哪些"情绪"，齐先生没有详细指出。

句中"啊"具有黏着性，没有独立性，需要黏着于一定的语言成分之后。究竟黏着在哪些语言成分之后，学界从句法语义层面进行了详细的描写。由于受到当时理论水平的局限，在描写分析时，也存在类似于语气词"吧"研究中的某些问题，例如没有区分"啊"的意义和其他语气成分的意义，表 3.1 中，"列举"不是语气词"啊"的意义，删除句中"啊"，原句的列举功能仍然存在，还有"假设"也并非句中"啊"所表的意义。这些问题随着研究的深入，目前基本上已达成共识，它们并不是语气词"啊"的意义。

句中"啊"位于句子成分之间、联合结构之间等，这些都是传统的句法结构分析，体现的是一种将"啊"纳入句子内部进行观察的研究思路。但是我们知道句中"啊"是语用成分，并不参与命题结构和意义的构建，"啊"的话语功能才是其本质意义。从话语功能角度研究句中"啊"的观点主要有两种：一种认为句中"啊"是话题标记，以 Li & Thompson（1981）、徐烈炯、刘丹青（2007）等为代表；一种认为句中"啊"是主位标记，以方梅、张伯江（2014）为代表。关于这两种观点，我们在绪论部分有过详细的分析，在此不再赘述。一般来说，句中"啊"前内容是信息表达的出发点，为已知信息，可及性（accessible）高，"啊"的后续话语是对前面主位的叙述，是话语的核心内容，也是焦点信息。从信息结构看，句中"啊"是焦点信息和非焦点信息的分界点。"啊"前成分是非焦点信息或次要信息，"啊"后续话语是焦点信息或重要信息。句中语气词"一定不出现在焦点成分里"。这种句子信息结构的切分是言者客观世界划分信息的心理过程在语言上的投射。方梅（1994）认为越是靠近句末焦点的地方就越是不可能插入语气词。请看：

一看【啊】，你就透着书卷气。
一看你【啊】，就透着书卷气。
＊一看你就【啊】，透着书卷气。

沈家煊（1999：229）也认为汉语语气词是一种"聚焦"的手段，随着"啊、吧、嘛、呢"等语气词由左向右移动，"背景"越来越扩大，"目标"越来越集中。但是，在汉语中也存在位于重要信息之后的用例。例如：

（5）10万【啊】，哪那么容易凑到。
（6）走，走，今晚我们和王凯喝几杯去。
王凯【啊】，他还敢去喝酒，上次喝醉了被他老婆臭骂了一顿。我不去，免得人家夫妻斗嘴。

例（5）（6）中，"啊"位于重要信息之后，有凸显的作用。

虽然方梅（1994）的主位标记说尚存一些有待商榷之处，但和话题标记、分布分析比起来，篇章主位、话题主位和人际主位具有较强的概括性。据方文对主位的划分，句中"啊"可以出现在下列主位或成分之后：

第一，话题主位之后，鉴别话题的标准我们采用沈家煊（1989）的"特征束"①，包括具有指陈功能的成分，如体词性成

---

① a. 话题的位置：句首＞句首后动词前＞句尾
b. 后加停顿或语气词：可以加＞不宜加＞不能加
c. 定指：定指＞泛指＞不定指
d. 已知信息：已知信息＞对比性已知信息＞未知信息
e. 延续性：延续性强＞延续性弱＞无延续性
沈家煊认为：完全具备最左边项的是话题，只具备一部分这些特征的是程度不等的非话题。

分、事件化的谓词性成分、"前置话题标记+体词"等。

(7) 关于这个问题【啊】，你是解决不了的。

(8) 齐凌云（同老尤、小吴走来）：尤师傅，我看您有点保守！

老 尤：绝对不是！卖肉【啊】，根本不是妇女能干的！

小 吴：那就是更甭提卖鱼了！

(9) 对于作者【啊】，得说得委婉点儿。

（引自方梅，1994）

根据功能语法的观点，当话题主位和句子主语一致时，是无标记话题主位，如"小王啊，走了"①。如果不一致或带有前置话题标记时，则是有标记话题主位。如例(7)、例(9)。

第二，人际主位之后，主要指表明言者情态、态度、认知、立场等方面的语言成分。包括表征证据范畴的词语、呼语、语气副词等。

(10) 我建议【啊】，从现在开始咱们谁也不要使用这个电话了。（引自方梅，1994）

(11) 不如【哇】，就改成知音姥姥，让咱牛大姐负责。（方梅例，1994）

(12) 病患家属对老教授还是很客气的，尊重放在脸上，"教授【啊】！不是我们胡闹，很多情况你也晓得的，本来一个不大的手术，现在越搞越糟糕，家里要塌底了，手术费用又不便宜，我们都是吃低保的……"

---

① 刘丹青（2007）认为"啊"是一种话题化的手段，使句子主语"小王"成为显性的"话题"。

第三，篇章主位之后，包括连接语句、引出内容的词语，如关联成分、插入成分等。

(13) 可见【啊】，他这个人一点儿也靠不住。（推论）
(14) 顺便说几句【啊】，凡是没交钱的赶快把钱交出来。（题外）（引自方梅，1994）

目前对句中"啊"的研究至少还存在三个方面的问题：

其一，没有区分语气词的意义和其他语气成分的意义。不管是早期的赵元任（1926）的研究，还是近期的吕叔湘（1999）的研究，语气词本身的意义还没有完全独立出来。

其二，多数研究基本都是聚焦在"啊"前成分，对"啊"的后续话语，即述位到底是什么情况却没有重视。

其三，句中"啊"人际语用功能和话语篇章功能的研究才刚刚起步，研究不够深入。

其实，这三个问题密切相关，第三个问题的解决以前面两个问题的解决为前提。第一个问题已引起足够的重视，关键是第二和第三两个问题。实际上要研究句中"啊"的人际语用功能，不仅要考察"啊"前成分，也要考察"啊"后成分。请看：

三个月啊……
一个小时啊……
王贵啊……
所以啊……

如果只考察"啊"前成分，我们只能分析出主位、话题标记、各种成分性质、停顿等。当然这些成分对句中"啊"是有制约作用的，但是如果进一步追问：这些语言片段中，"啊"具体有什么语用功能，"三个月""一个小时"是"大量"还是"小量"，呼叫

"王贵"所为何事,"所以"是不是事理上的逻辑关系?等等,这些问题都无法找到答案。然而要找到答案,就需要考察后续话语的语义情况,就得结合后续话语的语义类型分析句中"啊"的语用功能。以"三个月"为例:

A.1)三个月,我一天也没下过楼。2)三个月【啊】,我一天也没下过楼。

B.1)三个月,他就通过英语六级考试。2)三个月【啊】,他就通过英语六级考试。

根据 A1)的后续话语,我们知道"三个月"是客观大量,但添加句中"啊"后,A2)中的"三个月"成了"主观极大量",从"客观"到"主观",从"大量"到心理"极大量",这些变化就是由句中"啊"带来的(进一步分析,参见本章第一节第三小节)。但在 B 系列则相反,B1)是"客观小量",B2)为"主观极小量"。所以,要分析句中"啊"的人际语用功能,一定需要考察"啊"后续话语的语义类型。

二 句中"啊"后续话语的语义类型

根据张伯江、方梅(2014)的观点,句中"啊"前成分都是主位,句中"啊"的后续话语都是述位,为了表达的方便,我们采用"主位—述位"的表述来分析句中"啊"后续话语的语义类型。

(一)"啊"位于话题主位后,述位的语义类型

徐烈炯、刘丹青(1998、2007)认为名词短语特别适合于作话题,并将句中"啊"视为专用话题标记。前面已经介绍过,"啊"前的话题主位除了名词短语之外,还可以是事件化的谓词性成分,还可以是含有前置话题标记语(如"关于""至于""说到""要说"等)的结构。如果换个角度,从话题主位和述位之间的语义关系来看,则话题主位可以是施事、受事、与事、时间、处所等(谢

群霞，2007）。

在自然顺序中，话题是次要信息，具有一定的可预测性，而述题是主要信息，具有较大的不可预测性。徐烈炯、刘丹青（2007）指出话题有两个重要特点：一是话题后可以带一个句中语气词；二是话题一定和它后面的部分有所述关系，而且可以但不一定与它后面的某一成分有语义联系。根据这两个特点，当句中语气词"啊"前是话题主位时，述位也就是话题的述题，是对话题"有所述"的，所述包括说明、解释或评述等。例如：

（15）<u>我眼前的严荷芝</u>【啊】，<u>有人称她是中国的"女大卫"</u>。
    话题主位   述位/述题 — 评述

（16）<u>要说这个鹰</u>【啊】，<u>是咱柯尔克孜族人的兄弟呀，那世世代代都是我们的朋友</u>……
    话题主位   述位/述题 — 评述

（17）生活是比较，比较艰苦，<u>我</u>【啊】，<u>有五个孩子，反正是够辛苦，够，够累的</u>……
    话题主位   述位/述题 —说明

（18）<u>解放以后</u>【啊】，<u>解放没做什么吧，没做什么，我就在家里头儿，干点家务事了就</u>。
    话题主位   述位/述题 — 陈述

在话题主位、人际主位和篇章主位中，"啊"位于话题主位或者作为话题标记近几年已有研究，例如谢群霞（2007）、席建国（2008）、李秉震（2010）等都有所涉及，但对"啊"位于篇章主位和人际主位后的研究还不多。下面重点讨论篇章主位和人际主位后述位的语义类型。

（二）"啊"位于人际主位后，述位的语义类型

句中"啊"前的人际主位体现了言者的身份、对命题的主观态

度、话语方式等,话语的核心意义在述位部分,述位才是言者交际意图之所在,往往表示言者语力或对呼语所指的主观认识。在句中语气词"吧、啊、呢"中,位于呼语后是句中"啊"独有的句法特征。本部分将重点考察"啊"位于呼语后,述位语义特点。

莱文森(1983)将呼语定义为:"是指称受话者,但在句法或语义上没有成为谓词之变元的名词短语;在韵律上与其可能附着的句子的主体分开。"呼语除了句法语义功能之外,还有更重要的语用功能,卢卫中(1992)则从句法语用两个方面重新给呼语下了个定义,"呼语是多由名词短语充当的、附着于句子/话语上面或者单独出现的、用以引起受话者注意或者维持/强调发话者同受话者之间的联系的直接称呼语"。根据这一概念,我们发现句中"啊"前表达呼语的形式主要有各种名称、敬称、昵称、绰号、亲属称谓、社会地位标记、一般社会称呼以及人格化的呼语等。例如:

(19)小王【啊】,现在不小了该找对象啦。(名称:小+姓)

(20)"邈邈【啊】,我是看着你长大的。"(名称:名)

(21)亲爱的【啊】,你这样花钱我可吃不消啊。(昵称)

(22)二狗【啊】,你爸去得早,没给你找个老婆,现在年龄不小了,这事你要上点心啊。(绰号)

(23)我母亲胆小,劝我说:"儿【啊】,人家腿上的肉,割下来好使么闹不好,怕不连命都赔上。"(亲属称谓)

(24)"老婆【啊】,从今以后,你就是我的全部,我也是你的全部。有你有我的地方就是家!"(亲属称谓)

(25)李博士【啊】,这个项目我们要不要继续呢?(社会地位标记)

(26)老乡【啊】,什么时候上火车呀?(一般社会称谓)

(27)师傅【啊】,帮帮我!帮我劝大家别哭了,我不知道该用什么话劝……(一般社会称谓)

（28）神【啊】，救救这个苦命的孩子吧。（人格化的物）
（29）佛祖【啊】，保佑她们母女平安吧。（人格化的物）

言者使用呼语表面上是一种礼貌行为，但实质是为了实施某种言语行为、实现某种交际意图而采取的语用策略。呼语不参与句法结构，可以独立使用，主要用于社会地位、权势不平衡的社交模式，即主从模式中。在呼语结构上常常采用尊称或敬称，如官衔、职位或表尊敬的词缀"老"、喜爱的"小"等。从信息结构来看，"啊"前呼语是主位，"啊"后成分是述位。句中"啊"嵌入两者之间增加了言者的情感投入或情感诉求，就像"润滑剂"一样会赋予话语柔性，有利于促进话语的顺利进行。具体来说，述位所表内容是：言者对听者，即呼语的主观认识；建议、请求、承诺等言语行为；征询；申辩示理等。

1. 建议、请求、承诺等言语行为

（30）每年厂里过八月十五，都发王贵家乡的梨。有时候职工抱怨，说，厂长【啊】，今年能不能换点东西发发，月饼什么的？安娜马上挡在前面说，不行，我这有实际困难！再说，这是贡梨，以前都是皇上吃的，我都拉到厂门口了你还挑剔？

（31）羊倌惊恐万状地躲过吴大疤拉的一拳，连忙告饶道："老总【啊】，您饶了我们吧。咱家就那一匹赶车的马啊！"……吴大疤拉可没空和他废话，一把推开对方之后，招呼着手下，大步向庭院内走去。

（32）见陈大雷点的是道菜，李欢顿悟，连忙笑着大叫道："半小时之内端上！陈司令【啊】，你就是想吃龙肝凤胆，兄弟也给你弄来！"

彭利贞（2005）介绍 Sweetser 的言语行为情态（speech act modality）时，指出："任何一个实际的句子，都可能不只是对一个命题认识上的反应，它还可能是通过表达这个命题来达到某种言语行为"。例（30）员工对厂里年年中秋发梨已经心生不满，"啊"的后续话语表面是询问，实际上执行的是建议言语行为。例（31）当老总要牵走马时，言者羊倌在"呼语+啊"之后表达的是请求言语行为。例（32）"啊"的后续话语是言者"李欢"对听者"陈司令"实施承诺言语行为。当然，言语行为之间并不是完全分开的，言者的建议在听者听来可能是请求，例（30）可以解读为对厂长的建议，也可以理解为对厂长的请求。当"啊"的后续话语是言域中的某种言语行为时，人际结构模式通常是不平衡状态。

2. 申辩示理

（33）丈母趁机做总结性发言："阿贵【啊】，老婆是用来疼的，不是用来打的。新社会了，妇女都解放了啊！以后可不能这样了。"

（34）"您是来当说客的吧。"夏雪冷冷地回答。
"小雪【啊】，爸爸今天是来和你探讨美学的……"

（35）［王贵骂安娜的语言比较贫乏，翻来覆去就是："你有什么了不起！""别自以为是"］有一次丈母蹲点，无意中听见了，当时不响。过后走到厨房轻轻告诉王贵："阿贵【啊】，妈妈没什么对不起你，女儿脾气不好是我没教育好。但我把她许给你做老婆，还养了两个孩子，你的话里怎么能带上我呢？以后不能那样讲了。"王贵对丈母的感激犹如再造父母，当下点头称是。

例（33）"啊"的后续话语是丈母娘向阿贵述说对待老婆之道。例（34）夏雪近期爱化妆，穿着比较暴露，"啊"的后续话语是老夏试图对夏雪进行美的教育。例（35）是王贵骂安娜时被丈母娘听到，丈母娘知道无故挨骂，在句中"啊"后，通过叙说理由，为自

第三章 语气词"啊"的人际语用功能

己申辩。申辩示理可以获得指责教育的语境效果。

3. 征询

（36）早上病人问孤美人，医生【啊】，什么时候住院，孤美人说不知道。再问，什么时候开刀，孤美人说不知道，再问能快点吗？孤美人说不知道。病人投诉：一问三不知。

（37）小王【啊】，最近很少见到你，什么时候能喝上你的喜酒啊。

（38）副官大喜，连忙追问道："妙哇！但是司令【啊】，咱们连陈大雷身在何处都不确定，怎么绕哇？"

该组例句中，"呼语＋啊"的后续话语都是问句形式，存在疑问点，需要听者给予回应。例（36）言者病人希望听者医生能对其住院的时间做出回应。例（37）是询问"小王"喜酒的时间。例（38）"副官大喜"提请司令思考回应疑问点"何处""怎么绕"。

4. 言者的主观认识、评价

（39）"司令【啊】，我看陈大雷也未必有什么了不起，我们带着这几百号人，他难道还敢自己寻死冲过来不成？"副官巧言安慰道。

"你知道个屁！"吴大疤拉恼怒地骂了副官一句。

（40）"要不你到我家来？你要多少工钱？"

"你这就外道了，大姐【呀】，钱不钱的没关系。"金姨激动坏了。

（41）"二雷【啊】，你有一手好枪法啊。说实话，我革命二十多年了，头回见过枪头子这么准的兵。"

例（39）、例（40）"啊"的后续话语是言者的主观认识，例（41）是言者对"二雷"枪法的评价。

不过需要指出的是，呼语还可以独立运用，自成话语。例如：

语境：小王在上班的路上遇见了李大爷。

（42）李大爷！（问候）

语境：妻子刚把房间汀扫干净，丈夫李晓明不注意卫生，扔了一地的烟头，妻子看到了。

（43）妻子：李小明！（指责）

丈夫：好好好，我来打扫。

语境：小华看到小伙伴在外玩水，也想过去玩。妈妈看到了。

（44）妈妈：小华！（警告）

这些独自成句的呼语其实质也是施事某种言语行为，但是到底是哪种言语行为要视语境而定。例（42）呼语"李大爷"施事的是言者的问候功能。例（43）呼语"李小明"落实的是指责言语行为。例（44）呼语"小华"体现了妈妈的警告言语行为。这些呼语在执行这些言语行为时，一般不能添加语气词"啊"。但是在话语交际中，作为应答语也存在着"呼语＋啊"的独立话语。例如：

（45）"嗳哟，妈【呀】！蜂子，蜂子！"淑娴惊恐地叫起来，两手乱扑飞近脸上的一只马蜂。

（46）他跌坐在一张椅子里，嘴里喃喃地叫着："天【啊】，天【啊】，天【啊】……"

赵元任（2006）将汉语中的呼语分为两类：一类是呼语（vocative），现在又称称呼语，是面称一个人的表达方式；一类是称谓语（designative），即谈及一个人所使用的表达式。实际上，呼语和称谓语之间是交叉关系，呼语只有面称形式，称谓语有面称和背称两种形式，其中的面称属于呼语范畴。呼语本身就是一个语用成分，"其核心功能是通过唤起注意而表示对对方的礼仪或表达某种情感"（崔显军，2009）。通过上面分析，我们认为，用于面称的呼语带上句中"啊"以后，"呼语＋啊"的语用意图总体有两种可能：一是言者希冀、要求"啊"前成分，即呼语对象行使后续话语的行为；二是表达言者对呼语所指的主观认知或态度。在我们收集的语料中，没有"啊"用于詈语后的用例，这从另一方面证明了"啊"位于呼语后突出的是礼貌原则。

但是如果"啊"用于背称时，其后续话语更多的是言者对"啊"前成分的认知或态度，包括负面评价。在结构上和呼语相似，但实质上具有不同的话语功能。例如：

（47）罗大伦：许叔微给他开了一个方子，叫"麻黄汤"，就是发汗的药。结果，"麻黄汤"喝下去以后，是一剂而愈，汗一出，这人病马上就好了。许叔微【啊】，我觉得最了不起的，就是他一辈子为患者奉献。这种人，我觉得太少了。

（48）戈：人家张老师【啊】，是文化人儿。那叫冷吗？人那叫相敬如宾。（可以换成"吧"，但意义发生变化）

刘：啊，就算你们说得对，他对我冷，是出于热的渴望。可是他对家务事也冷呢。他对家务事也相敬如宾吗？

"许叔微"在例（47）中是交际主体谈论的话题主位，属于背称，后续话语的语义类型是言者罗大伦对他的主观认识和评价。例（48）"啊"前成分是"人家张老师"，该结构是同位结构，并且带有第三人称代词"人家"，属于典型的背称形式，"啊"的后续话语（述位）是对主位"人家张老师"的主观评价。可见，"背称＋啊"的后续话语的语义类型和"呼语（面称）＋啊"不同，"背称＋啊"的后续话语只是表示言者对背称所指的主观情感，而"呼语（面称）＋啊"除此之外，更多的是表示言者希冀、要求，甚至驱使呼语所指对象完成命题行为。另外，从话语结构上看，"背称+啊"不用于起始句，主要用于应答句，"背称"根据上下文，是已知信息，属于话题主位；而"呼语（面称）+啊"则可以用于起始句，引起听者注意，引发下文，属于人际主位。

（三）"啊"位于篇章主位后，述位的语义类型

"啊"前的篇章主位主要包括两个方面：关联词语和插入成分。其中关联词语基本上都是合用关联词语的后项连词。如"因为……所以……"中的"所以"，"虽然……但是……"中的"但是"等。在对话语体中，其位置比较固定，往往位于句首。此时，句中"啊"主要用于"应答语"中，而且相邻话语对中"引发语"和"应答语"在深层结构上可以构成潜在的复句关系，句中"啊"后的后续话语往往是潜在复句的主句。例如：

（49）甲：这几天下雪，特别冷。
　　　乙：<u>所以【啊】</u>，<u>我就待在家里不出门</u>。

朱德熙（1986）在分析关联词语在复句中的位置时，指出有的连词可以出现在后一分句（S2）之前，这种情况下，连词已经越过句子的限制和上下文存在意义上的关联。例（49）第二个话轮在句法语义上不能脱离第一个话轮而存在，独立性差，对对话语境具有很强的依赖性，和第一个话轮在语义上存在着密切的关联，两个话轮可以通过关联词语构成因果关系的主从复句。

（49′）因为这几天下雪，特别冷（p），所以【啊】，我就待在家里不出门（q）。

"啊"的后续话语"我就待在家里不出门"是因果复句的主句。"啊"后述位和上下文的语义联系使得篇章主位关涉两个小句（p和q），标示两个小句的篇章衔接。根据对语料的考察，我们发

现"啊"后述位（q）的语义类型和"行、知、言"三域（沈家煊，2003）存在较强的一致性，主要包括三个方面：行域的客观事实，知域的认知推理和言域的言者语力（illocutionary force）。

1. 行域的客观事实

（50）鲁豫：你妈不会打电话问老师啊？（p）

杨钰莹：所以【啊】，惨的事情在后面了。（q）……我一看见老师来我家就知道大祸临头了，老师一走，我就被妈妈打了一顿。

（51）那样如果我们肝血不足的话，我们人体就会出很大的问题。（p）比如说腰酸背痛腿抽筋【啊】，这些问题其实在很大程度上，都跟肝血不能荣筋有关系，就是不能滋润这个经脉是有关系的。（q）

（52）莫：可您二位，这一看就是知识分子，是文化人儿啊，至今不知道天泉电器，这，这可真是有点让……

余：哎，那谁，老莫，老莫，我跟你说呀，听说过，（p）但是【啊】，现在这冰箱牌子太多了，记不住。（q）

（53）这事啊，说着挺容易，其实不简单，因为【啊】，这是多少年传下来的，（p）你要改人家的规矩，那太难了……（q）

关联词语表示的逻辑语义关系是行域用法，述位的命题内容对应于客观世界的事态或事理，具有客观性。例（50）"所以啊"是引出事理上的客观结果，和上下文存在"因果逻辑关系"，根据语境第二个话轮隐含了原因小句 p"我妈打电话问了老师"，这样全句可以理解成"因为我妈打电话问了老师，所以啊，惨的事情在后面。"例（51）的主位是插入成分，"啊"的后续话语在语义上是对前句的举例说明，述位的语义类型和前句是"说明与被说明"的关系。例（52）"但是啊"引出事理上相反或相对的关系，和上下文存在"转折逻辑",可以理解为"虽然听说过,但是啊,现在这冰箱牌子太多了,记不住"。例(53)"因为啊"引出原因,和上下文是"因果关系",可以理解为"因为啊,这是多少年传下来的,所以你要改人家的规矩,那太难了"。从后续话语的性质来看,行域中的述位 q 是句法语义单位。p 的发生是 q 发生的充分条件。

2. 知域的认知推理

(54) 鲁豫:你那个时侯猛一看有点像是周润发跟梁朝伟综合起来的那个感觉……

黄秋生:很帅是吧(p)。所以【啊】如果我现在还是像以前那样帅的话,什么刘德华啊梁朝伟啊,早就没有了(q)。

(55) 甲:你怎么知道张华和李丽恋爱了(q)?

乙:因为【啊】,他们昨天在一起逛商场了(p)。

(56) 像我们一个阑尾炎,就在我们这个地方住院,住院费用应该是在1500元左右,因为有新农合的报账比例,自己掏的比例应该是500元。而在大医院这个费用这种手术应该是在3000元以上,而且报账比例比较低(p)。因此【啊】,有很多类似的病人都愿意留在我们这里治疗(q)。这就做到了小病不出村,一般病在乡镇卫生院治疗,大病才到大医院治疗。

(57) 李:对。反而特受感动。甚至把责任全揽过来也没准儿。上法院,我去。雷要炸,炸我一人头上。

戈:我们惹出的麻烦,我们绝不会推诿。

……

余:就是。其实【啊】,你们不这么说,就算什么也不说,我跟戈玲、李东宝,我们都会主动地承担啊,这事儿的责任,不会连累你们(q)。事儿不怕大,就怕分崩离析。

知域指言者主观的认识和推断,包括评价、推论、猜测等,反映了交际主体的认知状态,具有较强的主观性。例(54)"所以啊"引出的是言者的主观推论，或者说述位是言者根据前提 p "我很帅"推出的结果 q "什么刘德华啊梁朝伟啊，早就没有了"，和上述行域中的客观事件不同的是，"p"和"q"之间并不是事理上的因果逻辑，而是知域里的前提和结论的关系，方梅（2012）在分析"所以"的浮现义时，指出知域的"所以"可以换作"所以说"。在此，我们也可以用"所以啊"是否可以说成"所以说啊"来检验"啊"后述位的语义类型。例（55）"因为啊"引出的言者推断的理由。根据沈家煊（2003）的观点，在"因为"的知域用法中，"因为"不可以加"是"，即"*张华和李丽恋爱是因为他们昨天在一起逛商场了"。例（56）"因此啊"引出的是言者的推论。例（57）"其实啊"引出言者的真实想法和认识，都属于知域义。和行域中的述位不同，知域中的述位 q 是逻辑推理单位，知道"p"是言者得出结论"q"的充分条件。

3. 言域的言者语力（illocutionary force）

（58）我立即升腾起一个顽强的念头，就是作为一名记者，我有责任把这一切告诉世人、特别是香港人——"为了你们能生活得好，河源人民、祖国人民，作出了多么大的牺牲啊！若是他们不想如此奉献了呢，也许河源的经济马上就能腾飞起来，河源人马上就能富得流油！人生一世，谁不愿生活得好呢？谁没有权利向往富足的生活呢（p）？所以【呀】，饮水当思源，别忘河源人！（q）"

（59）马家辉：美国哈佛大学现在的校长是位女教授，她上任第一句话就跟大家说，你们就称呼我作校长，不要称呼我作女校长（q），因为【啊】，通常我们一讲到科学家，假如是一个女的，前面就说女科学家（p）。

张艾嘉：是，女导演这样子。

马家辉：好像科学家基本上就应该是个男的，你是女的，是一个例外。

(60) 甲：毕业后，不一定要去大城市工作吧（p）。
乙：但是【啊】，在那种小城市工作有什么意思呢（q）？不仅自己没有大的发展机会，就连你的孩子以后都比不过大城市的孩子。

言域主要包括体现言者交际意图的各种言语行为，如建议、请求、批评、质疑、邀请等，交际主体通过言语实施某种行为，着重言语效果及语力。例（58）"所以啊"不是事理上的结果，也不是言者的推理，而是对听者的建议或忠告这一言语行为。例（59）"因为啊"引出的 p 不是"不要称呼我作女校长"的事理原因，因为不能通过"p 是因为 q"进行测试，也不是推论 q 的理由，而是为观点 q 提供事实证据，属于言域义，表达的意思其实是"我请求/声称你不要称呼我女校长是因为我们一讲到科学家，假如是女的，就说女科学家"。述位 p 是说明我做出请求这一言语行为的原因。例（60）"但是啊"的后续话语 q 和第一话轮 p 并不是事理上的转折关系，后续话语 p 实际上是言者对听者行使反驳或质疑这一言语行为，表达的意义其实是"虽然你说不一定去大城市，但我不这么说，我说要去大城市工作"。p 是我声张 q 的充分条件，q 是言语行为单位。

我们在第二章指出句中"吧"有时在后续话语不会出现，其实句中"啊"也有类似的情况，共有两种：

第一种，不便或不需说出。例如：

(61) 望婆婆听见这话，又急得嚷嚷了起来："哪儿的水不能喝，偏上那儿挑去，你【呀】，你【呀】……"这一通埋怨，倒让老头子心里挺舒坦。

例（61）"你呀"传递的不仅仅是对听者的称谓，更多的是对听者的批评、抱怨等不如意信息，但为了关照听者的社交身份面子

（social identity face），不想直接说出后续话语。

第二种，寻求对方反馈信息。有时亦可以跨越话语对，在嵌入听者话语后，出现在下一个话轮中。又如：

（62）见排长不断在耳边唠叨，顺溜平静的表情中终于显露出一丝厌烦，在犹豫了片刻后他低声说道："排长【啊】……"
"怎么？有事？"
"我说，你俩能不能不唠叨了？"顺溜带着不耐烦的口气近乎恳求地说道。

在会话过程中，有技巧的言者常常会有意识地主动寻求对方的反馈信息，以掌握话语推进进度，通过延长句中语气词"啊"来了解所传递信息是否被听者接受，尤其当后续话语为负面信息时，通过句中"啊"的停延，故意打断话轮的连贯性，以便获取听者的反馈信息，并根据反馈信息来决定是否继续话轮。例（62）中，"啊"的后续话语是表达对排长唠叨的不满，属于负面信息，会伤害听者的素质面子（quality face），鉴于此，"顺溜"通过"啊"的停延引起听者注意，体现一种"欲言又止"的话语状态，以试探听者的反馈，"怎么？有事？"是听者的语言反馈，体现了听者愿意言者继续话题，这样，第三个话论"你俩能不能不唠叨了"才是"啊"的后续话语。

需要指出的是，有些表达在结构表层上看起来语气词"啊"是句中用法，但实际上是一种"易位"变式句。例如：

（63）嘉宾：来把她绑起来。绑得紧一点，越紧越好，不要怕她疼。
主持人：你真绑【啊】你？
嘉宾：他真绑了他也不管了？
（64）主持人：你小子，还说你没谈过恋爱呢，思想很成熟【啊】你，你脸怎么红了？

从韵律特征看，"'啊'的语音表现不同于句尾'啊'的语音表现，而与句中语助词'啊'的语音表现更相似，只是音阶上略微低一些，这是受句末边界'降尾效应'作用的结果。另外，句中的句尾语助词'啊'在音长上通常比较短"（熊子瑜、林茂灿，2004）。这些实际上是根据表达需要，通过移位突出焦点信息的一种表达策略，其本质还是属于句末"啊"的用法。

三 句中"啊"的人际语用功能

从句法位置看，句中"啊"位于主位之后，述位之前；从信息结构看，则是重要信息和次要信息的分界点，位于重要信息、表达重点之前；从心理认知看，加不加"啊"是表达的需要，加"啊"就体现了言者的某种心理诉求、认知需要、语用目的，具有明显的人际语用功能。前两者，我们已做过介绍，下面讲讲话语中句中"啊"所体现出的认知心理及人际语用功能。例如：

(65) 主任【啊】，我非常感谢你。虽然我知道不是你开的刀，但感谢你在旁边的指导。我看见你使眼色了。

(65′) 主任 ϕ，我非常感谢你。虽然我知道不是你开的刀，但感谢你在旁边的指导。我看见你使眼色了。

例（65）和例（65′）相比，例（65）语气亲切，对主任的感谢也显得更真、更深，去掉句中"啊"以后，感谢的功能仍然存在，但语气比较直接生硬。可以说，句中"啊"的增删虽然不改变命题的概念意义，但它们在交际主体的认知心理上并不等值，具有不同的语用效果。一般来说，"句中语气词'啊'可用在主谓之间，或是主题和述题之间，或是主位和述位之间。用在句中稍作停顿，凸显焦点信息，让人注意下面的话语"（熊子瑜、林茂灿，

2004)。但实际情况不是如此简单。根据我们考察，句中"啊"在情态域具有（交互）主观化功能，在人际域有缓和功能，在话语方式域有舒缓功能等。

（一）情态域的（交互）主观化功能

句中"啊"的（交互）主观化功能体现情感调节和听者介入话语两类，具体又包括增添言者的表情成分、强化言者情感、强化言者认知、强化主观量（subjective quantity）四个方面。

1. 情感调节

情感调节功能体现在两个方面：增添言者的表情成分和强化言者的主观情感、认识等。

第一，增添言者的表情成分。

在话语交际中，言者在话题主位、篇章主位之后添加句中"啊"可以引起听者对后续话语的注意，传递言者的某种主观情感、态度。例如：

（66）白琳：这个够花的数额一般是多少，<u>佳木</u>，要你带的话呢？

佳木：我【呀】，我觉得主要是还是看你要买什么东西，如果你要是到那儿大购物的话，可能就带得多一点。

（67）王东岳：我们的中国【啊】，实际上现在一说，说三皇五帝。

梁冬：对。

王东岳：对不对？然后我们从黄帝、炎帝说起。

梁冬：对。

在对话中，例（66）言者在多个听话者中，直接指定"佳木"为下一个说话者，句中"啊"体现了听者"佳木"对此有些意外（结合前文，从话语分析角度看，这种意外的产生，是因为听者当时没有做好接过话轮的思想准备），如果将"啊"删除，则没有这一情态特点。"意外"是句中"啊"带来的情感态度。例（67）通过句中"啊"突出了话题"我们的中国"，同时也赋予言者对该话题的自豪之情，如果没有句中"啊"则为客观叙述。"自豪之情"是句中"啊"赋予的。有时在话语中还可以同时运用多个句中"啊"，这时，句中"啊"的传态功能则更加明显。例如：

（68）古代不是这样，就是最早的抢婚制一定是悄没声的，而且它有点残暴的性质，因为毕竟是那个……所以在《周易》里边曾经说，叫："泣血涟如"。说的那个小姑娘【啊】，被抓到马上以后【啊】，就一路的都在流血啊，脸或者哪儿都磕破了，就那样，然后就把这孩子就抢过去，现在少数民族还存在这种风俗，但它已经兴趣化了。

例（68）通过语气词"啊"体现了言者对那个小姑娘的同情和怜悯，在交际中容易引起听者的情感趋同，如果删除"啊"则变为了客观叙述。

还有当话题是数量词时，句中"啊"有表示言者对该"量"的主观认定。对"量"的主观认定体现在"主观量（subjective quantity）"对"客观量（objective quantity）"的偏离上。例如：

（69）小时候很穷，我不怕瞒你们说，我记得我爸爸，买盐的一元钱都没有，一元钱【啊】，人家追了三个月。

（70）30万块钱【啊】，白瞎了打水漂了！

例（69）"一元钱"是一个客观的量，增加句中"啊"的同时增添了言者对该量的主观认定，在言者心里属于"主观小量"。例（70）"30万块钱，白瞎了打水漂了"中"30万块钱"也是客观量（objective quantity），但是"30万块钱啊"就成了"主观大量"，句中"啊"赋予该数量以主观性，到底是"大量"还是"小量"

第三章 语气词"啊"的人际语用功能

要视具体语境而定。根据李宇明（1999）的研究，"满满""整整""足足""好"等词语表示主观大量，"刚刚""刚""仅仅""仅"等词语表示主观小量。据此，我们可以对"啊"表示的"主观量"进行句法检测。

(69′) 小时候很穷，我不怕瞒你们说，我记得我爸爸，买盐的一元钱都没有，[仅仅] 一元钱【啊】，人家追了三个月。

(70′) [整整] 30 万块钱【啊】，白瞎了打水漂了！

通过句法检测，证实了句中"啊"位于数量话题后增添了言者对该"客观量"的主观认定，具有主观性。

第二，强化言者的主观情态："啊"位于呼语后的语用功能。

强化话语的主观情态是指原来话语具有一定的主观性，添加句中"啊"以后，话语的情感基调得到扬升和加强。这种功能最为明显的是句中"啊"用于呼语之后。称呼作为面称，所引发的认知域不止听者一方，而是一个言语交际场景。这一场景至少包括言者和称呼对象，即听者，言者通过"啊"将听者置于注意的中心，凸显听者的角色，促使听者接受或完成后续话语中的命题行为。其认知加工的心理模型见图 3.1：

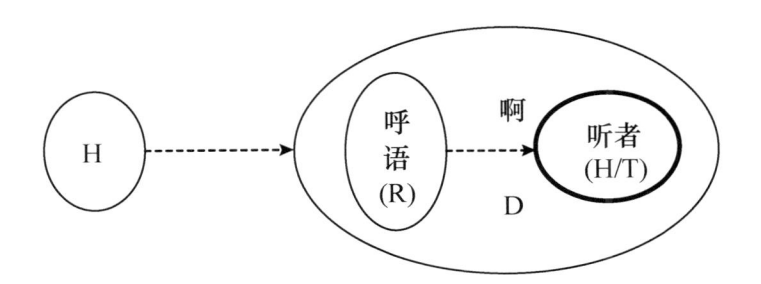

图 3.1 "呼语 + 啊" 认知加工的心理模型

粗线圈表示听者是认知域的焦点，"啊"是凸显标记。在言语交际场景中，言者通过句中语气词"啊"凸显听者在认知域中的地位，而听者则以呼语为参照点识解言者的交际意图。例如：

（71）吴宗宪：有人隔天就拿他们全家福照片给我看，"宪哥【啊】，我们全家都靠你在吃饭的哦，请你<u>不要离开</u>。"

（72）从那时爹就教育我说："娃儿【啊】，这枪是从你心窝里长出来的。握枪瞄准的时候，天塌下来你也感觉不到，地陷下去也不关你事。你的呼吸、你的眼睛、你的心肝、你的性命，统统长在这枪身上呢！<u>这时你就是枪，枪就是你</u>。你俩是一个身子一条命！"

上述两例中呼语"宪哥""娃儿"，本身就具有唤起听者注意，拉近交际主体人际距离的语用功能，但是呼语通过句中"啊"的延宕，一方面增强注意的力度；另一方面为言者执行后续话语的动作或认可后续话语的内容做感情铺垫，通过感情铺垫进一步凸显听者在言者认知心理中的地位。例（71）的语用目的是以"套近乎"的尊称方式让宪哥接受请求——"不要离开"，例（72）是运用展示关爱的"爱称"方式让听者接受言者的评价或观点。

可见，言者对听者的凸显是有标表达，是有所图的，在具体言语场景中，句中"啊"用于呼语后，不参与与命题内容的互动，更多的是和语境尤其是交际对象互动，有强化言者情感的作用。从语用效果来看，句中"啊"的运用加大了言者情感投入的砝码，移情于听者，易于引起听者情感趋同，从而有利于促进听者实施命题行为或接受言者的主观认识、立场、态度等。

句中"啊"用于呼语后，学界有两个问题疑而未决。一是为什么其他语气词不能用于呼语后；二是句中"啊"在呼语后是不是有缓和功能。关于第一个问题徐晶凝（2008）做过分析。徐晶凝（2008：145）认为句中"啊"之所以能位于呼语后，是因为其他语气词没有"告知求应"的意义。"告知求应"徐认为是语气词

"啊"的原型意义。所谓"告知求应"就是"告诉听者并请听者回应"的意思，其实语气词"呢"也有这个功能。例如：我跟你说话【呢】，你听见没有？/我在看书【呢】，你小点儿声音好不好？虽然如此，"呢"还是不能用于呼语之后，所以"告知求应"并不是"啊"能用于呼语后的真正原因。我们刚才提到句中"啊"不参与命题内容的互动，更多的是和语境尤其是交际对象互动，具有强化情感的功能，这一点与其他句中语气词"吧"和"呢""嘛"有着本质的区别，这也是"啊"能位于呼语后的主要原因。进一步说，就是句中"啊"强化情感的功能和呼语的传情、注意功能可以和谐并存，符合"语义和谐律"，是语义选择的结果。关于第二个问题，学界有观点认为"啊"位于呼语后的作用是缓和语气，其实，缓和语气的作用并不是句中"啊"带来的，而是句中"啊"强化言者情感和"呼语"拉近人际距离的功能整合而成的，句中"啊"本身的作用还是"强化言者情感"。我们以例（71）为例，试比较：

  a. "宪哥【啊】，我们全家都靠你在吃饭的哦，请你不要离开。"

  b. "宪哥Φ，我们全家都靠你在吃饭的哦，请你不要离开。"

  c. "Φ，我们全家都靠你在吃饭的哦，请你不要离开。"

通过逐步删除"呼语"和句中"啊"的方法，我们发现 a 句的情感程度最强，b 句次之，c 句最弱，相应地其语效也有差异，从人际距离的远近来看，比较的结果是：呼语+啊 ＜ 呼语Φ ＜ Φ（＜表示"远于"）。呼语本身就有缓和功能，通过和句中"啊"整合后加大了言者情感投入的砝码，情感得到强化，从而进一步拉近了人际距离，缓和功能获得提升。

  除此之外，句中"啊"有强化言者认知信度的作用。"啊"前成分是篇章主位，述位是知域的认识推理时，句中"啊"也具有强化主观认识的功能，表示"提请听者注意，我的认知推理是很明显的，是值得相信的"，删除句中"啊"，认知推理则比较客观直接，缺少"啊"带来的情态功能。例如：

（73）像我们一个阑尾炎……自己掏的比例应该是 500 元。而在大医院这个费用这种手术应该是在 3000 元以上，而且报账比例比较低。因此【啊】，有很多类似的病人都愿意留在我们这里治疗。

（74）武则天有不少名字：武华姑、武媚娘、武珝、武曌，包括武则天在内，是五个名字。如果弄清了这五个名字的来历，基本也就弄清了武则天这个人。所以【啊】，学历史的人要善于记忆，不能死翻史书。

还有，当话题是数量词语时，句中"啊"也有强化言者主观认定的功能。这种主观认定主要体现言者在心理上对该"主观量（subjective quantity）"的进一步扩大或缩小。在"扩大"或"缩小"的过程中往往伴随产生言者的主观评价。和"增添言者的表情成分"不同的是，"数量"话题前或后带有明显的评价性成分。例如：

（75）啊，<u>才 20 块钱</u>【啊】，<u>太便宜了</u>。

（76）如今，学校有了新教室，李大姐不需要再每天背着丈夫上课了。<u>漫长的 16 年</u>【啊】，李大姐背起的不仅仅是对丈夫的一片爱心，也是这个小山村的希望。

（77）"爸。"儿子一下扑到他的怀里哭了，他紧紧地抱着儿子，老泪纵横。36 年【啊】，<u>岁月苍茫，当年怀里 6 岁的儿子，如今竟是 40 多岁的人了</u>；36 年【啊】，<u>骨肉分离，彻心彻骨的思念，痛断肝肠</u>。

例（75）—例（77）画线部分都是标示除了句中"啊"之外的其他评价性成分。例（75）在话题"20块钱"之前有标示"小量"的语气副词"才"，后续话语"太便宜了"也是对小量的描述，所以该句中"20块钱"明确地表达"小量"，但是加上句中"啊"以后，该"小量"在言者的心理上进一步"缩小"，变成"极小"的量，此时也就产生了言者对该数量的"不屑"情态。言者心理上的"主观极小量"可以用比"才"主观小量还小的"不过"进行检测，如：

(75′) 啊，[不过] 20块钱【啊】，太便宜了。

例（76）中表数话题"16年"前有修饰成分"漫长"，表明"16年"是个"大量"，加了句中"啊"以后，该"大量"在言者的心理空间得到"扩大"，变成言者心理上难以承受的"极大"量，而语法主语"李大姐"完成了这个"极大"量，自然就衍生了言者对"李大姐"的钦佩和赞扬之情。这个"主观极大量"可以通过添主观极大量"长达"来检测。如：

(76′) [长达] 16年【啊】，李大姐背起的不仅仅是对丈夫的一片爱心，也是这个小山村的希望。

例（77）"36年"重复出现两次，用于排比构式中，排比是一种典型的表达情感，加强语势效果的修辞手段。通过排比及后续话语可以定位"36年"属于"大量"，在言者的心理空间，句中"啊"使这一"大量"进一步扩大，使"36年"几乎成为言者的心理极限，语法主语"他"在这个极限的时间内和亲人分离，衍生了言者的怜悯之情。

李善熙（2003）认为用语气词表达主观量的手段是一种用来描

写语言本身的元语言（meta-linguistic）手段，并将语气表达主观量称之为"元主观量"，指出元主观量主要有往大里说和往小里说两类。这和我们的量的"扩大"和"缩小"基本一致。

总之，句中"啊"强化言者的情态主要体现在三个方面：强化言者情感、强化言者认知、强化主观量（subjective quantity）。

可见，句中"啊"除了引起对方注意之外，还有情感调节功能。在话语情感基调上，可以进一步表露言者套近乎、喜爱、关心等各种情感，这些情感的流露受到语境或话语情感基调的牵引。如果话语没有情态，句中"啊"赋予其情态色彩，如果话语具有情态，句中"啊"则增强其情态程度，"所谓'强调'，确切地说应该是'说话人主观上认定'"（沈家煊，2002），所以句中"啊"具有明显的主观性。

2. 标示听者介入话语

在话语交际中，唤起听者注意的功能常常用于引发句中。但是在应答句，句中"啊"还可以通过回声问答的方式，表明听者的注意，意思是"我听到了，我来说"①。例如：

(78) 沈阿妹：在医院住了一个多月，<u>你怎么想的呢</u>？
王杏姑：我【呀】，我想快些好起来，上厂里来。
(79) 甲：晚上过来一起<u>打牌</u>吧？
乙：<u>打牌</u>啊，我不会，你们自己玩吧。

"唤起注意"预设着"没有注意"，即在对话中，言者在表达时，听者的状态往往在从事或思考与当前话题无关的事项，为了维持话语，引起听者的关注，此时言者会主动邀请听者参与对话，并交出话语权，而听者在被动接过话语权的同时，会通过句中"啊"

---

① 我们在"情态调节"章节也分析到这种现象的情感功能，但此处我们从话语对的角度分析其话语功能，着眼点不同。

用回声应答的方式重复、回应相关信息，以表示"我听到了，我来说"。同时句中"啊"的"停延"也为听者争取到思考、组织话语的时间。吕叔湘（1980）、史有为（1995）、刘月华（2001）所说的句中"啊"标示说话人的"犹豫"就属于这一类，所谓"犹豫"不是情态范畴的犹豫，而是"说话方式的犹豫"。如果将上述例句中的"啊"去掉，话题必须改读升调，或者直接给予回应，此时不仅不能表明听者的注意，也不能表征对话时听者"不集中"的认知状态。

(78′) 沈阿妹：在医院住了一个多月，你怎么想的呢？
王杏姑：Φ 我想快些好起来，上厂里来。
(79′) 甲：晚上过来一起打牌吧？
乙：Φ，我不会，你们自己玩吧。

从话语分析角度看，有时在对话中，听者不是被动接过话语权，而是在言者还未结束话语时就通过句中"啊"介入对话，承接话题，主动争取话语权，大多是听者急于表达自己的想法，或者急于进一步了解相关信息。此时句中"啊"一般不能删除，也不能更换成其他句中语气词。例如：

(80) 甲：这个地方连个修计算机的地方都没有……
乙：修计算机【呀】（*吧、*呢、*嘛），那可是我的强项。
(81) 甲：他在美国读硕士……
乙：在美国【啊】（*吧、*呢、*嘛），哪所大学，我也是在美国读的。

例（80）中言者的话语还没有结束，没有出现主动放弃话语权的信号，此时听者就打断言者话语，对自己感兴趣的信息予以重复，表明对"修计算机"这个信息"有话要说"。如果将句中

"啊"去掉，那么"修计算机"的语调要上扬，变成升调。例（81）同样也是言者的话轮还未完成时，听者就对"在美国"这一信息产生了兴趣，通过句中"啊"强行介入对话，急于了解更多信息，如"哪所大学"等。

（二）人际域的缓和功能

在话语交际中，有些话语的情感基调本来就非常明显强烈，例如批评、指责等，这时句中"啊"的运用在不改变命题信息真伪的同时，还能有效降低这些话语的负面性。此时，句中"啊"具有弱化言者语力的功能。例如：

（82）主持人：对，筷子。

魏山：其实有时候我感觉就是说，这个菜太好吃的时候，我也不用什么碗筷了。直接就这样。你看我肖老师。

主持人：你【呀】不应该这样，这样不文明。

（83）初阳：我这一路上能经过三个书店，我就琢磨，如果我每天经过这三个书店，哪怕进去一家，翻开一本书，读一个章节，是不是也有收获呢？这样节后也给自己充充电呢？这是我的一个小计划。

立新：你【呀】，别在听众朋友面前……

初阳：夸下海口。

例（82）"啊"的后续话语是批评言语行为，会对听者的社交身份面子（social identity face）构成威胁，造成人际关系的不和谐，但是句中"你啊"的使用增强言者和听者之间的亲密感，将直接的指责、批评弱化为朋友间、熟人间或亲人间的抱怨，具有拉近人际距离的功能。例（83）删去句中"啊"就是一个警告言语行为，会威胁到听者的"面子"，加了句中"啊"以后，不仅延缓了语气，增添了言者"立新"对听者"初阳"的密切的关心，缓和了 FTA 的威胁力度，还将警告言语行为弱化为善意的提醒，具有交互主观性。这也说明了句中"啊"可以协助、参与言者语用身份的构建①，例如亲切的长者、密切的朋友、亲密的爱人，尤其在冲突语境中。

但是，需要注意的是，如果后续话语有一个回指成分充当句法主语，那么情况就不一样。请看：

(84) 窦文涛：对，然后他女朋友就跟他开玩笑说，你【呀】，你没有男人味儿，然后这个党某，当即来到街上，抓住一个巡逻的民警，几拳把他打成熊猫眼。(抱怨+指责，强化)

该句句中"啊"的后续话语用代词"你"回指话题"你"，"你呀"在此是一个表责怪义的话语标记，为后续实施其他言语行为奠定基础，不但没有缓和后续话语的指责力度，反而通过"抱怨+指责"的双重方式加强了对"男朋友"的指责。关于话语标记"你呀"的进一步分析，参见本章第四节。

(三) 话语方式域的舒缓功能

在研究语气词"啊"的成果中，常常提到"舒缓"和"和缓""缓和"等概念。例如，北京大学中文系的《现代汉语虚词例释》就同时使用了这两个概念。

1. 用在句子成分之间，以使听话者对下文引起注意，同时表示随和、舒缓的语气。例如：他呀，就是那个老战的儿子，小战。

……

3. 用在呼语的后面，表示和缓的语气。例如：
院长啊，气倒是出了，可是人……没有了。(《现代汉语虚词例释》：3—4)

---

① 关于"语用身份的构建"参见本章第二节"句末'啊'的语境顺应功能"。

刘月华（2001）也使用了"缓和"和"舒缓"，指出语气词"啊""吗""吧""呢"的主要功能都是缓和句子的语气。"啊"用于句中停顿的作用也是缓和语气。

似乎"缓和""和缓""舒缓"意思相近，功能相同，不用区分。我们认为这三个概念存在明显的差异，在分析语气的功能时，应做出明确的区分。"舒缓"和"和缓"意义相近，是形容词，语言学中是对节奏缓慢，气徐声柔的说话方式的描述，相对于"急促""生硬"的话语方式，我们将其纳入"话语方式域"，而"缓和"用作动词，在语言学是指存在矛盾，关系紧张时，话语主体采取一定措施和策略使紧张的关系、较远的人际距离变得和谐亲近，体现的是语言的人际语用功能，我们将其纳入"人际域"。所以，"舒缓""和缓""缓和"在语言功能中分属不同的"域空间"，不能混淆。同时也需要指出的是，一种表达，例如句中"啊"，有可能同时具有多个"域空间"的功能，当话语可能造成人际冲突时，句中"啊"一方面既表示舒缓、和缓的语气；另一方面又缓和了人际关系，而且语气的舒缓、和缓有利于缓和人际冲突。当话语没有引起人际冲突时，句中"啊"可能纯表示语气的舒缓。所谓"话语方式域的舒缓功能"实际上就包括这两个方面，但是由于缓和人际冲突的功能我们在"人际域"中做了单独的介绍，所以在"话语方式域"中重点说明纯舒缓语气的功能。

（85）过去五年【啊】，政协做这个调研做了509次调研，那就是说每年有100次，这个密度是很高的，说明政协在这五年当中做了很多事情，为参政议政做了很多工作。

（86）1997年那年【哪】，这又是一个痛苦的回忆。那会儿没什么心情了，蒙了，人是蒙的。我也见不到他，也没有他的音信，什么都不知道。

（87）反正我们回民【哪】，哎，血统呢，从血统来说【啊】，跟汉民不一样。

(88) 甲：那回民都认识吗？

乙：一般来说【啊】，有认识的，也有，也有不认识的。

(89) 甲：你昨天怎么没来参加同学会啊？

乙：不好意思啊，因为昨天出差了，所以【啊】没赶上。

例（85）—例（89）是对已然事件的客观叙述。例（87）的主述位之间是说明和被说明的关系。例（88）述位是说明，例（89）是因果逻辑关系。这些句中"啊"前的主位主要是话题主位和篇章主位，而述位是对主位的客观叙述，解释说明。此时，句中"啊"的主要作用是：调整话语节奏，通过句中延宕，避免语气急促生硬，构建言者话语风格。

（四）列举表达中"啊"的语用功能*

早期在研究语气词意义的时候，由于受到"随文释义"的影响，在分析句中"啊"语气意义时，没有区分语气词的意义和句式的意义，结果得出句中"啊"具有列举义的结论，参见赵元任（1926）、吕叔湘（1999）、胡明扬（1981、1987）、熊子渝（2004）等。但是随着语气词意义研究的深入，学界逐步发现删除句中"啊"以后，表达式仍然有表列举的功能，认识到"列举"义并不是句中"啊"本身具有的意义，此时表述就改成了"啊"可以用在列举表达中，参见徐晶凝（2008）、席建国等（2008）。但是在列举表达中，句中"啊"到底有哪些功能？已有研究普遍没有涉及。

1. 句法、语义分析

和句中"啊"有关的列举表达表示的都是未尽列举，实际上有两类三种形式。第一类是词汇表达类，表达式中具有表列举的词汇标记。具体有两种形式：一种是用前置列举标记词语"比如……"

---

* 本部分原载于《世界汉语教学》2018年第2期。

"譬如……""什么……啊/呀/啦""例如"等①；一种是后置列举标记语，如"等""等等""什么的"②。例如：

S，前置列举标记语 + A₁ + 啊，A₂啊……Aₙ啊（S 为被说明项，A 为列举项，n≥1）

（90）后来去看书架，上面有好多巴金的作品，什么《家》【啊】，《春》【啊】，《灭亡》【啊】等，都有。此外，还有鲁迅、茅盾、丁玲、蒋光慈、萧军、柔石等左翼作家的很多作品，一大排。

（91）许多青少年因崇拜某位明星的某些特征，比如长相【啊】，歌声【啊】，于是就不顾一切模仿明星的行为，搜集他们用过的一切东西。这其实就是晕轮效应在作怪。

（92）陈墨涵料定文泽远会对俞真盘问一番，譬如读什么书【啊】，假期做哪些事【啊】，令尊大人在哪里高就【啊】，虽然赵无妨肯定已经通知俞真有了准备，但文泽远是何等人物？几个问答一对照，必然就能发现破绽，光她的口音和她同桂家的关系一项，文泽远就能算计个子丑寅卯。

S，A₁ + 啊，A₂啊……Aₙ（啊）③ + 后置列举标记语（S 为被

---

① 该类标记中，存在举例和列举两种标记词语，在此我们不做区分，将举例视为列举的一种形式，主要是因为其形式和话语功能相似。都是引出示例，举例说明时的发端语。

② 张谊生（2001）称之为列举助词。认为列举助词是个封闭的类，共有四组十二个：等、等等、云、云云、一类、之类、之流、者流、一流、什么的、啥的、的₃。通过对语料的检测，我们发现能和句中"啊"共现的主要有"等、等等"、"的₃"（主要用于"什么的"）之类。

③ 最后一个列举项后可以不用句中"啊"。这有两种情况，一种是有后置列举标记语，如例（91），还有一种是最后一项前有其他连接词语，如"还有""以及"等，如"她看的书都是不合时宜的，是被时代批判的。什么《红与黑》【啊】，《牛虻》【啊】，《哈姆雷特》【啊】，还有《安娜·卡列尼娜》"。

说明项，A 为列举项，n≥1）

(93) 我发现很多公司啊，那些员工啊，做了几年之后，都开始怀念刚刚公司创业的那段时间的快乐。很多员工后来离开这个公司都说：这个公司不能保持当年创业的那种兴奋了、那种热忱【啊】、那种人跟人之间的坦诚交流【啊】，等等。

(94) 母亲房里有了刘妈，一切的零活全由刘妈做了，春红也想做点什么，但她不敢进母亲的房门，就只能做些粗活，扫扫院子【呀】，洗洗衣服【呀】什么的，房里的活，母亲也不叫她了。

(95) 女孩在失恋以后，她的朋友为了让她振作起来，经常会硬把她拉出去买东西【呀】，吃饭ф什么的，这些举措从心理学的角度来说是非常有意义的。

从上述例句可以看出，句中"啊"位于列举项之后，列举项可以是一项也可以是多项；在语义类型上，可以是名词性的事物，如例（90）、例（91）、例（92），也可以是谓词性的活动，如例（94），还可以是言语行为事件，如例（95）；当 n>1 时，从篇章关联上看，列举项 A 都具有指称性①，和被说明项 S 之间存在两种语义关联：

语义关联一：被说明项 S 和列举项 A 为上下位的语义关系。S 为上位全集，A 为下位子集。如例（90）S 为"巴金的作品"，"啊"前列举项"《家》《春》《灭亡》"是 S 的下位子集。例（91）

---

① 有时列举项的句法性质不一定相同，但在列举表达中都会发生词类转化，或名物化或事件化。例如：a. 一位朋友来看我，说，你能不能少写一点民主【啊】自由【啊】，你有时间多关心一下我们的现实生活，房价【啊】，堵车【啊】，我们说没有用，他们看你的博客。b. 他不断地提醒自己，什么无聊【啊】，激动【啊】，欢乐【啊】，痛苦【啊】，他都要高高兴兴地接受下来，因为它们都给他设计的图案增色添彩。

上位全集 S 为"某位明星的特征",列举项 A 为"长相""歌声",属于 S 的下位子集。例(92)S 为"盘问一番",句中"啊"前的 A 为具体的"盘问"事项。

语义关联二:被说明项 S 和列举项 A 为抽象和具体、观点和示例的关系。S 为抽象的观点、认知等,A 为具体的示例。如例(95)S 为抽象的目的,"为了让她振作起来",句中"啊"前的列举项 A "把她拉出去买东西""吃饭"则为具体的活动事件,S 和 A 之间为抽象目的和具体示例的关系。

当 n=1,即列举项数为"一"时,该唯一列举项则为言者认知域中最典型、位置最凸显的成员,其可及性(accessible)最强。例如:

(96)如果人数比较多的话我们还会增加其他的<u>辅助设施</u>,比如表演【啊】,使游客在排队的时间也组织一些互动的东西,跟大家进行交流。

(97)莫文蔚:<u>从头到脚</u>都有投保,有时候拍广告【啊】什么的,头发也要投保。

鲁豫:那你全身都保了险,是分开来保险的,是吗?

莫文蔚:对。

(98)"我妈可不相信<u>命</u>,"林雁冬说,"你要在她面前再说命【呀】什么的,又得让她说你一顿。"

从我们收集的语料可以发现,当只有一个列举项时,列举项和被说明项之间也存在上下位的语义关系,如例(96)"表演"是唯一列举项,它是"辅助设施"之一,为下位子集。但是例(97)和(98)则不同。例(97)列举项"拍广告"并不是被证明项 S "从头到脚"的下位子集,其子集"头发"则出现在后续话语中,列举项 A 是下位子集"头发投保"的条件,作为明星,在言者的条件认知域中"拍广告"这一成员最凸显,呈现频率最高,可及性

（accessible）也相应最强。例（98）被说明项 S 为"命"，唯一列举项 A 也是"命"，此时 S = A，两者存同一关系。A 为言者认知域中唯一可及项，也可以视为一种特殊的下位子集（只有一个成员）。

在以上列举表达中，句中"啊"常常和其他列举表达成分共现，既可以是前置列举标记语，也可以是后置标记语，还可以既有前置又有后置标记语，如例（90）。再如：

（99）这位朋友用的大约是搞评论的专业术语吧，什么"穿透"【啊】、"辐射"【啊】等，还绕来绕去，使人抓不住要领，如堕五里雾中。

（100）有社会地位，这是经理唯一注意的事情。有社会地位，更确切地说，在他看来有说明地位高的标志，例如走进旅社大厅不脱帽【啊】，穿高尔夫球裤和紧身短上衣【啊】，从镶金、带红的高级皮革烟盒里往外掏雪茄烟【啊】之类（可惜，这些优越性，我一样也没有）。

（101）"噢，你问的是这个呀，我还以为你要我说什么艺术【呀】、情节【呀】什么的，所以吓得我在你这个艺术大师面前不敢胡说。"

第二类是句法表达类，主要通过多个同类项的并列呈现表示列举，即 A_1啊 + A_2啊 + …… + A_n啊（n > 1），此时句中没有表示列举标记的词语，且列举项不能为"一"。其中 A 可以分为名词性成分和谓词性成分。

① N_1啊 + N_2啊 + …… + N_n啊（n > 1）

（102）今年<u>生产情况</u>不错，粮食【啊】，棉花【啊】，水果【啊】，都获得了丰收。（刘月华例，2003）

（103）烘云托月的方法就是负的方法。如果用<u>正的方法</u>，你得证明它，说出个道理来，往往是使人不知道月亮是什么，你反过来说呢，烘云【啊】托月【啊】，别人对这个月亮有个生动的动态的体会。

(104) 罗大伦：他生活在是……金，金国。就是把那个宋朝北宋灭了，然后变成南宋的那个大金国。他就生活在<u>大金国</u>。

梁冬：就换句话来说，今天的北京【啊】，河北【啊】，当年那都不是汉人的？

例（102）—例（104）从结构形式上看，此类列举表达中，句中"啊"前的列举项数都大于一，列举项在语法性质上都属于同一类别的名词性成分，处于同一语义场或语义范畴之内。可以在列举项前或后填补列举标记语。从篇章关联上看，列举项也是被说明项的下位子集。

②V_1啊 + V_2啊 + …… + V_n啊 （n>1）

在这些列举表达中，句中"啊"并不是强制性成分，删除后并不影响命题意义，也不影响列举的内涵，但是在句法表达类中，如果列举项不是名词性成分，而是谓词性成分，那么句中"啊"就不能随意删除，也不能在列举项前或后添加列举标记语，这说明动词性成分的列举不是对被说明项的下位列举，而是对施事行为的列举，这也是当列举项为谓词性成分时，有列举标记语和没有列举标记语的差异之一。句法表达类中，列举项为谓词性成分的列举表达有三种情形：（Ⅰ）多项动作的并列列举；（Ⅱ）两项不同动作的交替；（Ⅲ）相同动作的重复。

（Ⅰ）多项动作的并列列举（V_1啊 + V_2啊 + …… + V_n啊）

(105) 书记请小陈减速，靠边停车，他要下车去见见<u>孩子们</u>。挤【啊】、拥【啊】，喊【啊】，一双又一双的手伸向江爷爷。

(106) <u>人们</u>围着篝火在巴伐利亚民族乐曲中尽情地唱

【啊】、跳【啊】、喝【啊】，整个慕尼黑被狂暴的啤酒浪潮淹没了……

（107）北京的"知青"为外地来京的战友们订好了火车票和宾馆，早早地在食乐城预订了位置。笑【啊】、跳【啊】、拥抱【啊】，叫绰号、开玩笑，不知洒下了多少激动的泪水。

例（105）的列举项都是单音节动词，动作性强，是对言语场景中典型动作的未尽列举，这些动作前有个空位，承前省略了动作的施事论元。例（106）列举项则为施事主语"人们"所实施的典型动作。也就是说，从篇章关联上看，列举项和被说明项之间并不是上下位或者抽象与具体的关系，而是动作和施事的关系。例（107）的列举项在句法结构上并不相同，有单音节的动词"笑、跳"，也有双音节的"拥抱"，还有三音节（1+2节律）动宾式的动词性词组"叫绰号""开玩笑"，在线性序列上遵循的次序规律是1—2—3，即音节少的列举项在前，音节多的列举项在后，单、双音节的列举项后需添加句中"啊"起填补音节的作用。不管这些列举项在结构上多么不统一，但是性质必须相同，都是动作性词语，属于同一类别，处于同一语义场或语义范畴之内。这些结构并不对称的列举项是对言语场景中语法主语所实施动作的未尽列举，第一个列举项前省略了施事论元"北京的知青"。多项并列的动作是施事所使动作的累加。

（Ⅱ）两项不同动作的交替（V₁啊 V₂啊）

当然，两项不同动作也可以是对言语场景中施事动作的未尽列举。如：

（108）张学友：我们做艺人就是这样子，比如很多人对你有兴趣的时候，就有很多媒体找你访问【啊】，做封面【啊】，这个那个的。

（109）倒是我们乡下人常往市里跑，招商【啊】，谈判

【啊】，各宾馆都有我们镇投资环境的简介，第一句话就是"要想发大财，请到鼓山来！"

与此不同的是，两项不同动作的交替在形式上虽含有两个列举项，但实际上并不是简单列举两个典型动作，而是通过两项对举表示两个动作的交替反复进行。例如：

（110）他花了两小时在阴沟里掏【啊】摸【啊】，终于把钱找到了。
（111）她开始天天翻报纸，注意有没有贺子珍的消息，她翻【啊】看【啊】，终于等到了贺子珍与世长辞的消息。
（112）写啊算啊，算啊写啊一夜总算是过去了。

与多项动作并列列举相同的是，交替的两项动作是对施事主语的描述，不同的是两项动作并不仅是施事主语所施动作的典型列举，还是言语场景中言者认知域中两个规约性动作的交替反复，我们判断是否具有规约性的方法是替代法。如果在该言语场景中，列举的动作可以被其他动作替代，则为简单的动作列举，如果不能被替代，则为规约性动作。依此方法，我们对例108—例109进行检测，发现列举项具有可替代性，如：

"访问啊，做封面啊"——"采访啊，拍广告啊"
"蹦啊跳啊"——"跑啊跳啊"

例（110）的言语场景是在阴沟里找东西，"掏"和"摸"是该场景中的两个规约动作，和语境关联性强，不易被其他动词代替，"掏啊摸啊"是"掏"和"摸"两个相关规约动作的反复交替，意思是"掏了又摸，摸了再掏"如此循环往复。例（111）"翻"和"看"和报纸的搭配频率高，属于阅读报纸场景中的两个规约动作，意思是"她""翻了又看""看了又翻"，不断重复这两个动作查找信息。例（112）则直接将"算"和"写"两个动作交替，直接在句法表层上体现动作反复的过程。

（Ⅲ）相同动作的重复（V 啊 V 啊）

(113) 她更记得，每当她回来晚了，<u>大伯大妈</u>就站在光荣院门前等【啊】等【啊】，哪怕是天再黑也要将她等回来……

(114) <u>那狗</u>自然不知道是怎么回事，还在城西老地方找憨二的酱肉铺子，找【啊】找【啊】，足足找了两天，<u>终于</u>凭它灵敏的嗅觉找到城中心来了。

(115) <u>赵胜天</u>跑【啊】跑【啊】，心里催促自己：快！再快点！女儿呵，你可别有个三长两短啊！

吕叔湘（1980）指出，"啊"用在重复的动作之后，表示"过程长"。北大的《现代汉语虚词例释》、齐沪扬（2000）等则将"V 啊 V 啊"从表列举类中分离出来，作为固定格式，认为整个格式表示行为的过程长。我们同意后者的观点，所指"过程长"不是"啊"带来的，而是整个格式赋予的，是构式的浮现义。在此我们需要追问一个问题："过程长"的意义是如何产生的，句中"啊"用于动词后，从表示典型动作的列举，到规约动作的交替，再到相同动作的重复并固化，这三者之间是否存在一定的关系？答案是肯定。我们认为固定格式"V 啊 V 啊"是多项列举语法化的结果。

2. 列举表达的语用功能及"啊"的作用

列举表达在句法上表现为并列关系，在语义上有动作的列举累加、交替和过程长的语义特征。在语用上，我们认为列举表达具有语用增量的语用效果。和句中"啊"有关的列举表达属于未尽列举，列举项具有指称性和伸缩性，列举项并不代表真实的全部，往往是言者认知中的几个典型代表，具有"借少量代大量，少量中见大量"的"量的延展"功能（陈光，2003），"啊"的列举是非穷尽的列举

（卢福波，2010）。除此之外，列举表达在使用中，往往带有某种主观情感，或积极的或消极的，多项并列的动作则是这一抽象情感的具体表征，在句子层面有时是显性的，含有相关情感词语，如：

（116）小孩子们更是高兴，在这麦地里蹦【啊】，跳【啊】，互相追逐。

（117）为了得到这份工作，他在办公室外苦苦地等【啊】等【啊】，一直等到经理开完会。

例（116）多项并列动作"蹦啊""跳啊"是"小孩子"高兴情感的具体动作表征，在句子层面有直接表达"高兴"之情的词语。例（117）相同动作"等啊"的重复列举，表达了语法主语"他"的长时间苦等的无奈之情，在句子层面含有"苦苦地"的修饰语。有时，主观情感在句子层面是隐性的，相关情感词语需要在更大的语篇才能找到。如上述例（105），多项并列动作"挤啊""拥啊""喊啊"是欢迎、喜爱"江爷爷"的具体动作表征，在句子层面没有直接表达"欢迎喜爱"之情的词语，但从语篇中可以找到线索"一双又一双的手伸向江爷爷"。根据我们的统计（参见下列表3.2），一般来说，多项动作并列列举表达的是"欢庆""喜气""幸福""踊跃"等积极情感，而相同项目的重复表达的则是"不耐烦""不易""辛苦"等的消极情感。可见，和句中"啊"有关的列举表达的语用增量至少体现在两个方面："量的延展"和主观情感的承载。

在列举表达中，句中"啊"有什么作用呢？通过观察，可以看出列举表达中的"啊"有两种可能：

第一种是可以删除，列举表达的列举功能不变。下面再举几例加以说明。例如：

（118）"我告诉你，我现在有危机感，不许你在我面前提那个'老'字，我忌讳！什么皱【啊】，松【啊】，垂【啊】，走样【啊】，都不许讲！"

（119）"不是别的哟，嫂子这个人太好了，对待我们就像亲兄弟一样，没少让嫂子为我们受累【呀】，涮涮洗洗什么的，总是抢着给我们弄哇。"

（120）人【啊】，车【啊】，房子【啊】，都非常多，比农村热闹多了。

例（118）—例（120）中的"啊"都可以删除，如：

→什么皱Φ，松Φ，垂Φ，走样Φ，都不许讲！
→没少让嫂子为我们受累Φ，涮涮洗洗什么的，总是抢着给我们弄哇。
→人Φ，车Φ，房子Φ，都非常多，比农村热闹多了。

删除句中"啊"后，这些表达的列举功能并没有消除，所以句中"啊"并不起"列举"的作用，列举功能是由列举标记语或并列的句法格式负载的。句中"啊"在这里更多的是起到话语作用，在对话中，言者主要是通过句中语气词"啊"的音节延长以及延长后的停顿，来保持话轮，表示"言未尽"，让听话人注意并等待后续句。所以，列举表达中的"啊"是"话语未尽"的预示语，表示言者占据话轮，有主动表达的意愿，具有主观性。同时，也需注意到，剔除句中"啊"，虽然列举表达仍然成立，但是是一种"硬"表达，语速急促、口气生硬，这种"硬"表达常常展露出言者的负面情绪[1]，但是运用句中"啊"之后，通过句中"啊"的停顿延宕，音节变长，语速放缓，口气柔和，有利于缓和负面情绪和

---

[1] 李劲荣（2015）指出在列举表达中，列举表达"什么X"存在语义偏向，为主观列举，带有贬抑性。这和我们的观察基本一致。不过李文没有留意"啊"的作用。

协助言者构建轻松随意的话语风格，是一种"软"表达。因此，句中"啊"还有话语方式域的舒缓功能。

第二种是不能删除，这是以单音节动词为主，删除后列举表达的句法、语义都会发生变化。例如：

（121）快乐的一天这么早就降临了，<u>我们</u>去了酒吧，在舞台上疯狂地弹【啊】跳【啊】唱【啊】，用最佳的效果挣到最佳的钱。

（122）但<u>她</u>毕竟是个残疾儿童，不能像小朋友们一样到操场上蹦【啊】跳【啊】，体育不能达标，也不能评"三好"。

（123）陈玉英似乎没听见，又似乎是听见了，却成心不理他。因为<u>她</u>举着孩子逗【啊】、笑【啊】，好像和谁作对似的，越来越欢了。

（124）凑【啊】，凑【啊】，凑了两三个月，<u>我</u>才凑了十块钱，托一个铁路警察带回来。

例（121）—例（124）句中"啊"一般不能删除，否则，句法不自由或语义不自足，如：

→? 我们去了酒吧，在舞台上疯狂地弹Φ跳Φ唱Φ……
→* 不能像小朋友们一样到操场上蹦Φ跳Φ……
→* 因为她举着孩子逗Φ、笑Φ……
→? 凑Φ，凑Φ，凑了两三个月，我才凑了十块钱……

句中"啊"不可删除性说明句中"啊"在该表达中不仅仅表示停顿，还有表达效果上的需要，传递交际主体的某种情态。一般来说，单音节动词单独使用时，韵律短急，语气生硬，动作性、驱使性强，加上句中"啊"以后不仅可以调节节律，还有增强情态，舒缓语气的功能。结合语境具体来说，在欢快的情感基调下，施事可以实施的动作往往是自由的、多样的，对动作的列举数量没有限制，三项、四项甚至更多，此时句中"啊"在列举句的功能除了舒缓语气，更重要的是增进情感，如例（121）在"弹""跳""唱"后添加句中"啊"后，"我们"享受舞台的积极情感获得凸显。但是如果基调发生变化，转向为消极，那么句中"啊"在列举表达中的主要功能是凸显负面情感的功能。在表"过程长"的语境中，句中"啊"通过音节的停延可以更好表现动作"过程长"的意义，还有突出"不耐烦""辛苦""不易"的负面情感的功能。如例（124）"凑啊凑啊"比"凑，凑"更自由，语义更清晰，而且"不易"的情感更显著。

3. 和"啊"有关列举表达的语法化

以上我们将固定格式纳入列举表达中考察，目的是想找出该格式"过程长"意义的产生过程。我们发现多项动作的并列列举、两项动作的交替和相同动作的重复在句法、语义上具有较强的一致性。这主要体现在：内部结构都是并列关系；语义上都是对施事动作的列举；列举项前后都不能添加列举标记语。三者不同的是列举项数量的变化。我们认为：表"过程长"的"V 啊 V 啊"构式是列举表达的列举数量不断减少并定格在数量"一"的条件下固化而成的，在固化过程中，列举义逐渐消退，"过程长"的构式义不断凸显，而且其间从可以嵌入逗号，到不可随意嵌入逗号，说明其独立性、内部紧密度也不断增强。

这一观点可以在认知语用维度获得解释。动作动词和时间概念密切相关。万德勒（Zeno Vendler, 2008）在《哲学中的语言学》中指出："时间概念有一种更微妙的作用，一个动词的用法还有可能告诉我们这个动词以何种方式默认和牵涉时间概念。"郭锐（1997）也认为汉语的谓词性成分具有内在时间性和外在时间性。外在时间性有过程和非过程的对立。过程与外部时间流逝有关，非过程不与时间流逝发生联系，只是抽象地表示某种动作状态或关系。在列举表达中动作的列举也和时间存在某种"默认"和"牵引",与"时间流逝"和"过程"有关。在时间轴上,每一个动作占用一定时间。在有限的时间内,如果可以选择的动作越多越自由,认知上付出的努力越少,相应地就感知到时间过得越快,如果可以施事的动作越少越受限制,那么认知上付出的努力越大,相应地就感知到时间过得越慢。下面用图示加以说明。

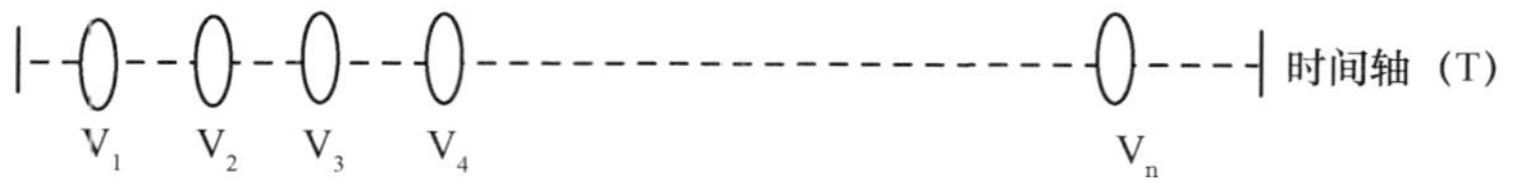

图 3.2　多项动作的并列列举

请看上述例(105)—例(107),所列举的动作都是施事自愿发出的,情感上十分情愿,施事发出的动作也比较自由,在时间轴上可选动作相对较多,而且认知上付出的努力较小,施事心理上对时间的感受就越短越快,相应地整个表达的情感基调轻松欢快。

图 3.3　两项动作的交替

请看上述例(110)—例(112),列举的动作限制在两项,施事在该言语场景中可实施的动作减少,在时间轴上交替从事仅有的两项动作(V_1 和 V_2),动作的自愿性不强,认知上需付出的努力较大,此时,施事心理上对时间的感受是较慢、较长,动作的过程也就越长,这往往可以在句法表层找到印迹,如例(110)—例(112)在表达中带有表示过程长,付出努力多的词语"终于""总算"等。所以"两项动作的交替"(V_1 啊 V_2 啊)既有列举义,也有"过程长"的意义。

请看上述例(113)—例(115),列举的动作句法表层显示有

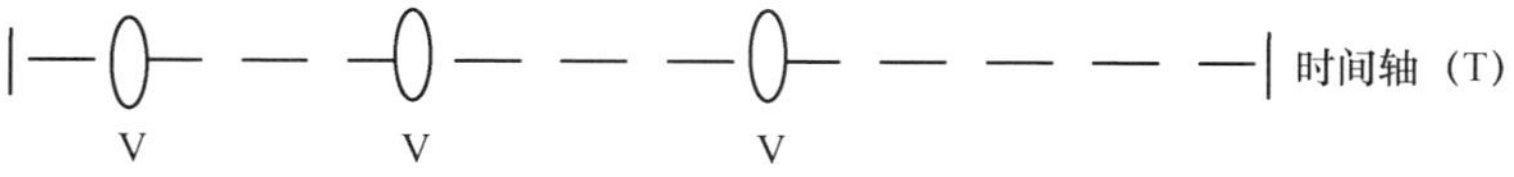

```
|—○— — ○— — — ○— — — — —| 时间轴（T）
  V     V        V
```

图 3.4　相同动作的重复

两项，但实质只有一项，施事的动作进一步减少并固定在某一项动作上，在时间轴上表现为唯一动作的重复或持续，认知上要完成该动作需要付出的努力最大，此时施事心理上对时间的感受也是最慢最长的，相应地动作的过程也最长，在句子表层，其后续话语也往往会有体现施事意志努力的词语或语言片段，如例（113）后续话语是表明时间很晚的递进复句，凸显"等"的"过程长"；例（114）含有表经过努力的"终于"；例（115）后续话语"催促自己快点儿"表明"跑"是一个"长过程"的动作。所以，一方面，从多项列举到单项列举，列举表达的列举项数量不断压缩减少，其列举特征也逐步弱化；另一方面，随着列举项的减少，施事行使动作的自由空间受到限制，施事行为付出的努力不断加大，行为的过程也就越长。因此，从"V_1啊 + V_2啊 + ⋯⋯ + V_n啊"到"V_1啊 V_2啊"再到"V 啊 V 啊"，是一个列举义不断弱化，"过程长"义不断凸显的语法化过程。

　　从理论上讲，同一动作在时间轴上可以一直持续，在句法上重复可以不限于两次，例如"等啊等啊等啊"，重复的次数越多，其"过程长"的语义特征就越明显，这可以用认知语言学的数量相似原则进行解释。但是在实际使用中，动作重复一次就能激活认知域中"过程长"的功能，一般不会出现多次重复同一动作的现象，这是语言经济原则的要求。"V 啊 V 啊"固化后，形式上进一步简化，可以省去后一个"啊"，保留两个核心动词和一个传递情态的句中"啊"，说成"V 啊 V"，如"等啊等""找啊找""走哇走"等。

　　上节已经指出列举格式往往带有或积极或消极的主观情感，为了找出情感色彩上的变化，我们对收集的 231 例语料进行了统计分析，其结果是：

从统计结果可以看出：多项动作并列的列举表达主要用于表达积极情感，两项动作的交替用于积极表达的比率减少，用于消极表达的比率增大，相同动作的重复用于积极表达的比率进一步缩小，发展成主要用于消极情感的表达。从语法化的过程看，两项动作的交替是中间纽带，积极表达和消极表达的比例最为接近。因此，我们可以判断三者是一个由表达积极情感逐步演化成为表达消极情感的过程。这样，我们将与句中"啊"有关的列举表达语法化图示如下：

表 3.2 "A_1 啊 + A_2 啊 + …… + A_n 啊"（n>1）的情感色彩统计分析

项目	类别	多项动作的并列列举	两项动作的交替	相同动作的重复（包括 V 啊 V）
用例		57	84	90
情感色彩	积极	49（.86）	26（.31）	14（.155）
	消极	8（.14）	58（.69）	76（.845）

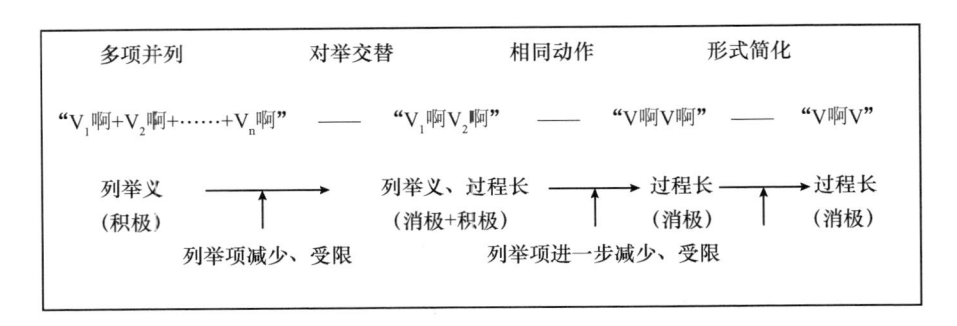

```
   多项并列              对举交替            相同动作          形式简化

"V₁啊+V₂啊+……+Vₙ啊" ——— "V₁啊V₂啊" ——— "V啊V啊" ——— "V啊V"

  列举义         →      列举义、过程长    →    过程长      →    过程长
  （积极）              （消极+积极）          （消极）          （消极）
                ↑                       ↑
         列举项减少、受限          列举项进一步减少、受限
```

图 3.5 和"啊"有关列举表达的语法化

可见，从动作和时间概念的关系来看，人们实施动作的认知努力和对时间长短的感受是正相关，和行为过程的长短也呈正相关。也就是说，需要付出的努力越多，对时间的感受就越慢，行为的过

程就越长；需要付出的努力越少，时间过得越快，行为的过程就越短。汉语中"V 啊 V 啊"表示"行为的过程长"就是这一观点的应用案例。

综上所述，句中"啊"在列举表达中除了表示停顿，提请注意之外，其语用功能在多域空间都有所表现，在情态域具有增添情感因子，强化主观情感的主观功能，在话语方式域起到舒缓功能，用于构建轻松随意的话语风格。

（五）假设句中"啊"的语用功能

赵元任（1926）认为"啊"可以用于假设分句中，大概用在"不会实现或怕实现的假设上"。《现代汉语虚词例释》认为语气词"啊"可以用于复句的前一分句末尾，表示假设。吕叔湘（1999）、刘月华等（2001）也认为句中"啊"用于假设、条件分句。例如：

（125）我早上起来就先走，北新桥那儿取奶去，取完奶要是不冷【啊】，我就上，这个地坛那儿，公园儿，就溜达去。

（126）我早说过了，她这种人哪，迟早要栽跟头，这不，应验了吧？她这脾气要是不改【啊】，还要吃亏的。

（127）陶阿毛耸一耸肩膀，讪笑地说："你真是个老好人，要是我【啊】，才不听她那一套哩。

（128）我要是当了旅长【啊】，立刻把冯阅轩他爹押到监狱里去……"

（129）甲：哇！你是女孩子！

乙：我如果是男孩子【啊】，杜芊芊一定被我追上，你们都不够瞧！

（130）就我们是回民，吃饭就跟他们一块儿吃，如果他们要吃肉【啊】，给我们弄俩鸡蛋……

（131）这次考研我想得很开，考上了，就去求学，没考上【啊】，也没关系，去南方找份工作。

在这些假设句中的"啊"在句法上不具有强制性,删除后语意不受影响。结构上,句中"啊"所在分句在表层常常含有标记假设关系的关联词语,如例(125)—例(130)的"要是""如果"等,也可以不用关联词语,如例(131)。句中"啊"的作用和篇章主位后一样,主要是起到提请听者注意的作用,同时也有舒缓语气、构建话语风格的作用。和"吧"用于假设复句不同的是,"啊"既可以用于消极意义的假设复句,也可以用在积极意义的假设复句中。

四 句中"啊"的域空间和多功能性

综上所述,句中"啊"在话语交际中具有多功能性和动态性,随着前面主位的不同,其功能也会产生差异。为了找出句中"啊"的多功能性,我们突破单一视角研究的局限,从多域空间进行立体研究,得出如下结论:

第一,句中"啊"在所有话语中都有一个共同的功能,即表示停顿和提请对方注意下文。但是具体到言语场景,在和语境互动中,句中"啊"的功能又呈现出一些特性。

第二,当句中"啊"位于话题主位或假设分句之后时,述位是对话题的解释说明,句中"啊"的主要功能是:提请注意、构建舒缓随意的话语风格。但当话题为数量词语时,句中"啊"具有"情感调节"的作用,既可以赋予"客观量"(objective quantity)以主观性,又可以在心理上对"主观量"(subjective quantity)进一步强化,使"主观大量"更"大","主观小量"更"小"。

第三,当句中"啊"位于呼语后时,述位往往是言者希冀呼语实施的言语行为或是对呼语的主观认识,鉴于述位的驱使性,往往会损害到听者的利益,让自己受惠,这违反了礼貌次则之得体原则和慷慨原则,威胁到听者的面子,所以,除了表示提请注意的功能之外,句中"啊"更主要的功能是强化情感,协助言者构建亲密的语用身份和和谐的人际关系,体现了对对方社会自我的关注,具有较强的交互主观性。"啊"的选用是礼貌原则的体现。

第四，当句中"啊"位于篇章主位后时，述位对应于行、知、言三域。在行域，句中"啊"主要起提请注意、构建舒缓随意的话语风格的作用，在知域则有强化主观认知的功能，在言域有缓和人际冲突和表现交互主观性的效果。

第五，句中"啊"用于列举表达时，"量的延伸"或"增进情感"是其主要功能。从"V_1啊+V_2啊+……+V_n啊"到"V_1啊 V_2啊"再到"V啊V啊"，是一个列举义不断弱化，"过程长"义不断凸显的语法化过程。

第六，句中"啊"还有篇章关联功能，是针对上下文某一点而发。在话语交际中还可以表示言者"介入话语""保持话轮"等话语功能。

表3.3　　　　　句中"啊"的人际语用功能

域空间	共同功能／特有功能	话题主位	人际主位（呼语后）	篇章主位			列举表达	假设分句
				行	知	言		
		停顿+提请注意						
		数量	语用身份的构建、强化情感		强化认知		量的延展或增进情感	
		情感调节						
人际域			缓和人际距离			缓和人际距离		
情态域		+主观性	+交互主观性	+（交互）主观性			±主观性	
话语方式域		+舒缓随意						+舒缓随意

"增进情感""量的延展""强化情感""语用身份的构建"等都离不开"啊"的主观性，即表情功能。这些特有功能是"啊"的表情功能与语境互动的结果。

第二节　句末"啊"的人际语用功能

一　句末"啊"研究成果及存在的问题

关于句末"啊",早期赵元任(1926、1979)、朱德熙(1981)、胡明扬(1981)、陆俭明(1984)、吕叔湘(1999)、齐沪扬(2011)等都做过细致的描写,研究的范式基本是分句类逐一说明。所涉及的意义和功能主要有:

表 3.4　　　　　　句末"啊"语义功能研究成果简介

作者＼句类	陈述句	疑问句 非是非问	疑问句 是非问	祈使句	感叹句
赵元任(1979)	提醒、不耐烦	开始问	要求证实	命令、警告	感叹
吕叔湘(1999)	解释或提醒、不耐烦	语气和缓	要求得到证实	请求、催促、命令、警告等	
朱德熙(1981)	提醒或警告	语气随便	验证对方的意图或说过的话	提醒或警告	
北大中文系(1982)	解释、申明、显而易见、欣然肯定、同意	语气和缓而不显生硬	语气和缓而不显生硬	敦促、劝勉、提醒、警告等	赞叹、兴奋
侯学超(1998)	解释、提醒、申明	要求回答、构成反问	要求回答	请求、劝告、命令	喜悦、惊讶、感叹
齐沪扬(2011)	解释、提醒、申明等		进一步确认		喜悦、惊讶、感叹等

通过比对,我们可以发现目前关于句末"啊"的语法语义功能学界似乎有了一些共识:可以用在四个句类中;在陈述句中表示"提醒""解释""申明"的功能;在是非疑问句中表示"要求证实",在非是非疑问句中,多表示语气和缓;在祈使句中表示命令、催促等语气;在感叹句中表示喜悦、惊讶等语气。但是 Li &

Thompson（1981）、储诚志（1994）、刘月华（2001）、齐沪扬（2005）等发现"要求证实""命令""警告"等意义并非由语气词"啊"带来的，而是所在句式本身具有的意义，语气词"啊"承载的是"和缓语气"（reduced forcefulness）的功能。例如：

（132）细心点儿【啊】，别看错了！（嘱咐）
（133）注意【啊】，比赛马上开始了！（提醒）
（134）明天你可早点儿来【啊】！（嘱咐）

（刘月华，2001）

句末"啊"语调下降或较低，使"命令"和缓为"嘱咐""提醒"。"把语气词自身的意义跟篇章位置赋予一个语段的意义区别开来，在句中语气词的辨析中具有重要意义，这一点在以往对句中语气词的讨论中没有引起足够的重视。"（张伯江、方梅，2014：59）刘将语气词"啊"的意义"孤立"出来，避免了随文释义的弊端，大大提高了语气词"啊"意义探析的科学性。

与此同时，域外的学者谢志强（1991）和屈承熹（2002）则将句末"啊"视为话语标记（discourse marker），更多地从话语篇章角度分析"啊"在篇章中的作用。谢志强（1991）从相邻对角度，分析了句末"啊"出现的七种功能语境，得出句末"啊"是一个典型的回应标记（marker of response）的结论，主要用于接话话语中。屈承熹（2002）则认为句末"啊"表示言者的个人介入（speaker involvement），并对"和缓功能"提出异议，指出"和缓功能"并不具有普遍性，难以适合所有场合。例如表示警告时，句末"啊"不但没有舒缓语气，反而使警告更个性化、更关切，或使语气增强。例如：

（135）a 你对她要小心一点儿。（尽管和我没有关系）
b 你对她要小心一点儿啊。（我确实担心）

（136）a 我是很爱你的。
b 我是很爱你的啊！

（屈承熹，2006）

屈氏认为句末"啊"除了传统的各种情态意义之外，还有增强话轮之间关联性（degree relevance）的功能。并将"表示说话者的个人介入"① 视为句末"啊"的核心性能（core property）。徐晶凝（2008）对此则持否定态度，认为"个人介入"是所有语气词共同具备的，不是句末"啊"特有功能，并提出句末"啊"的原型意义是"强传信式告知求应"。但是在语言事实中也还存在一些用例，其句末"啊"表示的未必是"强传信求应"，如"这么复杂的手术，现在地方也能做了【啊】！""你要去当兵【啊】？""小雪，听妈一句话，那网友不去见了【啊】。没听电视里说吗，不要和陌生人说话！"等。张小峰（2003）则认为感叹句中"啊"体现的是其核心功能，"啊"承载着言者的情感，表情功能才是它的核心功能。其他句类中的各种功能，如"申明"等都来自表情功能。可见，语气词"啊"的核心意义还留有争议。

语气词"啊"研究的另一个问题是其韵律特征。"话语的韵律特征与其交际功能之间存在着密切的联系。"（熊子瑜、林茂灿，2004）语气词"啊"的交际功能可以在一定程度上通过其韵律特征表现出来。然而，句末"啊"的语音形式相当复杂（赵元任，1979）。早期对"啊"的语音形式主要靠听感测试，随着实验语音学的发展，近期有学者采用实验语音学的方法分析句末"啊"的韵律特征，及其与语气情态、交际功能之间的关系，这方面的成果以熊子瑜、林茂灿（2004）、张彦（2006）为代表。根据实验语言学

---

① 屈氏2008年在《关联理论与汉语句末虚词的篇章功能》一文中将句末"啊"的核心性能改称为"亲身关注"。不管是"个人介入"还是"亲身关注"都表示言者"亲身参与"事件，两者没有本质区别。

的研究，陈述句末"啊"有升调和降调两种形式，"句尾语气词'啊'在音高上的下降或上升并不表达陈述语气和疑问语气之间的对立……汉语疑问句调和陈述句调的区别并非表现在句尾音高的'升'与'降'的对比上"（熊子瑜、林茂灿，2004）。

可以看出，目前学界对句末"啊"的有关语用研究主要集中在五个方面：句类中的功能、"啊"的情态意义（包括是否表示疑问信息）、"啊"的语篇功能、核心意义及韵律特征。但是"解释""警告"等显然并不是句末"啊"的功能，句末"啊"的情态功能到底是什么？除了情态功能之外，句末"啊"还有哪些人际语用功能？"啊"的核心意义和其他功能之间是什么关系？这些问题比较复杂困难，已取得的成果存在简单化、碎片化等问题，而且各家观点不一，还有待进一步研究。

二 句末"啊"的主观性

交流信息和表达情感是言语的两个重要功能。朱德熙（1981）、胡明扬（1981）都认为"啊"是表示言者的情感和态度。吕叔湘（1982）也指出"啊"和其他语气词不在同一个平面上。其他语气词都表示某一种特定的语气，而"'啊'字几乎无一种语气不可用，就可见它的作用不是表示某一种特殊语气。'啊'字的作用是表示说话人有相当的情绪激动，凡是用'啊'的句子都比不用的生动些，就是因为加入了感情成分。"这一方面说明了句末"啊"的不易捉摸，难以概括的特点；另一方面也点出了"啊"的核心意义。"说话人的情感态度""情感成分"体现了句末"啊"的主观性。实际上，"啊"主观性不止如此，根据主观性的研究内容，主要包括三个方面：言者的情感、视角和认识。

（一）如何表达言者的情感

句末"啊"在特定语境中言者受到某一信息或别人的话语、行为的激发，产生了某种感受，往往通过句末"啊"予以明确表露。句末"啊"表露言者的情感除了感叹句中的"赞叹""兴奋"之外，还有惊讶、意外、着急、不耐烦、调侃等。在篇章方面，由于句末"啊"的主观情感往往受到语境某一信息的刺激，所以和上下文关系密切，具有较强的关联功能。

1. 惊讶、意外

(137) 甲：你们可以尽量打，我有一千发子弹。
乙：你有一千发【啊】［降调］[1]。

（屈承熹例，2008）

(138) 你是老师【啊】！看起来很年轻，倒像一个大学生。

(139) "王眉"，我也气哼哼地说，"你在你们乘务队都给我造成了什么坏影响？"
"没有【啊】［降调］。"
"你瞧你们屋这主儿，对我多凶，好像我怎么虐待过你似的。"
"没有没有。我在她们面前一直都说你好。"她笑着对我说。

（徐晶凝例，2008）

"'啊'，作为语气词的作用，其实主要在于'传递说话者的一种情绪'，这一情绪，以'惊叹'（惊讶、感叹）为主。"（邵敬敏，2012）例(137)当听者乙刚刚得知言者甲还有"一千发子弹"这一新信息时，超出了听者的认知预期，引发乙的惊讶情感，乙的话语可以理解为"你有一千发子弹啊，我真没想到"。

---

[1] 根据实验语言学研究的成果和谢志强（1991）、屈承熹（2002）的观点，"啊"在语调上有升调和降调之分。如：我告诉你啊［升调］（有别于与不告诉别人，断言，提供信息），那座山有个金山。我告诉你啊［降调］（"啊"前谓词重读，用于劝告、说教、警告等），做人不能贪心。当有区别意义时，我们会用［升调］［降调］做出标注，没有区别意义时，例如在疑问句、感叹句中则不作标注。

例（138）在言者的认知中，听者不会是老师，该命题为真的可能性应该很小甚至不可能，但听者现实中的教师身份与言者认知的不协调，刺激言者产生了"惊讶"的情感，该句可以理解为"你是老师啊，我真没想到"。例（139）"我"突然向"王眉"发出质问，主观认定"王眉"说了"我"坏话，这与"王眉"的认知——根本没有说"我"坏话——不一致，激发"王眉"产生了"为何这么问我"的"惊讶"，可以理解为"我根本没有说你坏话，你却质问我，我真没想到"。"啊"所体现的"惊讶"反映了"王眉"的无辜，顺应了语境效果。所以"没有啊"是一个主观表达，这和下文"没有没有"形成对比，"没有"的重叠式是一个客观表达。屈承熹（2008）认为"啊"带降调时，标示该句是针对言者自己而发的，"啊"有表"惊讶"语气。这与我们的观点基本一致。"啊"的"惊讶"情感主要用于陈述句、感叹句、是非问句中，一般"啊"前成分要重读。和"惊讶"密切相关的情感是"意外"，又如：

（140）孙国仁很兴奋，指着元豹介绍说，"这就是唐元豹，咱们国家新选出的头号男子汉，你一定在电视上见过他。""你就是唐元豹【呀】？"
（141）"你还真要这样【呀】？我还以为你是说着玩呢。"
（142）A：毕业以后，我想去军营里待个几年。
B：你想去当兵【啊】？

例（140）可以理解为"我知道唐元豹，但是你说他就是唐元豹，我真没想到"；例（141）理解为"我还以为你说着玩呢，你却来真的，真没想到"；例（142）"之前不知道你有当兵的想法，现在你告诉我要去当兵，真没想到"。可见，所谓"惊讶""意外"的情感，从认知上看，就是现实域中的信息和认知域中的预期信息不一致造成的。这些句末"啊"在表示"惊讶""意外"的情感之外，还有"求证"或"求应"的篇章功能。徐晶凝（2008）认为是非问句中"啊"表示的仍然是"强传信式的告知求应"。但是邵敬敏（2012）通过实验语言学和对比的方法，证明了是非问句中的"啊"有"惊疑"（又惊又疑）和"求答"的双重功能，除了"惊叹"外，还承载着疑问信息。两者观点似乎有点矛盾，如果是非问句中的"啊"有传疑功能，那么"强传信"就难以成立。实际上，徐晶凝（2008）已经意识到是非问中"啊"有表示"怀疑""没有把握"并"要求证实"的意思，这似乎证明了邵敬敏的观点。

2. 着急、不耐烦

（143）三十八床的病人问："刘医生啊，我都住进来三天了，哪天开刀【啊】！床位费好贵的哎！"
（144）老公：老婆，我钱包在哪儿？
老婆：在房间，你找找。
老公：（找了一段时间，没找到）我钱包在哪儿【呀】？

赵元任（1979）、吕叔湘（1999）也认为"啊"有表示"不耐烦"的功能，但都限制在陈述句中。王彦（2006）还通过语音实验的方法，证明了"不耐烦的陈述"和一般陈述句在音高、音长、和能量上的语音差异，"整句基频起伏较小，句末的'啊'呈平调延展，起伏也较小，可以视为中平调"，"啊"的时长长于一般陈述语气中"啊"，能量也强于一般陈述句中"啊"。除了陈述句外，非是非问句中的"啊"也有传递"不耐烦"情感的功能。例（143）特殊疑问句所表示的意思是"我已经住了很长时间了，还不开刀，我等不及了"，句末"啊"委婉地向听者表露出言者"不耐烦"的情感。例（144）"老公"根据"老婆"的提示，找了一段时间，还是没找到"钱包"，该语境激发了"老公""不耐烦"的情感，并再次向老婆询问，和第一次询问比起来，句末"啊"就赋予了第二次询问"不耐烦"的情感倾向，意思是"你快告诉我，我钱包在哪儿"。邵敬敏（2012）认为该句句末"啊"有"追问"的功能，其实"追问"是在言者"不耐烦"情感驱动下所实施的交际意图，还不是"啊"的本质功能，"不耐烦"的传情功能才是该句中"啊"的本质功能。一般情况下，句末"啊"表露"不耐烦"的传情功能主要用于熟悉度比较高的交际主体之间。

3. 调侃

（145）"够勤快的【啊】，主动打扫卫生【啊】？"刘梅见状，先挑破了窗户纸。

"我找东西呢。哎，你见没见过……甭问了，你肯定没见过。"

"你怎么知道我没见过【啊】？这么宽，这么长……不就一破盒子嘛。"刘梅指了指夏雪的卧室，"是不是……小雪装铅笔的文具盒？"

"哎呀，不是那个，是个首饰盒。"

"首饰盒？哟，你一大男人，是给自己买了枚胸针，还是打算弄副耳环戴戴【啊】？"刘梅<u>忍住笑</u>，继续<u>打趣</u>他。

例（145）是一个典型的调侃语篇。句末"啊"具有顺应这一语境的功能，并参与调侃的构建。"够勤快的啊，主动打扫卫生啊"，属于"没事找话说"，不需要听者做出回应，其交际意图不在于传递命题信息，而在于人际功能的考虑，"刘梅"明明知道"老公"是在找前妻的首饰盒，却故意夸奖他勤快、打扫卫生，言语表达和心理认定之间的反差引发了调侃，并通过句末"啊"凸显出来。如果删除"啊"，调侃的语效就不明显。句末"忍不住笑""打趣"等语境线索和"调侃"的情感可互相呼应。句末"啊"表露"调侃"情感的传情功能主要用于关系密切的爱人、朋友之间。

（二）如何表达言者的视角

"视角就是说话人对客观情状的观察角度，或是对客观情状加以叙说的出发点"（沈家煊，2001），视角的主观性主要通过"体""时""代词"等语法形式以比较隐晦的方式体现出来，分别体现了说话人时间视角、空间视角或人称视角等。语气词"啊"的言者视角主要体现在三个方面：对交际中信息的自我占据；交际中信息流向的空间视角；言者对"量"的主观体验。

由于言者占据信息，即言者为信息的权威者，对信息确信不疑，可以理解为"我明确告诉你……"有时在句法上会出现体现自我视角的第一人称代词，可以用于各种句类中。

（146）那时候我哪有什么压力【呀】，我看王贵的思想负担比我还重。

（147）至于让我做不仁不义的事，请老板放心，我李嘉诚决不是那种人【啊】！

（148）要做好一个丈夫、一个儿子、一个公职人员，真难【啊】！

例（146）是反问句，实际上表达的是断言"那时候我没有压力"，句末"啊"体现了对信息认定的自我视角，从言者视角看，该信息是不可置疑的，即"我明确告诉你，那时候我没有压力"。例（147）句末"啊"体现了言者对"我李嘉诚绝不是那种人"的主观认定，可以理解为"我明确告诉你，我李嘉诚不是那种人"。例（148）是感叹句，"啊"具有双重功能，除了表示感叹的主观情感外，还体现了情感体验的自我视角，可以理解为"我明确地告诉你，真难"。在交际中，信息流向的空间视角是以言者为空间参照点从言者流向听者。"啊"信息的空间流向通过和"吧"比较可以窥豹一斑：

第三章 语气词"啊"的人际语用功能

A. 董事长明天来【啊】。(确信,提供信息,以言者为参照点,信息从言者流向听者)
B. 董事长明天来【吧】。(不确定,猜测求证,以言者为参照点,信息从听者流向言者)

"啊"的视角主观性还表现在对"量"的主观体验上。"同样是半瓶酒,乐观者说还有半瓶,悲观者说少了半瓶,这是对同一客观'量'由于不同的视角形成的不同的主观体验。"(沈家煊,2002)我们在分析句中"啊"的人际语用功能时,指出句中"啊"具有"情感调节"的作用,既可以赋予"客观量(objective quantity)"以主观性,又可以在心理上对"主观量(subjective quantity)"进行进一步的强化,使"主观大量"更"大","主观小量"更"小"。可见,句中"啊"体现了言者对"量"的主观视角。句末"啊"也有类似的主观视角功能。例如:

(149)你们想一想,一个头脑正常的人,会办这种蠢事吗?二十元【啊】[降调]!不是二百、二千,值得我从半年前就处心积虑,制造假象吗?

(150)本科生毕业在北京的工资也不低,一个月也有6000【啊】[降调]!

(151)这是哪啊这么便宜。我们公司菜差得要命,也要6.5元【啊】[降调]。

例(149)"二十元"本是一个客观量,添加句末"啊"以后,"二十元"成了"主观小量",这是言者视角主观体验的心理结果。例(150)、例(151)语气副词"也",赋予了客观量以"主观大量"的特性,去掉"啊"这一特性仍然存在。句末"啊"的选用进一步强化了"主观大量",从言者的主观视角使"主观大量"更"大",从而有效顺应"工资高""菜很贵"的语境。

（三）如何表达言者的认识

主观认识是概念在抽象认知域的投射，主要与情态动词、情态副词和连词有关，目前这方面的研究成果最多。语气词如何体现言者的认识，目前还没有太多涉及。学界从传信范畴研究语气词的传信功能实际上可以视为语气词的主观认识研究，例如"吧"的"不确定"义体现的就是言者对命题内容的主观不确定认识。至于句末"啊"，我们认为表达言者的主观认识体现在两个方面：强化和显而易见。

1. 强化

我们在分析句中"啊"时，提到了句中"啊"的强化认识、强化情感的主观功能，按照沈家煊（2001）的观点，"所谓'强化'，确切地说应该是'说话人主观上认定'"，所以句中"啊"的"强化"功能实际上体现了言者的主观认识。这一点以感叹句及祈使句末"啊"表现得尤为明显。例如：

（152）我真是无语【啊】！这种纪念方式也太特别了吧？

（153）今天十三姨送来的是粽子，真是实惠【啊】！薄薄一层米，里面裹满了香菇、五花肉、板栗和蛋黄。

（154）多好的战士【啊】！100元钱，对于"大款"只是牛身上拔根毛，而对于当时的战士，相当一年的津贴费。

（155）吴先生：火车站华夏大酒店这边有七八个人在推销化妆品，他们拉住过路人不放，介绍产品功效，然后就叫人买，真烦【啊】！

（156）"不行【啊】，我这边还有课，顶多一个礼拜就回来了。"

（157）能认识这么好的姑娘，还能娶回家，你八辈子修来的福【啊】！

例（152）—例（155）基本都是感叹句。感叹句主要用于表达言者对命题内容的强烈情感，句末"啊"在该句情感基调基础上进一步强化情感，使美者更美，恶者更恶，以引起听者情感上的共鸣和认可，充分体现了言者的主观性。例（156）为应答语，例（157）是祈使句。虽然根据徐晶凝（2008）的调查，句末"啊"用于祈使句的比率最小，但强调式祈使句句末主要出现"啊"及其变体，"如果用'啊'，强化话语强度，则更易表达'祈使'的规约推断义，使交际目的变得更明确"（齐沪扬，2005）。话语加了"啊"会使命题信息成为事实，更具说服力（陈开举，2002）。这些都证明了句末"啊"具有强化言者主观认识的功能，强化蕴含着对信息的确信，具有强化功能的句末"啊"也有确信的主观认知功能。在句法上常有表示高值情态成分与之共现，如"真是""千万""多么"等。

2. 显而易见

（158）大师兄正好过来，听美小护嘟嘟囔囔，突然就问："你在哪看到他的呀？"

"18 楼【啊】［升调］！"

（159）老公：老婆，我刚买的那本书在哪儿？

老婆：在书房【啊】［升调］。

（160）安娜停下手，眯着眼睛，歪头看看，"掉就掉呗，你多点头发少点头发对整体局面没什么影响【啊】［升调］！本来基础就不好，缺了哪儿不怎么看出来的。"

上例句末"啊"前的信息为交际主体根据常规信息、已有认知可以简单推论的信息。在应答者的认知中，该信息的可及性很高，是"显而易见"的信息。话语交际中应答者通过句末"啊"的选用来体现自己对信息显而易见的认知，主要用于关系密切的交际主体之间及应答式的陈述句中。此时，可以在话语前增添"还用说吗？/很明显……"具体来说，例（158）交际主体听说双方是关系十分密切的同事，平时都在18楼工作，在应答者"美小护"看来，"大师兄"应该很快推知在哪儿见到"老板"的，"啊"前成分"18楼"应该是显而易见的信息，不需要提问。可以理解成"还用说吗？18楼"如果将"啊"去掉，变成"18楼"，这样就成了以提供信息为主的客观应答，言者"显而易见"的主观认知无从体现。例（159）交际主体是老公和老婆的关系，在老婆的认知中，"刚买的书在书房"应该是"显而易见"的。可以理解为"还用说吗？在书房"。例（160）交际双方也是关系密切的夫妻，在安娜的认知中，老公少些头发多些头发一个样，老公长得不好看是"显而易见"的。可以说成"很明显，多点头发少点头发没影响"。在具体交际语境中，明明显而易见，无需多问的事情却被提问，往往会引发听者不耐烦的情感倾向。正因为如此，所以，上述三例中听者在回应言者时或多或少带有负面情绪。

三 句末"啊"的提示功能

所谓提示，"就是借助拓展新信息的思考，围绕说话人的观点、立场或看法进行充实、完善"（何自然等，2006：341）与之相关的另一个概念是"提醒"。"提示"和"提醒"是一对近义词，"提示"重在"示"，即展示出来，表现出来。"提醒"重在"醒"，即要注意，要意识到。从语言学角度看，"提示"是将语言符号表达的信息表现出来，"提醒"是一种言语行为，和语言环境关系密切。语气词作为一种语言符号、作为话语标记可以表现出多种功能，提示一些命题之外的信息，但一般不能单独行使某种言语行为，必须和一定言语场景结合。所以，我们的观点是："提醒"是"提示"场景化的语效，是"提示"的目的。在表述语气词的功能时，"提示"可能比"提醒"更准确、更严谨。

在言语交际中，交际主体可能忽略或短缺某一信息，言者会根据自己的认知或需要通过一定的语言成分引起听者注意，或围绕言者的立场、观点或情感倾向充实相关信息，以实现提示对方并获得认可接受的目的。句末"啊"通过传情功能吸引听者注意,提示已经知道、应该知道或希望听者知道的某种信息。如果不用句末"啊"则成为直接的、客观的陈述,提示功能消失。

(一)提示功能的类型

句末"啊"的提示功能主要表现在言者的态度立场、社会身份、认知状态、理由依据、行为或行为后果等方面。

1. 提示注意自己的态度、立场。例如:

(161) A1."我怕小孩畸形。"
B1."可你要是不吃这个药。连小孩都不会有啊!"
A2."可吃多了生个畸形小孩也不行【啊】!"

(162) 大师兄说:"我去是政治任务。许局长太太三叉神经痛,在18楼,要我过去看一下。这可不是我要去的【啊】,是领导的钦点。"(申明)

(163) "爸爸老啦,孩子啊!"王贵摸着我的头,声音里竟有些凄凉。

安娜哈哈笑了。"你该高兴【啊】!你终于等到这一天了。"

例(161)A2"啊"提示注意自己"不要畸形小孩"的态度,可以说成"别忘了,吃多了生个畸形小孩也不行","啊"前内容为听者应该知道的信息;例(162)句末"啊"提示注意自己"不去"的立场,"啊"前内容为言者希望听者知道的信息;例(163)提示注意自己的立场是"你该高兴",可以说成"别忘了,你该高兴","啊"前内容为言者希望听者知道的信息。删除上述例句中"啊",都会变成传递信息的事务性陈述。

需要指出的是,例(162)"啊"似乎有"申明"功能,也可以理解成"我申明,这不是我要去的"。所谓"申明"功能就是言者基于某种预设主动提供听者不知道或不具备的信息,以规避某种后果,在句法形式上往往会出现"可不是""并没有"等否定表达。例(162)"大师兄"预设去看"局长太太"可能被同事误会"我要去的",通过句末"啊"的选用,提示听者注意"不是我要去的"这一否定信息,以达到让对方知悉,表明自己立场的效果,从而有效避免被大家误会的后果,所以"申明"是提示功能在提醒的基础上,结合特定语境进一步引申的结果。"啊"前为否定形式,否定的是言者的预设。"啊"在特定语境中,从提示到申明的动态过程可以图示如下。(见图3.6)

```
                   听者不具备某一信息        可能误会的语境
"啊"的提示功能  ──────────→  提醒  ──────────→  申明
```

图3.6 "啊"表"申明"的衍生过程

2. 提示注意自己的社会身份。例如:

(164)李主任委屈得不行,我们一面批判他,他还一面申辩:"(A1)我是外科大夫【呀】[降调],不是老中医或者内科大夫,(A2)我这个不需要问长问短的【呀】[降调],来我这里总归就是为了看病,瘤子拿掉了你什么症状都没了,瘤子拿不掉,我说一箩筐话,你还是难受呀!"①

(165)画家被警察抓住后,自恃"地位"较高,还会很得意地说:"我可不是民工【啊】[降调],我是画家。"不料警察说:"那就太好了,抓的就是画画的,跟我走……"

例(164)A1、A2句末"啊"提示听者注意言者的"外科大夫"职业身份和职业特点,可以理解为"别忘了,我是外科大

---

① "呀"为"啊"的变体。

夫……我这个不需要问长问短的"。但是在该语篇中"李主任"的言语意图是为自我"申辩",这样一来,例(164)句末"啊"似乎有"提醒"和"辩解"双重功能的意味。但是,为什么例(164)在语境中确定为"申辩"呢?这关键要看语境特点。在例(164)中,言者"李主任"是受到了病人的投诉、我们的批判,属于会引起冲突的质疑语境,此时句末"啊"的提示功能和质疑语境互动,在"提醒"的基础上进一步引申出了"申辩"功能。但如果语境改变一下,听者忽略了某一已知信息,那么"啊"只会衍生出"提醒"功能。例如:

(166) A:真厉害,那个人胳膊脱臼了,你一会儿工夫就把他治好了。

B:我是外科大夫【啊】[升调],这个是我专业特长。

同样是"我是外科大夫啊",句末"啊"仍然也是"提示注意自己身份",同样也可以理解为"别忘了,我是外科大夫,这个是我专业特长"。但是在例(166)中产生的语境效果却不是"申辩",而是"提醒",所以,我们可以初步得出一个结论:申明、辩解、提醒等是句末"啊"的提示功能在特定语篇中与语境互动整合的结果,并不是句末"啊"的本质功能。"辩解"功能产生的动态过程见图3.7:

"啊"的提示功能 —听者忽略了已知信息→ 提醒 —质疑语境→ 辩解

图3.7 "啊"表"辩解"的衍生过程

例(165)"画家"通过句末"啊"提示注意自己"不是民工"的身份。可以理解为"别忘了,我不是民工","啊"前为否定形式。在表达中,"画家"预设"警察"可能以为"我是民工",担心被误会,所以通过语气词"啊"的提示功能,主动提供否定信息给"警察"以表明立场,避免误会。

3. 提示注意自己的认知状态。例如:

(167)"这就是你说的伟大母亲吗?"夏雨把刘星拉到一旁质问。
"我也没想到【呀】。"刘星辩解道。
两人想退货,春花却说给了钱才能走……(辩解)
(168)"路子,这可如何是好呢?""你问我,我也不知道【啊】。"

例(167)当"刘星"看到清回的"母亲""春花"后,和自己之前的认知完全不一样,"我也没想到"表达的是"刘星"的惊讶、意外认知状态,面对"夏雨"的质问,"刘星"通过句末"啊"和上文进行关联,并提示"夏雨"注意自己"也没想到"的认知状态为自己辩解,带有"无辜"的味道。可以理解为"你知道,我也没想到"如果略去句末"啊"就成为直接的客观回应,提示注意的功能就消失了。例(168)"我也不知道"是"路子"的认知状态,句末"啊"起到提示作用并赋予"我不知道"以"显然"的主观意味。

4. 提示注意自己的理由依据。例如:

(169)鲁豫:品牌找你让你穿他们的衣服吧?<u>为什么选择穿大齐做的呢?</u>
周迅:因为心意【啊】,心意比什么都重要。
(170)苏苹一脸不解:"你<u>怎么都知道?</u>"他抱着她走向他的车子。
"因为我是你的神【啊】!"

例（169）、例（170）句末"啊"前信息都是解释原因的，是对上文疑问点的回应，句末"啊"意在提示听者注意自己的理由依据，从言者的视角看，这些理由依据是不可置疑，显而易见的。"解释"功能不是句末"啊"带来的，删除句末"啊"，"解释"仍然存在。

5. 提示听者注意自己的行为或行为后果。例如：

(171) 甲：现在的房子太贵了，买不起。
乙：再贵也要买【啊】，不买，你在哪儿结婚啊？
(172) 院内调解员闻讯赶来，拿着公约对小严说："照顾老人、小孩，这是公约里咱们一起订的，你也要遵守【啊】。"
(173) A1："我怕小孩畸形。"
B1："可你要是不吃这个药。连小孩都不会有【啊】［升调］！"

例（171）"啊"提示对方注意"要买"的行为，有"啊"和无"啊"的差异是，无"啊"直接告知，有"啊"则为善意的提醒。例（172）"啊"提示听者注意自己"要遵守"，例（173）"啊"提示听者注意"不吃药"的行为后果。在句子层面，往往带有情态动词，如"要""应该""会"等。

（二）"啊"与提醒、辩解、申明等之间的关系

目前，学界主流观点认为句末"啊"用于陈述句、祈使句时，具有"提醒""辩解""申明"甚至"解释""劝解"等功能。通过上面的分析，我们可以看出"提醒""辩解""申明"等并不是句末"啊"本身具有的功能，而是句末"啊"结合句义在特定语境中整合产生的不同语境效果。从话语角度，句末"啊"起提示功能，主要用于接话话语对中。那么句末"啊"在什么情况下会衍生出"提醒""辩解""申明"等语境效果呢？这个问题是以前研究

没有注意到的。

我们认为这里主要涉及三个方面的因素：提示的信息状态、提供方式以及语境特点。其中信息状态一般分为新信息和旧信息，具体到话语交际中，可以细分为言者/听者已知、言者/听者未知、双方共享信息等；提供方式分为主动提供和被动提供；语境特点则根据引起人际关系的类型分为强冲突语境（如质疑、争论、批评、警告等）、弱冲突语境（误会、建议、嗔怪等）、中性语境（解释、陈述等）以及和谐语境（提醒、赞美、夸奖等）。

综合上面的分析，句末"啊"与"提醒""辩解""申明"之间的静态关系见表 3.5：

表 3.5　"啊"与"提醒""辩解""申明"的静态关系

变量		信息状态	提供方式	语境类型	话语结构	
啊	提示功能	被忽略的已知信息/应知的新信息	主动	中性	引发句、接话话语	提醒
		共享信息/不同信息	被动	强冲突	接话话语	辩解
		与预设相反的信息	主动	弱冲突	接话话语	申明

可以看出，句末"啊"的提示功能体现了对听者认知状态的时刻监控。在话语交际中，信息是否属于听者共享的，还是自己独有的；是被听者忽略的，还是听者对言者预期的；言者需要根据交际意图随时关注听者的认知状态、比对双方信息的关联。这正是"啊"交互主观性的体现。这样，"啊"和"提醒""辩解""申明"[①] 在语境中的动态关系可以进一步图示如图 3.8：

[①] 需要指出"提醒""辩解"和"申明"之间是非离散的，彼此之间的界限并非泾渭分明，十分清晰的，而是"中心区域清楚，边缘区域混沌"的状态，所以有时在一定语境中也难以做出明确的区分。

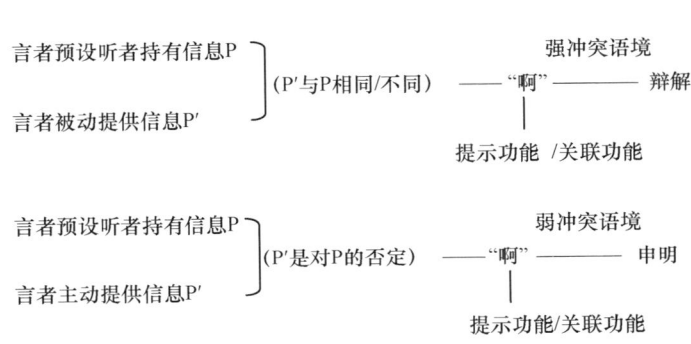

```
听者忽略或没有信息P  ⎫                        中性语境
                    ⎬ (P′与P相同)———"啊"———提醒
言者主动提供信息P′    ⎭           │
                              提示功能/关联功能


言者预设听者持有信息P  ⎫                       强冲突语境
                    ⎬(P′与P相同/不同)———"啊"———辩解
言者被动提供信息P′    ⎭            │
                              提示功能/关联功能


言者预设听者持有信息P  ⎫                       弱冲突语境
                    ⎬(P′是对P的否定)———"啊"———申明
言者主动提供信息P′    ⎭            │
                              提示功能/关联功能
```

图3.8　"啊"与"提醒""辩解""申明"的动态关系

四　句末"啊"的缓和功能[①]

Li & Thompson（1981）、储诚志（1994）、刘月华（2001）、齐沪扬（2005）等认为句末"啊"有"缓和功能"，并将"缓和功能"上升为"啊"的核心意义。屈承熹（2002）虽然对这一观点持有异议，指出"和缓功能"并不具有普遍性，难以适合所有场合。也就是说，屈承熹否定的是"缓和功能"的核心意义地位，而不是否定句末"啊"的"缓和功能"。根据对语料的考察，我们发现句末"啊"的"缓和功能"主要用于非是非疑问句和祈使句中。

(174) 晚饭的时候，两个孩子突然宣布，他们要换个靠谱一点儿的偶像。

"谁【呀】？"小雨忍不住问他俩。

[①] 此节部分观点刊于《汉语学报》2022年第3期，题为：《缓和、强化、顺应——"啊"语气功能辩》。

"莎士比亚。"两人的异口同声，让老夏两口子差点儿喷饭。

（175）"站住。"刘梅只好叫住他，"这一大早你去哪儿【啊】？"

"我和鼠标他们约好了去送苏婷婷，她今天转学去南京。"刘星把手里的洋娃娃一举，"这就是送给她的礼物，您说好看吗？"

（176）我们不知她在说什么，她说她刚才看到二师兄的时候在他屁股上摸了一把，结果他居然像触电一样逃开，嘴巴里还说："小美同学，请你自重【啊】！"

（177）"不管老师说什么，您就当自己得了老年健忘症，记住了【啊】。"

陆俭明（1985）认为"啊"用于非是非问句时，"并未增加疑问信息量"，所起的作用是"缓和语气"。例（174）、例（175）都是特殊疑问句，如果将句末"啊"去掉，就显得十分直接生硬，因为这个"啊""口气显得和缓，减少了直接询问的突兀和无礼"（邵敬敏，2012）。例（176）、例（177）则是典型的祈使句，袁毓林（1993）专门研究了祈使句的句法特征：主语为第二人称或第一人称复数；动词具有［＋自主］［＋可控］的语义特征；动作行为具有［未来执行］的……；听话人在场。这两例就完全符合。在话语交际中，祈使句是言者期望执行、指使听者执行某种行为，体现了言者的行事用意，违反了Spencer-Oatey"和谐管理模式"中的"自主—控制原则"（autonomy-control），会威胁到听者的面子，不利于和谐关系的建立。所以，例（176）、例（177）略去句末"啊"则"请你自重""记住了"成了命令行为，语气直接强硬，会威胁到对方的面子。添加句末"啊"以后，多了一分亲切的提醒，这不仅有利于听者接受施事某一行为，还有利于拉近交际距离，缓和对听者面子的威胁力度，这也体现了"啊"的交互主观性。

五　句末"啊""吧"缓和功能的差异

在祈使句中,"啊"和"吧"都可以用于表示请求、命令、建议等言语行为句,那么它们有什么区别呢?请看:

a 快走!
b 快走哇!
c 快走吧!

从传信强度看,a 句是命令句,命题内容的信度没有商量的余地,驱使对方执行命题行为;b 句增添了语气词"啊",在保持命题信度的情况下,额外添加了言者某种情感倾向,体现了"啊"和语境的互动。c 句使用的是语气词"吧","吧"的弱传信原型意义,使得 c 句的命题信度减弱,进而增加了话语的可商议性和听者对话语的决定权,既在一定程度上弱化命题的信度,又缓和了命令的驱使力度,维护了听者社会自我,体现了语气词"吧"和命题、语境的多层次同步互动。也就是说"吧"的缓和功能是通过弱化命题信度和增强话语礼貌度这两个维度同步进行来实现的,而"啊"主要通过添加情感来缓和,没有可商议性。

因此,"啊"的缓和力度没有"吧"强,在礼貌等级上比"吧"弱。齐沪扬(2005)通过对祈使句末语气词的分析,也提出了相似的观点,指出"相比较而言,'啊'更强地表达了说者的主观性,在礼貌度上要低于'吧'"。但是,用于应答语时,"啊"的确信力度强于"吧",如"好啊" > "好吧"(">"表"强于")。

六　句末"啊"的语境顺应功能

语境顺应是指"语言使用过程中语言选择必须与语境相互顺应"(何自然、冉永平,2009)。顺应"意味着语言选择以策略为参照，以满足交际需要为目的。这种顺应性具有双向性：语言成分的选择顺应语境；语境的选择也顺应语言成分"（袁周敏、陈新仁，2013）。Verschueren（1999：76）将语境顺应图示如下：

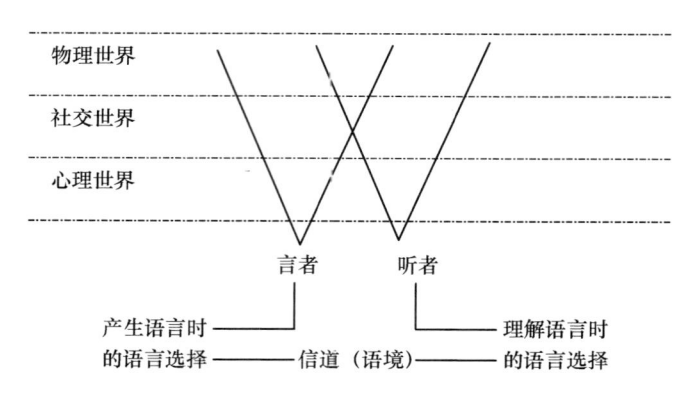

图 3.9　Verschueren 的语境顺应图

根据图 3.9，语境的存在是以言者和听者为先决条件，只有言者和听者"在场的情况下，才有思想交流，才会使用语言，语境才会被激活"（何自然等，2006：479）。物理世界中的时空关系，即何时、何地、美女、帅哥等因素会影响语言的选择。社交世界里的文化规约、人与人之间的关系和谐或冲突、交际对象的权势与地位等因素会影响人的言语行为。心理世界里交际双方的情绪、性格、个性、情感倾向等认知因素也是语境的组成部分，制约着语言的使用和交际。"信道（语境）"指的是语言语境。Verschueren（1999）的语境顺应图揭示了语境的动态性、语言选择的动态性以及语境和语言的互相依赖性，为分析语气词"啊"的动态性、语境依赖性、多功能性提供了科学的理论支撑。我们认为语气词"啊"语境顺应功能至少有两个方面：情感调节和语用身份构建。

（一）情感调节

前文我们提到"啊"有"强化"认识的主观性。似乎"缓和功能"和"强化功能"看起来有点矛盾。其实不然，两者分工合作，相得益彰。"缓和功能"侧重"缓和威胁"，落脚点在"人际关系"上，体现了交互主观性；而"强化"功能侧重"强化情感"，落脚点在"命题的语力"上，体现了主观性。"缓和功能"和"强化功能"共存恰好说明了语气词"啊"的情感调节功能。齐沪扬（2002）也提过类似的观点，指出"啊"在所有句类中，其基本功能是加强或延缓语气。在话语交际中，句末"啊"的功能到底是"缓和"还是"强化"，是一个动态顺应的结果，还要视具体语境而定。当在和谐友好的语境中，言者选用"啊"是为了"强化"积极情感，例如感叹句中"啊"；在冲突语境中，言者选用"啊"可能也是"强化"消极情感，例如使警告更严厉或反问语力更强，但也可能是"缓和"话语冲突，尤其交际双方熟悉度低的情况下。所以，语境关系中的社交世界（social world）和心理世界（mental world）都会影响语气词"啊"在语境中的功能，语气词"啊"的功能要在语境制约下协商①，是动态顺应的过程。这充分体现了语气词"啊"的语境顺应功能。甚至，"啊"用于同一命题末尾，在不同语境中也会有不同功能。以"你没看过【啊】"为例。请看：

（178）"曾柔姐姐，以后你练功的时候我也看看你是不是也是这样，嘻嘻，你一定也是一个观世音！""你尽在胡说，我练功，你没看过【啊】［降调］？"曾柔和张雪斗起嘴来。（调侃）

（179）二师兄立刻站起来说："农夫和蛇的故事你听说过吧？你不怕他到时候反咬你一口？这个人和他的家属什么德

---

① Verschueren（1999）指出语言具有三个特性：可变性（Variability）、协商性（negotiability）、顺应性（adaptapility）。"协商"就是"协商性"，意思是语言的选择不是基于机械的或固定的结构功能关系做出的，而是交际语境中完成，意味着语言选择的不确定。

性,你没看过【啊】[降调]?他们现在这是求到你,用不到你的时候马上翻脸,我告诉你,下一个打的就是你!刚打完左脸,你右脸就伸过去。"

(180)<u>看什么看</u>,夫妻吵架,你没看过【啊】[降调]?

(181)(语境:在电影院,两个<u>陌生人</u>在谈电影)

路人甲:哦,你说《唐山大地震》啊!

路人乙:啊?里边还有文章啊!

路人甲:是冯小刚拍的吧。

路人乙:不对呀,他们说有文章!还挺不错的。

路人甲:……

路人乙:你没看过【啊】[升调]?

例(178)提供的是一个弱冲突语境,这一点从语篇线索"斗起嘴来"就可以看出来。语篇中交际主体之间的关系是姐妹关系,关系密切,熟悉度高,权势关系同等。"曾柔姐姐"在回应"妹妹""要看她练功"时,用反问句"你没看过啊"责怪"妹妹尽胡说"。但呼语"曾柔姐姐"、拟声词"嘻嘻"以及"观世音"等展露积极情绪的表达表明交际主体在线交际时是积极的心理状态。句末"啊"在亲密的社交世界和积极的心理世界等语境因素的制约下具有"缓和"功能,使得"指责"中带有"调侃",留有"亲切",如果将句末"啊"省去,指责的语力就比较直接强硬,"调侃""情切"的意味就消失了,可见,句末"啊"负载着"缓和"指责力度,流露"调侃""亲切"的功能。但是,如果反过来,交际主体持有的是消极的情感倾向,那么"啊"就是"强化"。我们将流露积极情感倾向的词语略去,增添一些体现消极情感的表达,例如:

(178′)"以后你练功的时候,我也看看你是不是也是这样!"

"胡说，我练功，<u>你看什么看，你没看过【啊】[降调]</u>？"

　　此时，句末"啊"起到强化反问语气，增强指责语力的作用。通过对比例（178）与例（178′）就会发现，在人际关系、权势关系不变的情况下，语境的情感基调决定着句末"啊"的"缓和"与"强化"功能。

　　例（179）是一个强冲突语境，听说者之间是熟悉度比较高的"医生"和"护士"，同时也是不平衡的权势关系，"医生"为"强权势者"，"护士"为"弱权势者"。言者"二师兄"通过一连三个反问句和第二人称"你"指斥听者，咄咄逼人，指责的语力不断增强，毫不顾忌给听者面子或双方的人际关系带来的威胁，违背礼貌原则。句末"啊"在该语境中起强化指责语力的作用。徐晶凝（2008：149）曾指出"啊"在礼貌量表上是一个低值（low value）形式，所以一般用于关系比较亲密的人之间，其作用主要是为了保持或建立一种亲密的关系。但实际上例（179）中的"啊"并没有维持亲密关系的作用，相反增强了对同事间亲密关系的威胁力度。这主要是因为"啊"的选用除了受人际关系的制约外，还要考虑"权势关系"、情感倾向等语境因素。语言交际中，言者和听者之间权势关系不平衡，必然会影响话语的选择。例（179）中"强权势者""医生"选用"啊"强化指责"弱权势者""护士"的力度，是顺应其"强势"语用身份与"气愤"情感倾向的需要。但是，反过来，如果"医生"当时不是"气愤"的情感倾向，而是"有点儿生气"，这时"啊"就起"缓和"的作用。我们可以在强冲突语境中，删去强情感的反问排比句，增加一些表现"有点儿生气"的表达，例如：

　　（179′）二师兄立刻站起来说：<u>哎呀，小美啊</u>，这一家病人不能收，治不好他们会打护士的，上次的事，你没看过【啊】[降调]？他们现在这是求到你，用不到你的时候马上翻脸……

此时，句末"啊"起缓和功能，嗔怪中带有关爱和提醒。删去则语气直接，"关爱"消失。通过与例（179）对比，在人际关系、权势关系等语境因素不变，情感倾向由强消极弱化为相对消极时，句末"啊"的功能就发生了改变，由"强化"转为"缓和"。

最后，我们看看例（180）和例（181）。例（180）与例（179）相似，也是强冲突语境，句末"啊"具有强化功能，是顺应消极情绪、冲突情感等语境因素的结果。不同的是听说双方是权势关系等同的陌生人。例（181）是弱冲突语境，是两个陌生人对《唐山大地震》的争执，权势平等，但整个交际过程还是合作的、温和的，没有出现强烈的消极情绪，因此交际双方心理世界的情感倾向相对消极。情绪、权势关系、弱冲突情感等这些心理语境因素在话语交际中制约着"啊"的功能，同时句末"啊"的功能也要顺应这些语境因素，经过协商后，"啊"定位为"缓和"冲突的功能，而且赋予话语"惊讶"的主观情感。

可见，在冲突语境中，"啊"的情感调节作用是语境顺应功能的体现，"缓和"抑或"强化"是要受到语境关系中"社交世界""心理世界"等因素的制约，反过来又会顺应这些语境因素的需要，是双向选择的结果。即使"啊"位于同一话语之后，在不同语境中也会有不同的功能，这清楚地说明了语气词"啊"语用功能的动态性和高度语境依赖性。下面将句尾"啊"与冲突语境互动顺应的过程概括如表3.6。

徐晶凝（2008：149）在分析"啊"的缓和功能时，指出公司职员和上司谈话，出于地位的考虑，不会选用"啊"来达到"缓和"的目的。这表明徐晶凝已经认识到权势关系对"啊"的制约，但还不全面。通过表3.6，可以看出，冲突语境中，交际主体的

"人际关系""权势关系""心理世界"等语境因素影响着句末"啊"选用及具体功能,同时"啊"的功能"缓和"或"强化"也是顺应这些语境因素做出策略选择的结果,语气词"啊"和语境关系之间是互相顺应的关系。这是从纵向观察上表得出的结论,观察的是每个单项语境因素。我们再来横向、纵向综合比对观察,看看多项语境因素在交际中共现时,对语气词"啊"的影响。

表3.6　　　　　句末"啊"与冲突语境互动顺应的过程

语境因素（冲突语境）							"啊"的功能	
社交世界				心理世界				
人际关系			权势关系					
亲密		疏远	强-弱	平等	弱消极①	强消极		
姐妹关系	同事关系/医护关系	陌生人						
+				+	+		缓和（调侃）	L1
+				+		+	强化（指责）	L2
	+		+			+	强化（指责）	L3
	+		+		+		缓和（嗔怪）	L4
			+	+	+		缓和（惊讶）	L5
			+	+		+	强化（警告）	L6

先比对表 L1 和 L2、L3 和 L4、L5 和 L6,人际关系、权势关系相同,心理世界不同,结果"啊"的功能也不同,说明语境中言者的"心理世界"影响句末"啊"的功能,"啊"要顺应"心理"需要。

再比对表 L2 和 L3、L1 和 L4,在人际关系相同、权势关系不同的情况下,只要"心理世界"相同,"啊"的功能不变,说明交

---

① 心理世界涉及的变量较多,不易细化。在此,我们按照言者在线交际时的心理状态大致分为:强消极、弱消极、中性、积极四个层级。在冲突语境中,言者的心理世界主要表现为"强消极"和"弱消极"两种。

际语境中"心理世界"对"啊"的影响力要强于"权势关系",记为"权势关系"＜"心理世界"("＜"表"弱于")。

最后来比对 L1 和 L5 和 L2 和 L6,在权势关系相同,人际关系不同的情况下,只要"心理世界"相同,"啊"的功能不变,说明交际语境中"心理世界"对"啊"的影响力要强于"人际关系",记为"人际关系"＜"心理世界"("＜"表"弱于")。

这样,我们就可以综合得出另一个结论:

在动态语境中,对语气词"啊"的功能影响最大的是言者的心理世界,言语交际时,语气词"啊"的选用关键要顺应交际主体的心理世界。

具体到"啊"的"强化"和"缓和"功能,我们可以总结为:"啊"的"强化"功能顺应了有强烈情感倾向的语境,"缓和"功能顺应了有弱化消极情感倾向的语境。

(二) 语用身份（pragmatic identity）的构建

"身份"属于社会学概念,指的是人的社会属性,如职业、地位、年龄、角色等。这些体现的都是人的社会身份,体现的是"身份"的本质。而"语用身份是一个人（特别是说话人和听话人）特定社会身份在具体语境中的（真实或非真实）呈现,是交际者（说话人和听话人）在发出或理解特定话语或语篇时选择的结果"（陈新仁,2013）。语用身份强调的是人在话语交际中的身份,例如你的社会身份是"老师",但在向陌生人问路时,在这个临时构建的对话交际中,你的语用身份也是"陌生人",而不是老师。骗子在骗人的话语交际中,其语用身份不会是其真实的身份。所以说,"语用身份"是从言语交际和话语角度关注"身份"交际属性,由交际对象、交际目的、交际效果等因素构建,受交际需求驱动的。"为了满足特定交际需求,交际者会进行特定的语用身份选择,并进而通过话语选择来加以建构,最终达到一定的交际效果。这一过程具有顺应性,即语言使用者往往需要顺应当前语境因素。"（陈新仁,2013）

第三章 语气词"啊"的人际语用功能

根据顺应论，语用身份的构建和语言选择之间是双向互动的顺应关系，即言者在交际中选择什么语用身份相应地就要选择能体现该身份的表达形式、话语方式①，反过来，择定了表达形式、话语方式那么也就定位了语用身份。如上例（179）、例（179′），言者"二师兄"在和"小美"对话中，具有多重身份，可以是亲密的同事，亦可以是严肃的医生，选定了语用角色也就定位了"啊"的功能，"啊"的功能确定了也就明确了语用身份。如果"二师兄"想要凸显"等同的权势关系"和"同事间的亲密关系"，往往会选择积极的情感倾向，用语气词"啊"来"缓和"冲突，以达到情感趋同，维护亲密的人际关系，如例（179′）。但是要想凸显自己的"强权势"地位，"疏远关系"，往往会选择消极的情感倾向，用语气词"啊"来"强化"情感，以达到情感趋异，保持人际距离，如例（179）。所以，一个人在交际中有多个身份时，到底要选择哪个，要和交际语境协商，顺应交际目的。反过来，句末"啊"的选用也就等于确定了言者的语用身份。如例（179），"二师兄"选用句末"啊"，强化了消极情感，此时，"二师兄"构建的语用身份是严厉的、咄咄逼人的"医生"；在例（179′）中，句末"啊"的选用起到"缓和"的作用，此时，"二师兄"是一位富有关爱的"同事"，句末"啊"构建的是"二师兄"作为"亲密同事"的语用身份。

下面我们再结合例句进一步分析句末"啊"语用身份的构建功能。② 如：

（182）三十九床是个七岁的小男孩，今天刚术后醒来，疼

---

① Tracy（2002）称"话语方式"为"话语实践"（discursive practice）。
② Tracy（2002）对参与语用身份的话语进行过归纳，可能考察的对象是英语，所以构建语用身份的话语形式中没有"语气词"这种形式。陈新仁（2013）在 Tracy 的基础上进一步充实完善了构建语用身份的话语形式类型，在词汇形式中，包括了语气词。

痛难忍，无精打采。大师兄走到他面前，夸张地说："哇！你的绷带！<u>你的绷带好漂亮啊！哪个医生给你包的【呀】〔升调〕</u>！头顶上像戴了王冠！我要给你拍张照片留念！"说完举起手机，<u>冲小孩伸俩手指说，茄子</u>！小孩很配合地伸出俩指头，苦苦地咧嘴笑。

例（182）交际主体是"大师兄"和七岁的小男孩，是医生和病患的关系，属于容易产生交际距离的权势关系，其中医生是强权势者，病患是弱权势者。但是在例（182）作为医生的"大师兄"并没有以强权势的"医生"来和小男孩互动，而是选用小孩的动作行为（伸俩手指）和夸奖语气（你的绷带好漂亮啊）等话语实践将自己移情到对方，构建平等亲切的语用身份。在疑问句"哪个医生给你包的啊！"中，选用句末"啊"顺应语境需要，增添了亲切的情感，参与构建了"大师兄"同伴的语用身份，从而拉近了与"小男孩"的距离。如果将"啊"省去，"哪个医生给你包的？"则变成了真实的询问，不仅不能体现亲切的情感，也和语篇情感基调不协调。可见，例（182）句末"啊"既有构建同伴语用身份的功能，又有顺应语境的功能。就交际过程而言，言者根据交际对象的身份及认知状态，运用句末"啊"构建得体的语用身份，拉近人际间的距离，从这个角度看，句末"啊"体现了对对方认知状态和社会形象的关注，具有交互主观性。

七　句末"啊"的核心意义及功能网络[①]

通过上面的分析，可以看出句末"啊"是一个多功能虚词，其意义随着动态的语境发生变化。根据我们的分析，并结合已有的研究成果，从人际域、情态域及话语功能三个方面将句末"啊"的典

[①] 本部分主要观点见于《协商与顺应：传情语气词"啊"与语境的互动》，待刊。

型人际语用功能概括如表 3.7 所示。

表 3.7　　句末"啊"的人际语用功能

句类\功能	感叹句	陈述句			祈使句	疑问句	
						是非疑问句	非是非疑问句
典型功能	抒发情感	陈述事实			驱使	询问	
人际域	共鸣	提示功能			提示功能 顺应功能	缓和	顺应功能
		提醒	申明	辩解			
情态域	强化情感	"确信"、带有某种情感			情感调节	带有惊讶等情感	情感调节
	主观性	主观性			交互主观性	交互主观性	交互主观性
语篇功能	上下文关联、交际互动功能						

可以看出语气词"啊"在话语交际中具有多重功能，既有人际的、情态的，还有话语功能。但是，"语气助词作为语气标记，应该有一个核心的原型意义。该意义能够给语气助词所有的用法一个统一的合理的解释"（徐晶凝，2008）。关于"啊"的核心意义，我们同意传情功能的观点。但需要指出的是，此处的"情"并不是一个句法语义范畴的概念，而是人们的情感（emotion），这种区分是为了将"啊"的传情功能和语气词的情态（modality）功能区别开来，否则容易陷入"所有语气词都有传情功能"这一命题的争论之中。

寻找"核心意义"是为了给"啊"的诸多功能做出统一的解释，找出意义间的关联。正如屈承熹（2008）所说："用对比研究的方法来发现各个句末虚词的'核心性能'（core property），然后再从核心性能，配以本句语义及其语境，进而衍生出各种各样的意义、解释、用法。这样就能将先前所发现的各种意义、解释和用法，归纳在一个有条不紊的系统之中，同时也可以说明，为什么同一个虚词会产生如此多种多样的表层意义。"根据这一思路，结合上述分析，我们将"啊"的核心意义和功能网络总结如表 3.8 所示。

表 3.8　　　　句末"啊"的核心意义和功能网络

形式	命题意义	语境 心理世界	人际关系 亲密	人际关系 疏远	权势关系 强弱	权势关系 等同	权势关系 弱强	语用功能	情感倾向	情感指向	核心意义
P+啊[降调]!/? 你去当兵啊? ①	P 为刚获得的反预期信息	中性	+	−	+	+	−	疑惑/求应/缓和	惊讶/意外	命题	传情功能
P+啊[升调]? 够勤快的啊?	P 为言者明知故问的信息	积极	+	−	+	+	−	求应/缓和	调侃	听者	
P+啊[降调]。在书房啊!	P 为听者轻易可及的信息	消极	+	−	+	+	−	确信/提示	不耐烦/着急	自我	
P+啊[降调]? 书在哪儿呀?	P 为对着急信息的询问	消极	+	+	+	+	−	提示		自我	
P+啊[升调]。/? 明天把办公室打扫下啊。	P 为希冀听者执行的信息	积极	+	−	+	−	+	确信/提示/缓和	亲切	听者	
P+啊[升调]? 小朋友，谁给你的呀?	P 为疑问信息	积极	+	−	+	−	+	求应/缓和		听者	
P+啊[降调]! 我也没想到啊!	P 言者回应听者质疑的否定信息	消极	+	+	+	+	−	确信/强化/提示	无辜	自我	
P+啊[降调]! 太好吃啦!	P 为感叹信息	积极消极	+	+	+	+	+	确信/强化	兴奋/赞叹	自我	
P+啊[降调]!/? 你没手啊!	P 为反问或指责信息	消极	+	+	+	+	+	确信/强化	气愤	听者	

---

① 为了简便，所举用例基本都从前文分析中摘引、概括而来，需要结合前文提供的上下文语境来理解。

句末"啊"是语气词中用法最为灵活的语气词之一。该表将结构、意义和语境结合起来，为把握其语用功能提供了参照系和"抓手"，有利于避免因语感差异造成的不同解读，所列功能和情感倾向可能不是全部，但基本都是最常用的，至少可以说明以下几个问题：

第一，语气词"啊"核心功能是"传情功能"。采用储诚志（1994）"最小差异对比"和"最大共性归纳"的方法，我们会发现语气词"啊"在各种表达中的"共性"是"传情"，"缓和""确信"等都不具有普遍性。如果从普遍性的程度来看，三者的排序应该是：缓和＜确信＜传情。不过，要说明的是"缓和""确信"和"传情"并不是完全分开的，三者实际上存在内在的语义关联。王德春等（1995：67）曾引用康德的观点，认为态度有三种成分：认知成分、情感成分、意向成分。在本书第二章，我们指出，在话语交际中，言者有了某种认知，才刺激产生某种情感，继而产生某种意向，三者间存在内在的语义和心理逻辑，具有语义的一贯性和关联性。语气词"啊"的"确信"是对命题的认识，"传情"是由"确信"引发的情感，"缓和"则是"传情"的语用意向，也是"传情"的一种语用效果。"确信""缓和"都和"传情"有关。

在话语交际中，言者选用句末"啊"（包括句中"啊"）都会留有自我"印迹"，表达之中或隐或现地流露言者的情感。而且，我们基于Verschueren（1999、2008）的顺应论，从语境关系顺应角度说明了句末"啊"的选用关键是要顺应言者心理世界这一语境因素，这从另一个方面证明了语气词"啊"的传情功能才是本质的、原型的功能。正如邵敬敏（2012）所说："'啊'，作为语气词的作用，其实主要在于'传递说话者的一种情绪'，这一情绪，以'惊叹'（惊讶、感叹）为主。""啊"的"传情"核心功能还可以得到历时、共时研究方面的支持。从"啊"的来源看，《康熙字典》的解释是"安贺切，音侉。爱恶声也"。从发音特点来看，"发音时口腔张大,舌位低,气流冲口而出,在实际的生理表现中,它多发于震惊、恐惧、痛苦等情绪之中"(金智妍,2011);从共时平面看,也是现代汉语语气词中唯一一个有"叹词"用法的语气词。"爱恶声""痛苦等情绪""叹词"无不和"感情"相关,难怪胡明扬(1981)将"啊"称之为"表情语气助词"。

第二,句末"啊"的各种语用功能是"传情功能"在和命题、语境互动中产生的,会受到命题意义、语境因素(包括心理世界、人际关系的亲疏、权势关系的类型等)、韵律等因素制约,既有句法—语义层面的,更有语用层面的。"啊"的"强化"功能顺应了有强烈情感倾向的语境,"啊"的"缓和"功能顺应了有弱化消极情感倾向的语境。

第三,句末"啊"所传之"情"是受命题内容、交际对象、语境等因素刺激而引发的,有的会指向命题内容,如"惊讶、意外"等;有的是指向言者自我的,如"不耐烦""无辜"等;还有的是指向"听者"的,如"调侃""气愤"等,是从命题之内走向命题之外的主观化过程,形成了一个主观性连续统。

第四,"啊"主要用于关系密切的交际主体间。当交际主体的权势关系是"弱—强"结构时,弱权势者在和强权势者交际中,很少选用句末"啊",除非弱权势者心理世界极端消极或积极,表达的是"气愤"或"兴奋""赞叹"等比较强烈的情感倾向时。

第三节 "啊"与语气副词的共现

第二章第四节我们以张谊生(2014:60)所列159个语气副词为考察范围,基于典型性和常用性的考虑,同时参照了《新汉语水平考试(HSK)大纲》(2010)和《常用汉语1500高频词语表》(2006)并取其交集,共得出18个高频语气副词(语气副词下标的数字是其频度值,数字越小说明使用频率越高):

还$_{35}$、才$_{83}$、真$_{94}$、还是$_{126}$、一定$_{167}$、倒$_{275}$、终于$_{315}$、原来$_{332}$、

其实[502]、大概[506]、甚至[545]、实在[575]、几乎[715]、本来[736]、简直[793]、到底[923]、千万[1412]、正好[1463]。

这一节我们将继续以这18个高频语气副词为考察对象,根据CCL语料库,以"语气副词＄18啊"为检索测试框架,对这18个语气副词进行了穷尽式的检索测试,截至2016年3月1日检测结果详见表3.9。

表3.9　　　高频语气副词和"啊"的共现例句统计结果

	还是[126]	大概[506]	一定[167]	还[35]	才[83]	终于[315]	其实[502]	到底[923]
啊	495	0	239	1429	912	8	86	231
吧	4150	1504	505	915	329	25	19	15
	千万[1412]	简直[793]	实在[575]	正好[1463]	甚至[545]	几乎[715]	本来[736]	倒[275]
啊	115	32	217	5	21	10	45	87
吧	8	5	4	4	3	2	0	0

除了要注意经常和"啊"组配的副词外,通过和语气词"吧"的比较,我们发现以下几个现象在语法研究、语法教学上更需要说明(见表格阴影部分):

其一,"大概"等揣测类语气副词可以和"吧"大量组配,而和"啊"不能。

其二,"千万""实在""到底"等加强语气副词和"啊"的组合力要强于"吧"。

其三,"本来""倒"等道义类语气副词可以和"啊"组合,却难和"吧"组合。

下面,我们就围绕这些基于语料库发现的语法现象,逐一进行分析。

在第二章第四节我们分析了"大概"和语气词"吧"的选择关系。认为"大概"和"吧"可以共现的内在语义动因是:"大概"的"或然性"和"吧"的"弱传信"存在语义上的"和谐性",符合"语义和谐律"(semantic harmony principle)。但是语气词"啊"具有"确信"功能,位于非疑问句后时,表示的对命题内容的"强传信"。"啊"的"强传信"和"大概"的"揣测或估计义"语义不和谐,所以不能组配。

一 加强类语气副词和"啊"的共现

但是"千万""实在""到底"等加强类语气副词属于高值情态成分,和"啊"的"确信"语义协调一致。不过,这种解释看起来很有道理,但是具体到某个语气副词时,却又显得有些简单。

(一) 千万……啊

(183)(语境:李嘉诚却无法喜欢钟表业,他再也不想待在高升街那家金碧辉煌的中南表店了。)

"阿诚,你怎么总是异想天开呀?"庄碧琴严厉地指责李嘉诚之后又苦苦劝阻,"……我劝你还是安分一点好,<u>千万</u>不能这山看着那山高【啊】!"

(184)马英固执地说道:"不能,我决不能走!我已经联络了十几个人了,我不能把他们丢下一个人逃走。"

马大娘叹了口气道:"好,就由你,<u>千万</u>要当心【啊】!"

(185)老刘紧紧跟上来,对他耳根子又加了一句:"<u>千万</u>不能讲【啊】!你装作不晓得好了。"

(186)莫:你们可<u>千万</u>别误会【啊】,这跟我们这产品没关系。

"千万"表示"恳切叮咛""否定句比肯定句用得多,用于否定句,常跟'别、不可、不能、不要'连用;用于肯定句,常跟助动词'要'连用"(吕叔湘,1999:447)。用于祈使句时,要么劝阻听者停止某种不利行为或想法,如例(183)、例(185)、例(186),要么叮嘱听者执行某种有益行为或观点,如例(184)。从交际意图上看,"千万"表示的都是以"听者受益"为中心,施惠于听者,移情于听者,而"啊"在祈使句中除了表示对命题强传信上与"千万"一致外,还流露对听者的"亲切""关心"等情感倾向,而这又和"千万"的移情用法一致。因此,"千万"和"啊"共现体现在两个方面的和谐:命题信息强传信的一致;语气词"啊"的传情功能和"千万"移情特征的一致。

(二) 实在……啊

(187) 胡仁怀赶回家,抱着女儿泪如泉涌:"乖女,爸来了,你要原谅爸,爸<u>实在</u>是抽不开身【啊】……"

(188) 何碧辉的时间全部用在了病人、产妇身上,<u>实在</u>是无暇顾及写她的论文【啊】!

(189) 粗一看不怎么样,仔细一看,<u>实在</u>有道理【啊】。

"实在""强调事情的真实性",一般重读,和"啊"的"确信"语义一致。"实在……啊"在强调命题信息的真实性的同时,往往带有"无奈""坚信""坚定"等主观情感倾向,并有回应求证的话语功能。

(三) 到底……啊

(190) "中国的金融界还能有第二个宋子文吗?<u>到底</u>还是洋博士【啊】[降调]!"

(191) 机关的年轻干部碰在一起,谈起先念同志来,都不约而同地赞叹:"<u>到底</u>是中央委员的水平【啊】[降调]!"

(192) 当地人得知他们昨天刚到拉萨时,不禁惊呆了,一般情况是到西藏起码要适应三天才能上来,隆子县委书记由衷地感叹说:"<u>到底</u>是解放军【啊】[降调]!"

(193) 刚赶来的国内记者,有那么一两位却不耐烦了,一个劲儿地追问:"<u>到底</u>什么时候结束【啊】[升调]?"

（194）终于，周恩来又问了一句："你们认为火箭、卫星到底可不可靠【啊】[升调]？"

（195）徐向前激怒而又不平地向黄杰说："我们结婚这么多年，彼此都了解，他们说你是'叛徒'，这到底是为什么【啊】[升调]？"

"到底"有两个用法和"啊"可以共现，一个用在陈述句中，表示"强调原因或特点"，有"毕竟"义，如例（190）—例（192），谓语部分多是状态动词或已然动词，主语一般不是第一人称，记为"到底$_1$"；另一个用于疑问句中，多为特殊问或正反问，表追问，有"究竟"义，如例（193）—例（195），记为"到底$_2$"。

先来看"到底$_1$"。侯学超（1998）认为是"强调原因"。史金生（2003）认为是"强调特点"。张秀松（2008）认为"到底$_1$""蕴涵有主体对命题（即某一根本情况或本质不因条件变化而改变）的感叹性评价"，并指出"到底$_1$"分句的末尾常有（或可添加）感叹性语气词"啊""呀""哪"等，整个"到底$_1$……啊"的语义特点是"感叹事物某种特点足以做出推出某种结论之原因"。我们可以发现张的观点体现了"到底"和"啊"的共现是一种语义上的加合关系：

"到底$_1$" + 啊 = 强调事物某种特点足以做出推出某种结论之原因 + 感叹。

"啊"赋予"感叹"，"到底"赋予"事物某种特点足以做出推出某种结论之原因"。"语义加合"基本解释了"到底$_1$"和"啊"的共现机制。但同时也还体现了"语义一致""到底$_1$"不管是"强调原因"还是"强调特点"，都有个共性，就是"强调"，只不过"强调"的对象不同而已。那么到底"强调"的是什么呢？我们基本同意张文将"到底$_1$"的语义特点定性为"引进的感叹性评价"，认为"到底$_1$"强调的是"言者对受事某一方面积极的评价、正面的认识或情感",而这和语气词"啊"的情感强化功能一致。如例（190）言者认为"受事""洋博士"有长于别人之处，至于是什么长处，有时还不需要说明，言者关注的焦点在表明"积极的评价"或"正面的认识或情感"，而不是具体的"优点"或"长处"。不过有时，我们可以根据语境，增补出表"积极评价""正面认识或情感"的词语。如例（191）、例（192）可以说成：

（191'）机关的年轻干部碰在一起，谈起先念同志来，都不约而同地赞叹："到底是中央委员的水平（高）【啊】［降调］！"

（192'）当地人得知他们昨天刚到拉萨时，不禁惊呆了，一般情况是到西藏起码要适应三天才能上来，隆子县委书记由衷地感叹说："到底是解放军（厉害）【啊】［降调］！"

所以，"到底$_1$"和"啊"的共现机制有两个：语义加合和语义一致。

再来看"到底$_2$"。"到底$_2$"主要用于特殊疑问句和选择疑问句中，表"追究"义。高书贵（2000）还认为有"强调作用"。这无疑是对的。邵敬敏（2012）在分析疑问句中的"啊"时，也指出句末"啊"有"追问"的功能。从"追问"义的角度，可以看出"到底"和"啊"语义一致。从"强调"功能角度，"到底"和"啊"也一致。不过，我们在本章第二节指出"追问"不是"啊"的本质功能，而只是言者在"不耐烦"情感驱动下所产生的语境效果。那么"到底$_2$"在情态方面有没有"不耐烦"的情感倾向呢？我们看看例（193）—例（195），通过"到底$_2$"的有无对比就会发现："到底$_2$"承载、蕴含着"不耐烦"的情感。试比较：

（193'）到底 什么时候结束【啊】［升调］？／Φ 什么时候结束【啊】［升调］？

(194′) 你们认为火箭、卫星到底可不可靠【啊】 ［升调］？／

你们认为火箭、卫星 Φ 可不可靠【啊】［升调］？

(195′) 这到底是为什么【啊】［升调］／

这 Φ 是为什么【啊】［升调］

综上所述，加强类语气副词和"啊"的共现体现了三个方面的和谐：对命题信息的确信程度的一致、情感方向的一致以及语义的加合。而语气词"吧"的"弱传信"义和"缓和功能"与加强类语气副词的语义功能特点难以协调，一般难以共现。齐春红（2006、2007）在考察语气副词和"啊"的共现时，指出"语气副词表达的主观量比较高，含有较强的主观情绪，因此与表示'舒缓语气'的'啊'的共现频率较低。"这与我们的观察有点不同，我们认为表达高主观量的语气副词（即本书的"加强类语气副词"），如"千万""到底""实在"等和"啊"的共现频率不低，语气副词较强的主观情绪和"啊"的传情功能和谐一致，能共存共现。

二 情态类语气副词和"啊"的共现

根据统计，常用情态类语气副词"本来""倒"和语气词"吧"不能共现，但是和语气词"啊"有少量共现。下面对这一差异进行分析。

（一）本来……啊

(196) "你这是说的哪里话，能让村上的娃子遂心如愿地念上去，本来就是大妈的想头【啊】！"

(197) "格林希尔也是这么说，为什么每个人都认为尤里安一不在，我就会变成一个没有生活能力的人呢？这本来就是事实【啊】！"

(198) 杨宪益家藏一些古字画和古玩，过去捐给故宫博物院一批，结果他后来需要去查对一点资料，手续烦琐之极，好像杨宪益要偷走那些宝贝似的，杨宪益笑说，那些<u>本来</u>就是我自己的【啊】。

（199）这个有什么好争的，作为负责人<u>本来</u>就应该承担责任【啊】。

（200）什么风？就是"中国威胁论"的风。这次我明显感觉到"中国威胁论"不再停留在口头上和理论上，很多国家都在暗中和明中操作了。这不奇怪，让我奇怪的是，美国和台湾反而相对平静。这两块地<u>本来</u>应该是最积极的【啊】，怎么会如此平静呢？

吕叔湘（1999：70）介绍了副词"本来"的两种用法：一是表"原先、先前"；二是表示"按道理就应该这样"，常用于"本来+就+动词"结构中，其中动词部分常有"应该、能、会"等情态动词。第一种用法记为"本来$_1$"，第二种用法记为"本来$_2$"。先看"本来$_1$"。唐为群（2010）在吕叔湘的基础上进一步将"本来$_1$"一分为二："本来$_{1a}$"有强调原先的某种情况，如例（196）、例（197）；"本来$_{1b}$""表示事实或情况始终如此"，常和"就"连用。这种分析比吕氏更进一步。"本来$_{1a}$"有强调确信的功能，这和语气词"啊"的确信和情感强化功能意义一致，所以可以共现。"本来$_{1b}$"表示"事实或情况始终如此""本来$_2$""按道理就该这样"，两者的语义中都蕴含"显而易见"的意义，这和"啊"的"提示功能"一致，所以可以组合，但是"显而易见"是语气词"嘛"的原型意义，和语气词"啊"比起来，"本来$_{1b}$""本来$_2$"和"嘛"的共现频率要高于"啊"，所以，有"本来嘛"的表达，而没有"本来啊"的表达。而语气词"吧"没有这一语义特点和语用功能，难以共现。

可见"本来"和"啊"的共现主要体现在言者对命题内容的"显而易见"上，还有"强调确信"功能上。

（二）倒……啊

（201）那女童笑道："今日当真便宜了小和尚，姥姥这'北冥神功'本是不传之秘，可是你心怀至诚，确是甘愿为姥姥舍命，已符合我传功的规矩，何况危急之中，姥姥有求于你，非要你出手不可。乌老大，你眼力<u>倒</u>真不错【啊】，居然叫得出小和尚这手功夫的名称。"

（202）王利发（自言自语）长辛店！长辛店！离这里不远啦！（喊）三爷，三爷！你<u>倒</u>是抓早儿买点菜去【呀】，待一会儿准关城门，就什么也买不到啦！

（203）她已走神了，在想，"花癌"<u>倒</u>不难听【啊】。下面园丁讲的"治疗方案"和费用，晚江都是半走着神听的。

（204）宜宁，你说我该怎么办？为什么我想像别人一样过平静的生活，而总得不到这种生活呢？难道我是坏女人，不配得到平静和安宁？可是真正的坏女人的生活<u>倒</u>比我好得多【啊】！

吕叔湘在《现代汉语八百词》中列有"倒"的七种用法，其中和情态副词及语气词"啊"有关的有以下几项：

a. 表示转折。"倒"后用表积极意义的词语，如例（201）。
b. 用于追问和催促，如例（202）。

李宗江（2005）在郭志良（1999）研究的基础上，增加了一个"表示与预期相反，简称为表示'相反关系'，和'反、反而、反倒、倒反'功能类似"，这和吕氏表"与事实相反"有关，如例（203）、例（204）。我们也将这个补充进去。这样和"啊"能共现的"倒"在义项上就达到三个。

当"倒"表"转折关系"时，主要用于积极评价，如例（201），"啊"有强化主观情感的作用，"倒"承载"逻辑"义，"啊"承担"强化"情感的功能，两者通过加合关系共同参与构建句义。当"倒"表追问和催促时，如例（202），带有"不耐烦"的情感倾向，这和"啊"传情"功能"一致。当"倒"表"反预期"时，"倒"还有"增强相应语气"（彭小川，1999）的作用，如例（203）、例（204），这和"啊"的"强化"功能一致。

总之，加强类语气副词、情态类语气副词与"啊"的共现除了要遵循"语义一致"原则外，还有"语义加合""情感同向"等共现机制。在组配过程中，"啊"的核心意义起着内在制约作用，调节着"啊"和语气副词在"命题的确信度""情感倾向"等方面和谐共建。而语气词"吧"在"确信度""情感强度"等方面都与加强类语气副词和"本来""倒"等情态副词逆向，难以共现。

第四节 "啊"与第二人称的共现[*]
——以"你呀"为例

一　"啊"与第二人称"你"之间的关系

语气词没有命题意义，只有程序意义，是一个语用成分。在使用过程中，需要考虑交际双方的人际距离、权势结构等因素，而这些因素投射到人称范畴就表现为人称形式的差异。"人称形式可以反映言语行为参与者及第三方之间的社会关系，如地位高低、权势强弱、关系亲疏、年龄长幼等。"（刘丹青、强星娜，2009）可见，使用语气词时，还应注意和人称范畴之间的关系。我们发现在人称范畴中，第二人称和"啊"的关系尤为特殊，请看：

（205）其实，罗国理先生看到儿子全身水淋淋，像个落汤鸡，手里还捧着那宝贝书，心早就软了，只是用手指头给小脑袋轻轻地敲了几下："你【呀】，真是个书呆子！"

（206）昨天叫你早点去，今天还没去，看来你是不想要老

---

[*] 本节原载于《汉语学报》2018年第2期。

婆了，这么不上心，你【呀】活该就是打光棍……

"你呀"的轻重音模式是前重后轻，代词"你"要重读。后续话语在一定的语境中是不言自明的，基本都是不如意信息。也就是说"你呀"传递的不仅仅是对听者的称谓，更多的是对听者的批评、指责等。在零语境中，"你呀"较"你"承载更丰富的语义，如果将"呀"去掉，指责、批评等意义就消失，这说明"你呀"内部紧密度高，日益成为一个具有特定意义的固定的结构。而且，"你呀"还可以重叠，说成"你呀你呀"。例如：

（207）他抬起头，看见秀秀穿着件小花褂，挽着袖子，手里晃晃荡荡地提着一只木钩钩。"你【呀】你【呀】，什么时候才能安静一些呢？""深更半夜，睡着了的时候呗！"秀秀嘻嘻一笑，缩了回去。

（208）"你【呀】你【呀】，"肖秉林在楚哲的膝盖上连拍了几下，"书呆子，书呆子！一等作家当幕僚，二等作家拉广告，三等作家怎么来着？你说说你是个几等作家？"

也可以说成"你呀你"，但功能不变，例如：

（209）曾经好几次听到母亲这么说："你【呀】你，少抽几支吧，看牙齿都发黄发黑了。"

（210）"你知道吗，林厂长手里有几个基建项目，几百万元呐，啧啧。"表弟眼睛亮了起来。"我又不是泥瓦匠，也没有基建队，项目与我有何干？"我故意说。"你【呀】你，榆木脑袋！"

"你呀""你呀你呀""你呀你"功能相近，形成一个"你呀"类表达式。我们认为，"你呀"类表达式是第二人称和"啊"从篇内走向篇外,并不断固化的结果,并有特殊的语用意义,是一个表"责怪义"的标记语。

有时,这种责怪义比较轻,责怪中带有对听者的关心和喜爱,例如:

(211) 饭桌上,慧素一边给丈夫倒了一小杯北京特产的二锅头酒,一边用体贴的口吻埋怨道:"你【呀】,六十岁的人了,还像小孩儿似的,一遇上点儿什么事,饭就不好好吃了,一点儿不知道爱惜自己。瞧,肩胛骨都高出来了!"

(212) 女干部可怜起小母羊来。她轻轻地拍拍小母羊的膝头,说:"你仔细想想,我讲的在不在理?"小母羊机械地点点头,说:"在理。不过——女干部打断她,说:又是不过!你【呀】你【呀】,你应该懂得如何保护自己。"

(213) 弘站起身,转过来盯着太平,眼中渐渐浮出怜爱之意。弘:"你【呀】你,净出怪点子!来看我就看我吧,还偷偷摸摸地,像个小鬼儿。"

二 "你呀"类标记语的后续话语

"你呀"类话语标记的后续话语的语义类型主要有:

(一) 听者的不当行为

(214) 六爷的面色好了些:"我说,你【呀】,<u>整天就是唱呀,缝呀</u>,你不知道日本在欺压中国人?""欺压中国人?没有呀。"三太太一脸糊涂。

(215) 见了我就说:"你【呀】,<u>你真是害了我</u>,我想当托尔斯泰,这不成了天大的笑话,就曹禺,还想当托尔斯泰?"我说:"你想当。"

(216) 我明知道在这个院子之外,哪儿也难找这样的野菜了,但连看也不看:"哪个要?我不缺粮!"

"你【呀】,不要打肿脸充胖子了。我知道你一月21斤粮,还要交2斤节约粮。"伯伯说。

例(214)在日本侵略中国时,"六爷"认为"整天就是唱啊,缝啊"不是"三太太"应该做的事;例(215)是父亲"曹禺"认为"儿子"说他想当"托尔斯泰"是害了他,"你害了我"是"儿子"不该有的行为;例(216)"你呀"的后续话语"打肿脸充胖子"是"伯伯"认为听者不该有的行为。

(二)对听者的负面评价

(217)女的不以为然:"什么叫'第三者'?法律上根本没有这一条!你【呀】你【呀】,真是个胆小鬼!早知今日,何必当初?"

(218)郑德海说:"你【呀】你【呀】,没一点五湖四海的心胸,挺大的干部,净干点子老娘们的事,人家米书记说不着你咋着?人家是书记,是领导,人家从城里跑咱这来干啥来了?这是出金子还是出银子的地儿?啊……"

例(217)中的"胆小鬼",例(218)中的"没一点五湖四海的心胸""净干点子老娘们的事"都是负面信息,是对听者"你"的负面评价。

(三)基于听者的负面信息提出的建议、忠告等

(219)明勇看见了路赤膊:"喂,路赤膊,说曹操曹操就到,我与齐主任正谈着你呢。""嗯,想必是痛打落水狗吧?"路赤膊本想说句温柔的话,出口却带着气。"小路,你这是说啥,明车长刚才还夸你呢,说是要提你当主任列车员,我同意啦。"齐主任又是哈哈一笑。"什么?提我当主任列车员?""是的,是的,你还不相信我?你【呀】你【呀】,你可要改

改你那坏脾气哟。"

从语篇"出口却带着气"就可以看出"路赤膊"说话不饶人，过于直率。"明勇"看出了"路赤膊"的主要不足，在抱怨的同时，给予"改改你那坏脾气"的忠告。

三 "你呀"类标记语的语义模型

"你呀"类话语标记表达的是"对听者的责怪"，包括指责、嗔怪等。在实际语篇中，其语义模型是：

触发因素（X）+ "你呀"类标记语 + 后续话语（Y）

其中"触发因素（X）"指在听者的某一行为状态、话语等相关信息，是刺激引发言者责怪言语行为的诱因，后续话语（Y）比较复杂，可以是言者具体的责怪行为，也可以是听者的不当行为状态造成的后果，还可以不用出现，在形式上主要是反问句、祈使句以及评议句等表现主观情感的形式。X、Y之间存在潜在的逻辑关系。

根据我们对后续话语Y语义类型的划分，语义模型具有以下三个下位类型：

Ⅰ式：触发因素（X）+ "你呀"类标记语 + 责怪信息（Y）（包括不当行为、负面评价）

Ⅱ式：触发因素（X）+ "你呀"类标记语 + 言者的建议、劝告、褒义贬说等（Y）

Ⅲ式：触发因素（X）+ "你呀"类标记语

可见，"触发因素"是必须项。

（一）语义模型Ⅰ式

Ⅰ式是基本语义模型，语义构件齐全完整，语义构件X和Y之间存在因果关系和具体抽象关系，在语篇结构上，可以是"X -

标记语 – Y",也可以是"标记语 – X – Y"。

1. X 与 Y 是因果关系

X 的主体是听者,为听者的某种不当行为,语法主语为第二人称;Y 的主体是言者,为言者遭受的损失或某种言语行为,结构表层多含有第一人称"我"。例如:

(220) 赵国民抹抹脑门子的汗,对黄小凤说:"<u>闹,闹,这回都闹到市长那去了</u>。"(X) 黄小凤说:"活该,谁叫你抢电话,也不问清那头是谁就说。"赵国民叹口气说:"你【呀】你【呀】,<u>我早晚得倒霉在你身上</u>(Y)。你真是那狐狸精变的,专门来害我的。"黄小凤说:"害你的?我是来救你的,你还傻呵呵说我骂我!你都五十开外啦,眼瞅着就没职没权了,往上调,你需要钱不?"

(221) 局长在电话里劈头就质问他:"你的手机为什么老是不开?""<u>我总是想着打手机打出去和接着都花钱,就一直是只打不接</u>。"(X) 局长说:"你【呀】你【呀】,<u>叫我怎么说你呀老于</u>?(Y) 你现在什么位置?"

例(220)"黄小凤"将"赵国民"的不利消息"闹到市长那去了"的行为(X),让"赵国民"受到牵连,"黄小凤"的行为招来了"赵国民"的责怪(你呀你呀),"我早晚得倒霉在你身上"(Y) 是可能产生的后果,和 X 之间是因果关系,可以理解成"因为黄小凤总是闹(X),所以我早晚得倒霉在你身上(Y)"。例(221)"X"是"老于只打电话不接电话"导致局长找不到他,这一行为事件引发局长的不满(你呀你呀),Y 是局长无言的责备,和"X"之间是因果关系,可以理解成"老于只打不接(X)是局长无声责备(Y)的原因"。

2. X 与 Y 是具体和抽象的关系

X 的主体是听者,命题内容是听者从事的具体活动或事件,但该活动或事件在听者的认知中是不当的；Y 的主体也是听者，是言者根据听者从事的具体活动、事件抽象出来的负面评价。例如：

（222）我驳他，"老男人老男人，他得老你多少？再过十年，你就是你自己口里的老男人。（X）""锦颜，你【呀】你【呀】，"他恨铁不成钢似的，"吃多少闷亏都可以，嘴头上不肯吃一点亏（Y）。如果是为着那个老男人，我可以向你保证，你连十分之一的机会都没有。"

（223）朱虹继续埋怨儿子，"要是你开你自己的车，事情不简单些吗？（X）你【呀】你【呀】，你也太不注意了，教训还少吗？（Y）"她儿子跑过来追着问："你的意思，我自首，去蹲几年大狱，你才满意了？那我马上就去，行了吧？""算了，我的祖宗！求求你，非逼死我们才安生吗？"

例（222）X 是听者具体的某种语言行为，Y "嘴头上不肯吃点儿亏"是言者根据 X 做出的推断，例（223）X 是一个反问句，隐含断言"你没开你自己的车"，事件的主体是听者"儿子"，在言者"妈妈"的认知中，这一具体行为是不当的，"你也太不注意了"Y 的主体也是儿子，是言者根据"你没开自己的车"X 做出的负面评价。"你呀你呀"引出"负面评价"。

（二）语义模型 II 式

语义模型 II 式中，语义构件齐全，和 I 式不同的是，Y 是言者的某种认知、建议和忠告，甚至褒义贬说，也即看起来是贬义责备，实质是褒义的夸赞等，使得责怪中增添了一份关心和亲切，从而弱化了该语义模型的"责怪"力度。例如：

（224）齐四爷自言自语地在我后面说："这样不是好多了嘛。"他显得很沉稳，快到门边时我差点被一件工具绊倒（X），却是他从后面扶住了我。"你【呀】你【呀】，不要那

么冲动嘛！"（Y）

（225）牟思萱手点着林雪寒解嘲地笑起来："你【呀】你【呀】，<u>这张嘴什么时候才知道饶人</u>？（Y）我的话说得够明白了，你的文章是暂时放一放，不是不发。小林呀，这不是一篇一般的报道，文章再打磨打磨也有好处，如果时机合适，立即见报。"

（226）<u>五儿正在井边满头大汗地洗着衣服</u>（X），一边大声应着。狄老夫人叹了口气："你【呀】你……<u>一刻也闲不住</u>。"（Y）"天生劳碌命呗！"

例（224）Y 为提醒或忠告，例（225）Y 为对言者的认知，例（226）Y 是言者根据 X "洗衣服"做出的推断，在"狄老夫人"的认知中，"五儿"这么辛苦地做家务是不当的，在当时的语境中，交际主体间的亲密关系和"长辈—晚辈"的权势关系，使得"你呀你"的"责备"中，带有关爱亲切。"一刻也闲不住"为褒义贬说，看起来是责怪，实则是关心。

（三）语义模型 III 式

语义模型 III 式中，只有触发因素 X 出现，后续话语 Y 没有出现，"你呀"类标记语用作回应语，独立成句。此时"你呀"类标记语表达的除了责怪外，更多的是甜蜜和关爱等。在面对面的交际中，往往带有表现情绪的身势语。例如：

（227）你个猪，你怎么这么二呀，<u>手指划破流血了都不知道，真叫人不省心</u>（X）。哎，你【呀】你！

（228）邓稼先的同事站在马路边，见邓稼先从公共汽车上下来，惊讶地说："<u>你身上还挂着瓶子呢，出去怎么不从有关部门要车</u>？"（X）邓稼先笑笑，安慰同事说："不是工作上的事，不用要车。你看，我不是挺好么？"实际上，他的双腿已在颤抖，迈步都很吃力了。同事无可奈何地说："你【呀】……"

（229）唐老板又对丽妹道，"哪像你呀，说一不二，大声大气，动不动把人吓着了。"丽妹扬声道："我又不是青面獠牙，吓着谁啦？"（X）"你【呀】你【呀】，"唐老板摇摇头，向杨宏介绍她道，"她是我姨妹子，叫欧阳丽华，也是生意中人，生意做得大得很哩！你呀，树叶掉下来也怕打烂脑壳，只配做小生意。"欧阳不屑地对唐老板撇撇嘴。

例（227）交际主体是关系亲密的"情人"，"你呀你"位于叹词后，单独成句。例（228）交际主体是"邓稼先"和同事，"你呀"作为回应语，独立使用，表现了同事对"邓稼先""带病工作"的责怪和关心。例（229）交际主体"唐老板"和"丽妹"是关系密切的亲属关系。"丽妹"的反问引发了言者的无声责备，留有喜爱、亲切。例句中标有着重号的词语为伴随情感的副语言。但是具体责备什么言者并没有明确表达出来，体现了言者对听者面子的关照。但是我们可以根据语境进行补充，"你呀你呀，小嘴不饶人""你呀你呀，一个姑娘家讲话那么大声"等。

四 "你呀"句法分布的历时变化

"你呀"类标记语在民国的时候就大量出现，但未见单独使用的"你呀你"和"你呀你呀"。根据CCL语料库，民国时"你呀"只有出现在陈述句的主语位置和祈使句中，这时，"你呀"的后续话语没有空位（gap），不能多增添一个"你"。

（一）"你呀"分布在陈述句句法主语位

（230）"你练的玩艺怎么样？""很不错呀。"于小三一撇嘴："你【呀】，在我们这儿你少说会武艺。不瞒你说，咱们这儿可有震天动地的人物。""哟！谁呀，怎么没听说？"［民国，《雍正剑侠图》（上）］

（231）长臂昆仑飘髯叟老侠于成哈哈一乐："海川，你

【呀】，能者多劳吧。"［民国，《雍正剑侠图》（上）］

根据上述方法，例（230）"你呀"的后续话语，不能多添加一个"你"，你是后续话语的句法主语，属于"你＋啊"的用法，"啊"的作用在于停顿、提请注意，"你"和"啊"关系比较松散，和后续话语的语义关联紧密。例（231）"你呀"同理，不再赘述。现代汉语中，这种用法是第二人称"你"的原型用法，普遍存在。例如：

（232）"对不起，飞船空间有限，只能承载一个人。你【呀】，等下一拨吧。"他说完冲弟弟挥挥手，摆出杨利伟的告别姿势，"地球人，火星上见啦。"刘星随后钻进了睡袋。

（233）方四爸点了点头道："你【呀】，说得很有理，你别为难了。"

（二）"你呀"分布在祈使句句法主语位

（234）后来法广这么一琢磨："还是我行刺，你【呀】，给我看着点儿吧。"［民国，《雍正剑侠图》（上）］

（235）"你马大哥今晚在咱这儿落脚，明天就走。你【呀】，别给我惹事，明天把马送回去！"夏九龄一听：嗷！马俊在这儿待一夜，明天就跑。我一定要想办法捉住他！［民国，《雍正剑侠图》（上）］

（236）"你【呀】，嘴强牙硬！不是一个人跟我提到。我也调查过，我也到前山查了，明明有这个事。"［民国，《雍正剑侠图》（上）］

朱德熙（1982）指出祈使句的主语只能是"你、你们、您、咱们、我们"。但是根据齐沪扬、朱敏（2005）的调查，祈使句主语人称的标记模式是：您 > ｛咱（我）们 > ［你（们） > （零形式）］｝（" > "表示"标记性强于"）。根据这一标记模式，齐、朱指出："显性'你/你们'主语则是有标记项，零主语是无标记项。第二人称零形式是所有主语中最无标记的项目"。所以，在祈使句中，第二人称显性出现，就承担着额外信息，用于特定场合。例（234）、例（235）、例（236）祈使语气较重，根据句义后续话语也不可增添"你"，不过后续话语的语义类型具有较强的驱使性和负面性。第二人称"你"显性出现，并带有语气词"啊"，进一步增强了负面性的力度和针对性，这正是其作为有标表达的额外信息。不过，此时"你呀"和后续话语的语义关联紧密度下降。

（三）"你呀"分布在话题位

到了现代汉语以后，"你呀"还多了一种用法，就是可以位于话题位。这时，"你呀"的后续话语存在一个空位（gap），可以添加一个句法主语回去，但没有影响句子的命题内容。例如：

（237）事情传到钱校长老伴那里，她抱住这个文弱书生呼叫道："你【呀】，疯了吗？"

（238）"你一定要答应我啊，要不然，我就准备自杀了！就在你的楼上跳下去啦……""低点儿声！""袁恢啊——铁哥们儿啊，你一定救救我……""你【呀】，你轻点行不行？"他急得团团转，在屋里转了一圈，又拉开门伸出头望望，"你有话，慢慢说……"

（239）"你真让他沾上啦？"孙承祖一脸气恼。……王镯子抡屁股坐到炕上，翻着少睫毛的眼睛，指着丈夫的额头，傲声浪气地说："你【呀】，我的小天爷，心眼太窄啦！实话对你说吧，你媳妇一身干净。"

根据上述方法，我们发现例（237）"你呀"的后续话语"疯了吗？"可以添加一个句法主语"你呀，你疯了吗？"句义没变化，而且也可以将"你呀"省去，直接说"疯了吗"，这充分证明了"你呀"在例（237）中是句外成分——话题，属于标记语。例（238）则直接在句法表层多了一个句法主语"你"，例（239）不仅有句法主语"心眼"还有呼语"我的小天爷"，"你呀"和后续话语在线性序列上距离越来越远，这也说明了"你呀"和后续话语的语义关联日趋松散。

五 "你呀"类标记语的（交互）主观化

Traugott 在 Halliday 和 Hasan（1976）的语言三大元功能思想（概念功能、人际功能及语篇功能）基础上，概括了主观化的几种表现形式：

"由命题功能变为言谈功能；由客观意义变为主观意义；由非认知情态变为认知情态；由非句子主语变为句子主语；由句子主语变为言者主语；由自由形式变为粘着形式。"（Traugott，1995；沈家煊，2001）在 Traugott（2010）看来，主观化的表达式可能进一步发展出交互主观性意义，即说话人从表达自我态度、信念到对听话人认知自我和社会形象自我的关注（吴福祥，2004：18—24）。责怪义标记语"你呀"的形成过程实际上就是一个从"命题功能"到"言谈功能"、从句内成分走向句外成分、从松散走向固化的主观化的过程，同时在表达"责怪"义中还带有"亲切""关爱"甚至"喜爱"，也是"你呀"主观性的表现。

我们认为"你呀"类标记语在（交互）主观化过程中，有三个重要机制：第二人称"你"的语用化、"你呀"的固化及形态的变化、重新分析与语境吸收。

（一）第二人称"你"的语用化及指斥性

在话语交际中，交际双方都在场，一般不需要出现第二人称。使用第二人称就像在祈使句中一样，是一个有标记的表达方式，往往体现了言者特定的交际目的。言者通过"你"的重读形式把听者拉到"台上"加以凸显，意在将听者和其他人特意区别开来，增强话语的针对性和语气强度，多用于表达气愤情感或强驱使性等主观交际意图。例如：

(240) 你眼睛瞎了，找了半天都没找到！

(241) 王东岳：'你注意听啊，首先孔子办教育，你现在办个民办大学试试。

(242) "放纵你的老婆，你的儿女，教她们任意的胡为。你还没有做过错事！"老先生缓了一口气，把声音放高了些："'你给他们磕头！磕！……"

有时，还可以添加强调标记"给我"来进一步加强语气，谓语部分为行为动词。例如：

(243) 小刚一听火了："用不着你管，你又不是我妈，你给我滚！"

(244) 比如另一位妈妈发现孩子的作业写得特别潦草时，非常生气，一气之下，把孩子的作业本撕掉，说道："说了你几次了，你怎么就不长个记性，作业还是写得这么乱，你给我重写！"

(245) "呸！你这是一片好心？滚出去，你给我滚出去！我这辈子再也不想看见你了！"真没想到，我爹还有这么大志气，他居然连他领进来的人都不认了。

(246) 康伟业的脸铁青了，他叫道："你给我住口！你不要激我说出伤人的话。快开门！让我走！我要离开这个鬼地方！"

可以看出，第二人称"你"本来是中性的，没有褒贬，但是在上述祈使句中，言者通过重读，加强语气时，就增添了主观上的指斥性和驱使性，赋予"你"以贬义色彩。第二人称"你"从有实义的第二人称代词发展到"指斥性"是"你"的语用化过程。"你"的指斥性也是"你"在语篇中的主观性表现。

(二)"你呀"的固化及形态的变化

"你"的语用化为"你呀"的组合并固化创造了有利条件。语气词"啊"的核心意义是传情功能,在具体语境中,还有顺应语境的功能,起到情感的调节作用。当第二人称"你"语用化获得"指斥义"并和"啊"结合时,"啊"就发挥情感调节作用,使"你呀"的"责备"义弱化,随着"你呀"和后续话语的逐渐松散,"你呀"也慢慢从句法内脱离出来,走向句外并成为话语单位。在这过程中,"你呀"的真值意义逐渐隐退,语用意义日益突出,并最终成为一个不影响命题真假、却能使潜在的指责义明朗化的标记语。

"形式手段不仅消极地受语义范畴制约,同时积极地反映语义范畴。"(刘丹青,2015)"你呀"主观化后,在线性序列上,和后续话语之间有逗号隔开,是一种"断开式"形式(李宗江,2009),语气词"啊"使"断开式"更显性化,但还不属于"责怪"义的专用形式。为了适应这一需要,"你呀"在形态上也慢慢产生了变化,出现了重复式的"你呀你"和"你呀你呀",这样从形态上和"你呀"的原型用法分开,使"你呀"的"责怪"义获得专用形态,从而进一步标记化。

(三)重新分析与语境吸收

"你呀"主观化后,还进一步发展出了交互主观性。在前文我们分析了"你呀"的三种语义模型:语义模型Ⅰ式、语义模型Ⅱ式、语义模型Ⅲ式。从Ⅰ式到Ⅲ式呈现的演进过程是:

后续话语的负面性有减弱的趋势;

后续话语逐渐脱落;

"你呀"类标记语作为回应语可以独立运用。

后续话语负面性的减弱体现在由"责备信息"转向为"建议""忠告",从礼貌原则来看,这个转向是对听者社会面子关注的结果,"建议""忠告"流露了言者在责怪中藏有对听者的"亲切"

"关爱"等情感倾向，责备义弱化，相对礼貌度提升，这是交互主观化的结果。继而，"你呀"类标记语独立运用于回应话轮中，"责备信息""建议""忠告"等后续话语 Y 都威胁听者面子的负面信息不出现，更加体现了言者对听者社会面子的关注，"责怪"成为"嗔怪"，甚至表面是"嗔怪"实则"喜爱"，如语义模型Ⅲ式中的例（227）、例（228）、例（229）。

"你呀"类标记语独立运用是后续话语脱落、语境吸收的结果，也就是说"你呀"类标记语在负面评价语境中高频使用，随着表示责备信息的后续话语的逐步弱化、脱落，语境的负面信息就被"你呀"类标记语吸收并概念化。

综上所述，我们将"你呀"类标记语的（交互）主观性的连续统如图 3.10 所示：

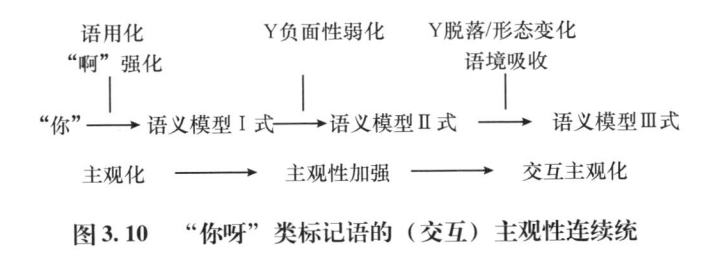

图 3.10　"你呀"类标记语的（交互）主观性连续统

第五节　本章小结

本章主要考察了句中"啊"和句末"啊"的人际语用功能，同时分析了"啊"与语气副词的共现，并以第二人称"你"为案例，对"你呀"类责怪义标记语的功能及产生机制进行了探讨。主要观点有：

（一）语气词"啊"核心功能是"传情功能"。在话语交际中，言者选用句末"啊"（包括句中"啊"）都会留有自我"印迹"，表达之中或隐或现地流露言者的情感。从普遍性的程度来看，"缓和""确信"和"传情"的排序应该是：缓和＜确信＜传情。语气词"啊"的"确信"是对命题的认识,"传情"是由"确信"引发的情感,"缓和"则是"传情"的语用意向,也是"传情"的一种语用效果。

(二)从语境关系顺应角度看,影响句末"啊"选用的关键因素是言者的心理世界这一语境因素。

(三)句末"啊"的功能扩张是"传情功能"核心意义与语境互动的结果,会受到命题意义、语境因素(包括心理世界、人际关系的亲疏、权势关系的类型等)、韵律等因素制约,既有句法—语义层面的,更有语用层面的。在表达中,句末"啊"的功能往往从多个域空间表达言者的"情态"。

(四)"啊"主要用于关系密切的交际主体间。当交际主体的权势关系是"弱—强"结构时,弱权势者在和强权势者交际中,很少选用句末"啊",除非弱权势者心理世界极端消极或积极,表达的是"气愤"或"兴奋""赞叹"等比较强烈的情感倾向时。

(五)句中"啊"在所有话语中都有一个共同的功能,即表示停顿和提请对方注意下文。但是具体到言语场景,在和语境互动中,句中"啊"的功能又呈现出一些特性。当句中"啊"位于话题主位或假设分句之后时,句中"啊"的主要功能是:提请注意、构建舒缓随意的话语风格。但当话题为数量词语时,句中"啊"具有"情感调节"的作用,既可以赋予"客观量"(objective quantity)以主观性,又可以在心理上对"主观量"(subjective quantity)进行进一步的强化,使"主观大量"更"大"、"主观小量"更"小"。当句中"啊"位于呼语后时,述位往往是言者希冀呼语实施的言语行为或是对呼语的主观认识,鉴于述位的驱使性,往往会损害到听者的利益,让自己受惠,违反了礼貌次则之得体原则和慷慨原则,威胁到听者的面子,所以除了表示提请注意的功能之外,句中"啊"还可以协助言者构建亲密的语用身份与和谐的人际关系,体现了对对方社会自我的关注,具有较强的交互主观性。述位的语义类型会影响着"啊"的选用,"啊"的选用是礼貌原则的体现。当句中"啊"位于篇章主位后时，述位对应于行、知、言三域。在行域，句中"啊"主要起提请注意、构建舒缓随意的话语风格的作用，在知域则有强化主观认知的功能，在言域有缓和人际冲突和表现交互主观性的效果。当句中"啊"用于列举表达句中时，"量的延伸"或"增进情感"是其主要功能。

（六）句中"啊"还有篇章关联功能，是针对上下文某一点而发。在话语交际中还可以表示言者"介入话语""保持话轮"等话语功能。

（七）加强类语气副词、情态类语气副词与"啊"的共现除了要遵循"语义一致"原则外，还有"语义加合""情感同向"等共现机制。在组配过程中，"啊"的核心意义起着内在制约作用。

（八）第二人称代词"你"和"呀"组合后，随着句法位置的变化，语义模型的演变，最终成为自由度比较高的表责怪义的标记语，在话语结构中用作回应语。"你呀"类责怪义标记语的形成是一个（交互）主观化的语法化过程。后续话语负面义的弱化、脱落，"你"的语用化以及语境吸收是其语法化的重要机制。

第 四 章

语气词"呢"的人际语用功能

"呢"是对外汉语教学的一个难点,也是本体研究的一个热点。总体来说,"呢"主要用于陈述句和非是非疑问句,基本不用于感叹句和祈使句(徐晶凝,2008)。传统语法研究从句子层面研究"呢"的语法意义和功能,取得了丰硕的成果,尤其是用于疑问句中的"呢"。但是随着功能主义和认知主义的兴起,"呢"的人际功能和篇章功能开始引起学界的关注。本章我们重点分析了"呢"的篇章功能,同时也加大了对句中"呢"和陈述句中"呢"的研究力度,阐述了我们对"呢"有没有情态意义以及"WP 呢?"的看法。总体来说涉及这三个方面的内容:句中"呢"的人际语用功能;句末"呢"的人际语用功能;句末"呢"和常用副词的共现。

第一节 句中"呢"的人际语用功能

一 句中"呢"研究成果及存在的问题

在语气词"呢"的研究成果中,大部分都集中在句末"呢"身上,还没有一篇单独研究句中"呢"的论文,已有的成果主要散见在一些语法著作中,而且着墨较少。不过"麻雀虽小,五脏俱全",有限的研究基本涉及了句法—语义、语用、话语篇章等各个方面。

句中"呢"的句法—语义层面的研究主要集中在20世纪90年代前后,主要代表人物有朱德熙(1982)、赵元任(1929、1979)、李兴亚(1986)、陆俭明(1984)、吕叔湘(1999)、史有为(1995)等。这些成果基本都是采用描写语法的研究范式,其中最有代表性的是《现代汉语八百词》。《现代汉语八百词》介绍了句中"呢"的三种用法:用在主语之后、假设小句之后以及其他成分之后。用在主语之后时,多用于列举或对举,含有"至于""要说"的意思。

后来,刘月华(2001)进一步指出句中"呢"用在主语后,有"缓和语气"的作用,句子语调较高扬;用在假设句中时,有"让对方或自己思考的意思,语调较高扬"。至于《现代汉语八百词》中的"其他成分",刘月华(2001)也具体地指出是"表示说话者的看法,或说明、解释原因的句子(着重号为笔者注),'呢'有缓和语气的作用"。可以看出,刘月华开始注意句中"呢"的语用功能,并将其确定为"缓和语气,表示说话人的困惑,或解惑",这无疑比句法—语义研究更进一步,大大促进了对句中"呢"的研究。不过,从刘氏所用例举例来看,所谓的"句子"实际上是"其实""实际上"等篇章成分。

方梅(1994),张伯江、方梅(2014)从篇章角度将句中"呢"称为"准主位标记"。认为句中"呢"游移于"主位标记"和"非主位标记"中间。在某些语境,有"主位标记"的用法,即和句中"吧""啊"一样,不带语气意义;"在某些语境里,语气意义又比较强,能明显地看到它从句末语气词脱胎而来的痕迹"(2014)。在研究方法上,张、方将句中语气词放在较大的语言片段——篇章中进行研究,在辨别语气词的各种表义功能时,结合序列(sequence)中信息结构、话题结构、轻重音模式进行分析,提出一些非常有见地的观点。例如,句中"呢"一般不用在始发句中,常常出现在后续小句或后续句里。所起的作用是"转换一个新话题,或新的谈话角度",即是"话题转移的标记"。传统认为的

"至于""说到"是新旧话题对比产生的。在语音上,"呢"前成分带有对比重音。

袁毓林(2002)、刘丹青(2007)与方梅的观点相似,也认为句中"呢"是话题化的手段,是话题标记。李秉正(2010)则通过和前置话题标记和句中"呢"的共现,证明了句中"呢"作为话语标记的同时,仍然具有语气意义,很有说服力。徐晶凝(2008)认为句中"呢"的功能是:"点明某话题""引起听话人注意后文的兴趣"。句中"呢"只不过是"说话人自问自答",和省略问的用法一致。

在前贤的研究成果中,我们认可句中"呢"以下的这些用法:

一是,句中"呢"用于句中停顿处,有提示听者注意的功能;

二是,句中"呢"在语篇结构中,不用于始发句,常常位于后续话语;

三是,句中"呢"具有话题转换的功能,引出新的信息出发点,往往容易和前面的话题形成对举或对比的关系。

但是,句中"呢"的研究还存在以下几个问题,有待进一步探讨:

第一,对句中"呢"的研究重视不够,目前还没有一篇专门讨论句中"呢"的成果。

第二,句中"呢"前的成分是不是都是话题?除了"呢"前成分,"呢"后成分是什么性质的单位,目前这方面的研究还很少。

第三,已有研究成果还不太全面,不够深入,仍存在研究的盲区,例如句中"呢"有没有人际功能,什么时候用句中"呢",什么时候不用,用与不用有什么差别?已有的成果没有给我们提供答案。又如,句中"呢"和句中"吧""啊"是不是一样,有没有差别;如果有,又有哪些差别,这些还有待进一步研究。从篇章角度研究语气词"呢"尤为重要,可惜这方面的研究还很薄弱。

二 句中"呢"的后续话语

句中"呢"前成分的性质，我们采用张伯江、方梅（2014）的主位说。下面按照话题主位、人际主位和篇章主位逐一进行分析。在分析的过程中，也会重点关注句中"呢"和"吧""啊"的比较。

（一）"呢"位于话题主位后

根据徐烈炯、刘丹青（1998）的观点，话题有一个特点，就是它和后续话语有所述关系。句中"呢"的话题主位主要是名词性成分和代词，述位是对话题的说明、评述或认知等。例如：

（1）当初追我的时候，觉得他挺向上的呀，至少每天装模作样地单找有女生的地方举哑铃。不管动机纯不纯，好歹胳膊上的小老鼠是出来了。现在【呢】（﹡啊／﹡吧），靠！腹上的那六块都团结到一起了。

（2）审计师的作用，主要就是资本市场的"看门狗"（英文叫 watch dog）。

风险【呢】（啊/吧），就是被别人起诉，说你没做好"看门狗"的工作。

（3）"你……"谢风生无奈了，"是这样，我的能力你放心，钱【呢】（啊/吧），有。买什么都够用。关键是吧，我认为投资4S店是一个不明智的选择。"

（4）小油菜啧啧称奇，"连你都得零分，我要是做难道要负分了？人【呢】（啊/吧），变态也要有个限度，变态成这样就不可爱了嘛。"

（5）至于老子、孔子、庄子【呢】（﹡啊／﹡吧），那更是伟大的诗人。

（6）罗大伦：他这时候【呢】（啊/吧），学完医术回家特别有意思。他【呢】（啊/吧），回到家里，因为他家特别有钱嘛，他父亲【呢】（啊/吧），就没让他做医生。

例（1）"呢"的后续话语是对话题主位"现在"的陈述，"现在"和"当初"形成对比，句中"呢"不能替换成"啊""吧"。例（2）"呢"前话题主位"风险"和"审计师的作用"形成一个话题链，两者相关但不构成对比关系，此时"呢"可以替换成"啊"或"吧"，但是语气和使用语境有差异，"呢"的后续话语是对"风险"的说明解释。例（3）后续话语"有"是对话题主位"钱"的评述，"钱"和"我的能力"都是"我"的下位概念，相关但不是对比，"呢"可以替换成"啊""吧"，但语气不同。例（4）话题主位"人"是类指名词，后续话语是叙述道理，换成"啊""吧"后除了语气差异外，命题内容基本不变。例（5）"呢"前话题还带有前置话题标记语"至于"，"呢"的后续话语是对"老子、孔子、庄子"的评价，换成"啊"或"吧"则不成立。例（6）出现了多个句中"呢"，有名词性的话题主位，也有代词话题主位，不管哪一种话题主位，其后续话语都是对话题的说明解释，命题是对已然事件的叙述，用"啊""吧"句法上也成立。因此，当话题主位为对比话题或有前置话题标记时，只能用句中"呢"。

（二）"呢"位于人际主位后

"呢"前的人际主位主要包括表征证据范畴的词语、语气副词等，其后续话语一般是言者的主观认知、观点、建议等。例如：

(7) 梁冬：所以呢，过了35岁之后呢，人要开始往里收了，我觉得【呢】（吧，啊），朱丹溪呢，实际上他是一个"人板"，他实际上呢，把他自己的人生经历呢，用他自己的行为呢，给我们一个很好的一本书，啊，说明了这一点。

(8) 孙玉明：实际上，我觉得【呢】（吧，啊），刚才李先生说那番话。我接着那个话茬来说，任何一个时代，做人来说都有一定的标准。

(9)"屁话,当然是,你最好【呢】(吧,啊),要仿造什么唐诗宋词,女人最喜欢!"梁梓君铿锵道。

例(7)、例(8)后续话语是言者的主观认知,"呢"前人际主位表明言者的言语行为和意图,"呢"后续话语才是具体的行为内容和意图。例(9)"呢"的后续话语是言者的建议。当"呢"前是人际主位的时候,句中"呢"句法上可以替换成句中"吧"和"啊",但是意义有些不同,用句中"吧"时,对自我的行为或意图有迟疑,用句中"啊"则表示对自我的行为或意图比较确信,用句中"呢"除提醒注意之外,还体现了言者"思考"过程,有比较"慎重"的情感倾向,这是言者内在思考心理过程的外在表现。

(三)"呢"位于篇章主位后

"呢"前的篇章主位主要有关联词语和插入成分。例如:

(10)之所以让人觉得"弱",完全是因为此人性格太温吞,从来不会有咄咄逼人的气场,这就造成一种假象。但其实【呢】(啊/*吧),遇到认定的事,他的革命立场又坚定到顽固的地步。

(11)男人常在河边走,哪有不湿鞋的。你不下水,水扑你。不过【呢】(啊/*吧),男人虽然经常湿鞋,却很少见光脚回家的。要不怎么说落花流水呢?

在对话语体中,其中关联词语基本上都是合用关联词语的后项连词。如"因为……所以……"中的"所以","虽然……但是……"中的"但是"等。句中"呢"的位置比较固定,往往位于句首。从话语角度看,此时,句中"呢"主要用于"应答语"中,而且相邻话语对的"引发语"和"应答语"在深层结构上可以构成潜在的复句关系，句中"呢"后的后续话语往往是潜在复句的主句。在语义上主要有行域的客观事实、知域的认知推理以及言语的言者语力等。如：

（12）王东岳：对呀，可见儒跟巫，它完全是一脉相承。（p）

梁冬：所以【呢】（啊/*吧），刚才这个王老师跟我们讲了一个很重要的观念啊，就是我们要理解今天的国学，你必须要了解以前的巫术。（q）

（13）梁冬：真的是非常伟大（p）。而且【呢】（啊/*吧），他让人感觉他不是宗教，他是文化……（q）

（14）至于她是哪个学校哪个专业的，那就不得而知了（p）。但是【呢】（啊/*吧），有个猥琐的男生，在每一个蓝衫出现的帖子里都会声嘶力竭地回复：这个女生她是学进口挖掘机修理的！千真万确！她亲口说的！（q）

例（12）"所以呢"的后续话语是言者的主观推断，述位是言者根据前提 p 做出推论的结果，属于"知域"用法，可以理解成"因为 p，所以我说 q"，p 和 q 之间并不是事理上的因果逻辑关系，而是"知域"的前提和推论的关系。例（13）"而且呢"引入的是客观事理上的逻辑关系，可以理解成"不但 p，而且 q"，属于"行域"的客观事实。例（14）"但是呢"引出的 q 是言者提供、补充证据的言语行为，可以理解为"虽然不知道她是哪个学校哪个专业的，但是并不是完全不知道，有猥琐的男生……"

在篇章主位后，句中"呢"一般可以替换成句中"啊"，但是不可以替换成句中"吧"。这可能是因为句中"呢"和"啊"都有提醒注意和舒缓语气的作用，而且不管是行域的客观事实、知域的认知推理还是言者的言者语力，句中"呢""啊"都表达言者对命题内容的确信，而这和"吧"的"弱传信"不太和谐。

但是，表示顺序、列举时只能用"呢"，不能用"啊""吧"，例如：

（15）可为了这，华老专门刻了枚"大愚若智"的闲章。华老严于律己的风格由此可见一斑！"一个【呢】，可能跟我在延安工作过有关系。"他说。

"第二个【呢】，我恐怕还是能够团结大多数同志的吧？"

（16）今天晚上我实在不能去，一来【呢】，我有点头疼，二来【呢】，还可能有人来找我。（刘月华用例，2001）

三 句中"呢"的人际语用功能

句中"呢"和句中"吧""啊"一样，都有停顿、舒缓语气的功能，这一点是学界共识，不再赘述。除了话语方式域的舒缓功能外，至少还有两个方面的功能：一是情态域对客观量的主观认定；二是吸引听者关注或思考。下面我们结合句中"呢"举例稍做说明。

（一）对"客观量"的主观认定

句中"呢"的主观性体现在对"客观量"的主观认识上，例如：

（17）范英明道："你弃车走小路，选择正确，可你没有把车处理掉。"

"二十多万【呢】，都是一支部队，毁了多心疼人。"

范英明说："这是战争，而你又负有重大责任，做事就不该拖泥带水。"

（18）一千万【呢】，这么大的数目谈何容易！

例（17）"二十多万"本来是一个客观量，但是添加了句中"呢"以后，就成了言者的主观大量，后续话语有主观大量的

"都"与之呼应。例（18）"一千万"是对客观数量的计算，加了句中"呢"以后，使其主观化，后续话语"这么大的数目"进一步表明了"一千万"的"主观大量"，例（17）、例（18）删除句中"呢"就成为客观陈述，对客观量的主观认定消失。句中"呢"在表达主观大量的同时，还有提请听者注意的功能。句中"啊"也有对客观量的主观认定功能，但是两者存在一定差异："呢"激活的是双方共享的信息，容易获得听者的认可。而句中"啊"是将言者占据的信息提供给听者，是言者单边的主观认定，希冀获得对方认可。

（二）吸引听者关注或思考

（19）甲：哲学应该有它自己的一套符号系统，可是它没有，结果【呢】……

甲：一说，就把哲学原味儿说丢了，这是所有哲学家说哲学面临的第一大问题。

（20）鲁豫：这个实在怪不了别人了。

王杰：我又去了，不，之前啦。

鲁豫：你又去了。

三杰：然后【呢】，我们香港人有一个很厉害的一招，你比方说，我告诉你喔，鲁豫脾气会很臭，待会访问你的时候，你看她有一个姿势，她只要一插手，表示她不高兴了。

例（19）、例（20）句中"呢"都具有可省略性，删去后命题意义没有改变。但是选用句中"呢"以后，就有邀请听者一起思考言谈事件的某方面进展，激活听者对该话题兴趣的功能，"呢"实际上一半是对自己说的，一半是对听者说的，具有交互主观性。如果听者对该话题的兴趣十分强烈的话，还有可能打断言者的话语行为，主动提供反馈信息，表示"我已经注意到了，我有兴趣"。例如：

第四章 语气词"呢"的人际语用功能

(19′) 甲：哲学应该有它自己一套符号系统，可是它没有，结果【呢】，……

（乙：怎么样？）

甲：结果Φ，一说，就把哲学原味儿说丢了，这是所有哲学家说哲学面临的第一大问题。

(20′) 鲁豫：这个实在怪不了别人了。

王杰：我又去了，不，之前啦。

鲁豫：你又去了。

王杰：然后【呢】……

（鲁豫：嗯？）

王杰：然后Φ，我们香港人有一个很厉害的一招，你比方说，我告诉你喔，鲁豫脾气会很臭，待会访问你的时候，你看她有一个姿势，她只要一插手，表示她不高兴了。

"怎么样？""嗯？"都是听者的反馈信息，表示也在思考关注，不过有意思的是，一旦听者做出言语反馈，言者再回到话题继续话语时，句中"呢"可以不用。这可能就是听者的反馈信息已经"消化"掉了、实现了言者的交际意图，言者无须再用句中"呢"来吸引听者。这恰好证明了句中"呢"具有吸引听者关注或思考的语用功能。徐晶凝（2008：169）似乎也注意到"呢"的这种用法，指出"这些用法中，带'呢'的部分和其后的小句之间含有一问一答的关系，所以'呢'的这个用法与用于简省问[①]的用法是一致的，只不过，说话人是自问自答的"，但是将其看成"自问自答""一问一答"忽视了"呢"对听者的关注，我们认为应该是"一半对自己，一半对听者"。这与回应信息的来源密切相关。在叙

---

① 不一定都是简省问，在叙述语篇中，普通的疑问句也可用于"一问一答"，如"这个人是谁呢？这个人就是王老板"。关于简省问的看法，参见本章第二节。

述语篇中，言者使用句中"呢"之前，如果有了确定的答案，"呢"所在疑问句不需要听者提供信息作为回应，其主要功能是吸引听者的兴趣和思考，让听者关注言者的观点、评价等，当言者还没有确定的答案时，"呢"所在疑问句就起到吸引听者和自己共同思考的作用，既问自己，又问听者，各自一半。句中"呢"前为人际主位和篇章主位时，这种功能尤为明显。

（三）缓和功能

（21）这个话听起来，有一定的道理。但是我觉得【呢】，它是不能够成立的。

（22）我想大家对梁山上三位女英雄印象最深的应该是扈三娘。因为扈三娘漂亮，美貌，英武，武艺好生了得。但是我要说【呢】，虽然在《水浒传》中，给扈三娘的笔墨最多……却是一个非常不成功的文学形象。

例（21）句中"呢"的后续话语"它是不能够成立的"是言者的主观认识，属于相反的观点，是对别人观点的挑战，在话语交际中，容易引起人际关系的紧张，也不利于自我观点被听者接受。一般来说，表达反对观点的肯定力度越强，给对方面子造成的威胁就越大。所以，大多数情况，为了降低反对的力度，言者在表达不同观点时，往往会选用句中"呢"来降低对听者的威胁力度，缓和人际冲突。例（22）"扈三娘"是大家最为认可的一位女英雄，但是言者要从自我角度表达相反的观点，构成了对"大家"的挑战和威胁，不利于话语交际的维护，也不利于被对方接受认可，这时言者通过选用句中"呢"来缓和。当后续话语表达自我反对意见或不同看法时，第一人称"我"往往位于"线上"，而且还有表对立标记的连词"但是""然而"等。

四 句中"呢"的篇章功能

屈承熹（2008）认为语气词"呢"和"吧""啊"不同，"它本身没有情态意义，只有两种语篇联系的基本性能：'与上文对比'及'要求继续对话'。前者是强制性的，而后者则是选择性的"。曹逢甫（2000）则认为"呢"勉强说有些命题意义，将"呢"看作"准虚词"。由于句中"呢"是从句末"呢"发展而来，如果句末"呢"没有或勉强有情态意义或命题意义，那么句中"呢"也就没有情态意义或命题意义。目前来看，这两种观点在大陆普遍遭到反对和质疑。我们认为，屈、曹的观点虽有不一致的地方，但是都强调"呢"的篇章功能，这一点是值得认可的。我们的观点是，句中"呢"不仅有篇章功能，也有情态意义，甚至人际意义，但是人际语用功能相对于其篇章功能而言不是很突出，其主要功能还是篇章的。下面我们将重点分析句中"呢"的篇章功能。一般认为，句中"呢"作为话题标记，主要起到话题化或提示话题的作用，实际上除此之外，句中"呢"在篇章中还会参与语篇连贯性、系统性的构建，对话题的语篇功能施加影响，这表现在话题前景化、切换话题以及承接话语等方面。

（一）话题前景化

句中"呢"可以将某一话题前景化，使之成为新的话题。所谓"话题前景化"是指"把一个不在当前状态的话题激活、放到当前状态的处理过程"（方梅，2000）。设立的话题虽然在上下文没有出现过，但是在人们的认知网络中，和语境中的已知话题存在某种联想关系，是交际双方容易推知的。这跟概念在大脑中的认知状态有关。方梅（2005）指出，在交际中，不同的概念在大脑中有不同的认知状态，"有些概念在谈话的当前状态尚未建立起来，不过，受话人可以通过背景知识推知它的所指，这种信息处于半活动（semi-active）状态，可以在言谈过程中被激活，这类成为'易推信息'（accessible information）"。句中"呢"设立的话题就是这种

"易推信息"（accessible information）。例如：

(23) 甲：这周有很多新片上映。

乙：怎么样啊，你去看了？

甲：都还不错，电影院人山人海。《港囧》﹝【呢】，Φᵢ最受欢迎。

乙：好，这个周末我也去看看《港囧》。

(24) 鲁豫：就这你还紧张，唱这么好，你还紧张。那不是一般的好，那是相当的好啊！一颗滚烫的心啊暖得这钢枪热什么也不说胸中有团火。

徐良：人ᵢ【呢】，有的时候，Φᵢ被杀死的时候有，Φᵢ被捧杀的时候也有。

鲁豫：因为我是属于不会唱歌的，所以我崇拜一切会唱歌的人。

在例（23）中，上文中并没有出现《港囧》，但是在交际双方的认知中，《港囧》和"新片"有上下位的联想关系，在听者的认知中处于半活动的状态。在信息结构中处于"半新半旧"，属于可及（accessible）的"易推信息"。句中"呢"的作用就是将不在当前状态的信息拉到当前状态，引出并设立为当前话题。例（24）整个语篇都在谈论"唱歌"，具有类指功能的"人"在语篇中第一次出现，但是在人的认知网络中"人"和活动"唱歌"之间存在连带关系，是听者根据背景知识容易推知的信息，在信息结构中处于新旧信息之间，具有较高的可及性。言者通过句中"呢"的选用将不在当前状态的概念"人"置于前台予以前景化。句中"呢"引出的一般是句话题，述题是对话题的评议。省略句中"呢"，小句的命题内容不变，不过少了舒缓的效果。

正如吕叔湘在《现代汉语八百词》里所说"呢"用于主语后含有"至于"的意思。有时，在新引入的句话题前还可以出现表引入新话题的前置话题标记"至于"。例如：

（25）至于①老子、孔子、庄子【呢】，那更是伟大的诗人。

（26）若遇国家有事，则全国各府均可抽调，并不与宿卫番数相干。这是说的兵队。至于军官【呢】？在中央直辖有十六个卫，每个卫，都有一个名称，各卫的都设有大将军。有事打仗，就由大将军统领出征。

但是添加前置话题标记"至于"以后，"至于……呢"设立的话题就不仅仅是句话题，也可以是篇章话题，如例（26）。

（二）切换话题

"设立话题"是将不在状态的话题拉到前台作为话题。在语篇推进中，交际者需要根据交际需要不断切换话题，作为信息的出发点。话题切换意味着该语篇存在多个话题，为了保证语篇的连贯性和完整性，这些话题在当前语篇存在一定的关联，形成一个"话题链"（topic chain），各个话题是该话题链的一个节点（node）。方梅（1994）指出，句中"呢"一般不用在始发句中，常常出现在后续小句或后续句里。这就意味着，句中"呢"切换的话题不是第一次出现的根节点，而是子节点。例如：

（27）刘星$_i$灵机一动，提议大家$_j$去鼠标家住一晚，Φ_j想玩什么玩什么，Φ_j想怎么玩就怎么玩。众人$_k$一听，这主意$_m$不错。……几个孩子$_n$跟家里透了口风，虽然Φ_n没有争得同意，但Φ_n至少露了个口风，Φ_n免得老爸老妈去公安局报案。刘星$_i$【呢】，Φ_i知道老妈一向对自己管得比对其他孩子严，所以Φ_i拖

---

① 李秉正（2010）认为，一般来说，"至于"引导的话题都是说话人看来较为不重要、不值得关注的。从该句看来，不尽然。

到当天下午才打电话给她。

（28）印度哲学$_i$是什么东西呢？印度哲学是梵我同一……中国的哲学$_j$是个什么东西呢？道。……所以印度的哲学$_i$基本上是一个宗教的哲学。……中国$_j$【呢】，理智情感都要……

（29）南宋的时候朱夫子$_i$和陈同甫$_j$两个人相争论，就是这个问题。朱夫子$_i$没有历史判断，只有道德判断，所以他不能讲历史。陈同甫$_j$【呢】，他似是没有道德判断，只有历史判断。所以两个人起冲突。

例（27）篇章中出现了四个话题"刘星""大家""众人""几个孩子"，第一次出现的"刘星"是根节点，句中"呢"前的话题"刘星"是最后一个子节点，当其他话题完结，要切换到子节点"刘星"时，言者选用了句中"呢"提示话题的切换。例（28）篇章有两个话题"印度哲学"和"中国哲学"，当第一个子节点"印度哲学"完结以后，言者在后续话语中通过句中"呢"将话题切换到"中国哲学"上。例（29）也有两个话题"朱夫子"和"陈同甫"，当子节点"朱夫子"所在小句完结后，句中"呢"将话题切换至子节点"陈同甫"。这些话题间具有对举或对比的语义特征，往往这种对比话题的焦点都在"呢"前的话题身上，这样说明"呢"同时具有"吸引关注"的功能。如果删除句中"呢"就没有这些语境效果，而且篇章的连贯性也会降低。

根据方梅（2000）的研究，"可是、但是、不过等"连词具有话题切换功能，我们可以运用这一研究成果来检验句中"呢"的话题切换功能，看看句中"呢"前的子节点能不能出现在"可是/而/那么 + 子节点 + 呢……"中。很显然，上述例句都能通过测试。简省如下：

（27'）……（而）刘星$_i$【呢】，Φ$_i$知道老妈一向对自己管得比对其他孩子严，所以Φ$_i$拖到当天下午才打电话给她。

(28′) ……（那么）中国$_j$【呢】，理智情感都要，这是什么东西呀，你总得经过了解，才知道，还之焉，情感得到满足呀。

(29′) ……（但是）陈同甫$_j$【呢】，他似是只有历史判断，没有道德判断。所以两个人起冲突。

话题链是组成篇章的重要手段。屈承熹（2006）给话题链进行了各种分类，如"子链""主链""套接链"。徐赳赳（2010）也分了局部话题链和全局话题链，严式和宽式。从不同角度可以分出不同的链。通过上述用例的分析可以看出来，还存在两个话题链：一个是总话题链，还有一个分话题链。所谓"总话题链"是指第一次出现的话题（记为"T"）形成的链，"分话题链"就是"总话题链"中的话题第二次（记为"t"）出现形成的话题链。"总话题链"和"分话题链"是"总—分"的关系。句中"呢"可以运用在每一次话题切换处（用 [ ] 表示）。那么句中"呢"所在篇章的话题链图示化为：

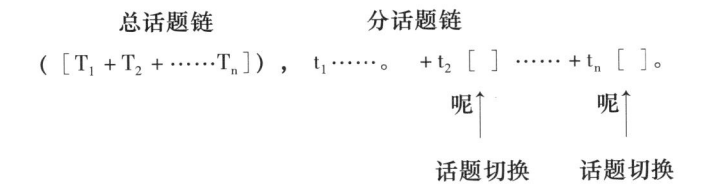

$$([T_1 + T_2 + \cdots T_n])，\ t_1 \cdots\cdots 。\ + t_2\ [\ ]\ \cdots\cdots + t_n\ [\ ]。$$

总话题链　　　　分话题链　　　　　　呢↑　　　呢↑
　　　　　　　　　　　　　　　　　话题切换　话题切换

句中"呢"可以出现在 t_2 以后所有的话题后。"总话题链"还可以是概括性的总称，"分话题链"则是对应的下位子话题。例如：

(30) 这几个孩子$_i$兴趣爱好$_j$各不相同，姐姐$_k$爱好体育，妹妹$_m$呢，Φ$_m$爱画画，哥哥$_n$喜欢音乐，小弟$_o$呢，Φ$_o$就知道玩。（刘月华，2001）

其中"这几个孩子""兴趣爱好"构成总话题链,后续"姐姐""妹妹""哥哥""弟弟"等话题是对总话题链的分述,形成的是分话题链。

(三) 承接话题

(31) 1973 年 12 月,毛泽东召集政治局有关同志和北京、沈阳、济南、武汉军区负责人谈话,为昇邓小平以重任铺垫道路。他说:"我们现在请了一个参谋长ᵢ,他ᵢ【呢】,有些人怕他,但是办事比较果断。"

(32) 梁冬:这是一个年轻的学子……叫李东垣ᵢ。……这个李东垣同学ᵢ【呢】,他ᵢ【呢】,他是当时的这个首富啊,你可以想象,就跟李泽楷差不多了,只是他品行比较高尚,他从来不去 KTV。

例(31)、例(32)句中"呢"引出的"话题"和前一话题所指相同,为同一话题链的子节点,具有继承性,同时作为后续信息的出发点,又有启后性,独立性较差,即胡明扬(1981)所说的"句子没完"。在小句表层有代词回指标记,如人称代词或指示代词。

五 句中"呢"的域空间及多功能性

句中"呢"作为句中语气词,具有句中语气词的典型特征,在句中表示停顿、舒缓语气,同时又有自身的特性。本节我们分析了句中"呢"的人际语用功能和篇章功能,发现句中"呢"的人际语用功能主要表现在:对客观量的主观化、吸引听者的关注和思考。相对于人际功能,句中"呢"的篇章功能更明显,在分析它的篇章功能时,我们将篇章结构及篇章功能结合起来,指出句中"呢"的篇章功能主要有话题前景化、切换话题以及承接话题。具体详见表 4.1。

表 4.1　　　　　　句中"呢"的人际语用功能

主位\共同功能\特有功能\域空间	话题主位		人际主位	篇章主位
	停顿+吸引关注、思考			
	话题	数量	反对、建议等言语行为	"慎重"的情感倾向
	对比、对举	主观认定		
人际域			缓和人际距离	
情态域	+主观性		+主观性	+（交互）主观性
话语方式域	+舒缓随意		+舒缓随意	+舒缓随意
篇章功能	话题前景化、话题切换、承接话题			

第二节　句末"呢"的人际语用功能

一　句末"呢"研究成果及存在的问题

学界对句末"呢"的研究主要集中在以下四个方面：

（一）语气词"呢"的溯源。王力（1980）、江蓝生（1986）、太田辰夫（1987）、孙易信（1999）、齐沪扬（2002）等这方面的研究最有代表性。由于考察的历史时期和文献不同，观点有差异，但大致认为表疑问的"呢"来源于先秦的"尔"，从来源上证明"呢"是疑问语气词。而表示非疑问的"呢"则来自唐五代位于句末的名词或助名词"裏、里"。这些研究大都建立在翔实的历史文献或方言材料基础上，各有各的正确，虽然到现在存在一定的争议，但是基本可以肯定语气词"呢"有两条不同的演化路径，一条是从疑问语气词演化而来，一条是从非疑问用法演化而来。现代汉语中的"呢"是两条路径汇合的结果。

（二）语气词"呢"的性质。汉语中到底有几个疑问语气词？这个问题引起了学界长期的讨论和关注，而这又涉及语气词"呢"的定性问题。关于"呢"疑问语气词的地位有两种完全不同的观点。一种观点认为"呢"是疑问语气词，承载疑问信息，以吕叔湘（1957、1980）、朱德熙（1982）、陆俭明（1984）、齐沪扬（2002）

为代表；一种观点认为"呢"不是疑问语气词，不承载疑问信息，以胡明扬（1981）、邵敬敏（1989）、金立鑫（1996）、张伯江（1997）、李大勤（2001）等为代表。两大阵营势均力敌，谁也没有说服谁。不过最近有了新的动向，邵敬敏（2012）修正了他之前的观点，认为疑问句中"呢"表示的"深究"义也属于疑问范畴中的重要语法意义。他指出："'呢'在任何疑问格式中都不负载疑问信息，包括'他呢？'或者'他不去呢？'这显然也是片面的。事实说明，即使在'他呢？'、'他不去呢？'中，'呢'也是承载'深究'这一疑问信息的。"屈承熹（2008）从篇章语法学和关联理论角度提出语气词"呢"连情态意义也没有，对"呢"的疑问功能否定得更彻底。徐晶凝（2008）对这一观点提出了不同意见，指出语气词都有情态意义，"呢"作为语气词，必须指出其具有的情态意义。虽然徐晶凝没有明确给"呢"定性，但从她的论述看，也是认为"呢"不是疑问语气词。

（三）语气词"呢"的意义和用法。"呢"的意义和用法和"呢"的性质密切相关。承认疑问用法的学者基本认为"呢"在疑问句中表示疑问，在陈述句中表持续等相对比较简单，但是不承认疑问用法的学者，除了要论证"呢"不是疑问语气词之外，还要进一步指出"既然'呢'不是疑问语气词，那它是什么"，这样对这个问题又有不同的答案。主要观点如表4.2所示。

（四）语气词"呢"的篇章功能。除了胡明扬的"提请注意"说外，将还有一批域外学者也突破句子层面的研究，努力从篇章角度探索语气词"呢"的核心意义，主要观点有 Alleton（1981）的"要求听者积极参与、思考"说、Li & Thompson（1981）的"做出反应"说、King（1986）的"彰显、评论背景信息"说、屈承熹（2008）的"关联功能"说以及 Shie（1991）的"对比标记"说，等等。在这些不同的观点中，实际上围绕"呢"的情态意义和篇章功能两个方面进行，存在两种不同观点：一种是突出"呢"的情态意义，并从话语结构、信息结构等角度具体分析"呢"的情态意义，如"彰显、评论背景信息""要求参与、思考"等；另一种则认为"呢"没有情态意义，只有篇章关联功能，如屈承熹的"关联功能"说。为了夯实自己的观点，屈承熹（2008）进一步指出，在"啊/呀""吧""呢"中，"呢"的篇章功能最强，并构建了"呢"的篇章语用网络。

表 4.2　　　　　　　　句末"呢"的研究成果简介

作者＼句类	陈述句	非是非问
赵元任（1979）	继续；温和的警告；肯定到达什么程度；对进一步信息的兴趣	问话
吕叔湘（1999）	表示持续；标明事实略带夸张	表示疑问
朱德熙（1981）	表示持续；表说话人的情感态度	表示疑问
北大中文系（1982）	持续；表示一定的语气或情感色彩	表示疑问
胡明扬（1981）	提请对方注意自己说话内容的某一点	请你特别注意这一点
邵敬敏（1989）	提醒	探究；话题标记
齐沪扬（2002）	肯定语气；夸张	表示疑问（基本意义）
金立鑫（1996）	提醒；根据当时情况，对比目前所指对象	请听者注意，说话人想了解所指对象的一些情况；有上文

通过对"呢"研究成果的介绍，可以看出，语气词"呢"的研究不断深入、立体，但是有一些问题还颇有争议，需要进一步思考，例如句末"呢"的人际语用功能是什么？命题和篇章结构如何制约着"呢"的功能，言者在什么条件是选用"呢"，用与不用有什么不同的语效？这些问题我们将在下面给予一定的回应。我们认为屈承熹的篇章功能网络还只是一个宏观的框架，具体内容还有待

进一步挖掘,那么"呢"的核心意义最终构建的功能网络呈现什么状态,这也是本章我们关注的重点。

二 句末"呢"的主观性

朱德熙(1982)在《语法讲义》提到"呢"具有表示说话人的情感态度的用法。这指出了"呢"的主观性功能。"呢"作为语气词的典型成员,在表达中传递着言者对命题内容或听者的情感、立场和态度,具有主观性。我们在前面两章已经分析了语气词"吧"和"啊"在表达中各自体现出来的主观性,那么"呢"又是如何体现自己的主观性的呢?

(一)情感倾向和情感指向

句末"呢"在陈述句中,往往和其他语气副词,如"才、还、可"等共现,并且逐步成为三个构式:"才……呢""还……呢"以及"可……呢"。"呢"的情态意义在这三个构式中体现得最为充分(徐晶凝,2008)。句末"呢"和这些语气副词共同表达情感。吕叔湘(1999)指出"呢"具有指明事实而略带夸张,齐沪扬(2002)则认为该夸张用法是"感叹语气",我们比对了一下吕、齐的用例,发现"夸张""感叹语气"也都是出现在这三个构式中。在我们的语料中,"呢"参与的三个格式表达的情感主要有意外、得意、讽刺、辩驳、夸张、不屑等。例如:

(33)我们曾经总结过上海人的特性,在上海人眼里,这世界只有两种人,一种是"阿拉上海人",还有一种就是"伊拉乡下人"。……

护士长还替上海人辩护【呢】,说全国各地人民妖魔化上海人。(意外)

(34)涡轮司机笑着说:"以前我们俩还对诗【呢】,现在真是忘得差不多了。"(得意)

(35)还军事专家【呢】,这个武器都不知道。(不满/讽

(36) 吴宗宪：在台湾的艺能环境里，这些苦是肯定要受的。……

鲁豫：要是我的话，我可能会想，你当初那样骂我，哼，我才不上你节目【呢】！（气愤）

(37) 你这么坏，让我给你喂东西，俺才不愿意【呢】！（亲昵）

(38) 那么便宜的东西，我才不要【呢】！（不屑）

(39) 皇帝说："他哪老糊涂，你才是糊涂蛋【呢】！吕端这个宰相小事糊涂，大事清楚。"这是表扬真聪明的人，小事糊涂，但脑子一清二楚，他装糊涂。（辩驳）

(40) "哎呀！这两条蜈蚣可不小【呢】！要是被它咬了，不及时治疗，也会伤命【呢】！"（夸张）

例（33）"呢"和构件"还"共同表达"意外"的情感；例（34）"呢"和"还"共同表达"得意"；例（35）表达"不满"或"讽刺"；例（36）和"才"一起表达"气愤"；例（37）表达"亲昵"；例（38）有不屑的意味，例（39）有辩驳的意味；例（40）和"可"共同表达"夸张"，等等。这些情感倾向有积极的，也有消极的，不过从情感指向来说，并不都是对"句子所表达的命题或描写的情境的"，也有指向命题的"涉事"角色，如例（36）的"气愤"情感并不是指向命题"不上你节目"，而是指向该事件的"涉事"角色"台湾的艺能公司"，也有指向交际对象，如例（37）表露出来的"亲昵"情感，是指向听者的。

（二）对客观量的自我视角体验

沈家煊（2002）指出，对客观量的不同认知体现了认知主体视角的差异，是不同视角形成的不同主观体验的结果。我们在上一节分析了句中"呢"对"量"的主观认定。由于量词句法功能的差异，有时也可以独立成句，这时，虽然数量词语的句法地位变了，

但是"呢"的功能没有变化,仍然是对客观量的主观认定。例如:

(41)"把你爸爸的清白藏起来啊!两块三毛二【呢】!"即使这样,王贵的支出与安娜的收入还是对不上账。

(42)这么便宜的房子现在很难找了,五千一平米【呢】!

(43)"我也觉得好看,就让妈妈在南城百货也给我买了一个。要138元一个【呢】!"

"两块三毛二""五千一平米""138元一个"在零语境中,都是一个客观数量,但是添加了"呢"以后,在语境中就成为一个主观大量,这是言者从自我主观视角体验的结果。

我们认同陈述句中的"呢"在语法化的过程中吸收了"哩"的用法。而"哩"是一个句末助词,表示持续义,直到现在"呢"仍然保留这一用法,表示持续体,句中常常带有"正在""在""着"等持续标记。例如:

(44)叔叔,你可要快点来啊!我哥哥正在幼儿园学习中文【呢】,我和爸爸妈妈都想听听中国话。

(45)何经理在吗?

经理忙【呢】,你5分钟后再来吧。

(46)当台上宣布谁得奖的时候我们正在下面聊天【呢】,忽然说得奖了,只觉得好吧,谢谢,这是一个额外多出来的奖项。

(47)士兵们还以为李大麻子在玩猫捉老鼠的游戏【呢】,有人竟拍起巴掌。

(48)前胸的汗还没干【呢】,后背已冻得结了冰。

(49)"老资!这儿有人叫唤!"

"我这儿正救人【呢】!人都快死啦!"

在这些例句中，都是表示对事态的客观描述，语气词"呢"表示"状态的持续"。虽然在句子层面出现了其他表持续义的副词，如"正""还"等，但是都具有可删除性①，删除后，"呢"可以单独承载"状态的持续"。这是"呢"体现的客观性，主要用在现实句中。史金生（2010）将表"状态持续"的"呢"称之为表事态的"呢"，和表情态的"呢"相对，表"情态"的"呢"是由表事态的"呢"语法化而来，语法化的机制是时间范畴在情态范畴的投射，"说话人用持续来转指主观上的凸显，因而'呢'由客观的陈述转而表达主观的表态"。这一分析基本能解释"呢"在共时平面客观和主观两种用法共存的现象。

三 句末"呢"的提示功能

"呢"的提示功能体现在三个方面：提示听者忽视或没有预期到的客观事实；提示听者注意自我的主观认识；提示听者注意已有的安排。

（一）提示听者忽视或没有预期别的客观事实

（50）"早知今日，当初何必给鬼子当奴才，还不如死迷了算！"

眼见此景，吴大疤拉却回首微笑道："慌什么？有我【呢】，天塌下来，我顶着！"

（51）母亲二话不说又跑回主任办公室："大夫，你开的药我不能吃！有太多副作用！"主任愕然："我给您开的药应该是副作用比较小的。"母亲："你看，说明书上都写着【呢】！"

---

① 有学者通过删除"呢"发现原句仍然具有持续义，进而否定"呢"表状态持续的功能。这种方法不一定科学，因为在句子表达中，语义的载体并不一定就是单一的，我们在第一章提到语气词有复合赋义的现象，语气词的可删除性并不能否定其"表状态持续"义，而是看其他语气成分是否有可删除性。

主任："哦，说明书都会这么写，您不用管它。"

"呢"提示的信息都具有强断言性，言者有相当的把握，确信度比较高。通过"呢"提示听者注意该信息，从而为自我的立场、观点或意图充实信息。例（50）"有我"是个客观事实，言者"吴大疤拉"，通过"呢"提示听者注意这一被他们忽视或没有预期到的信息，为了自我立场"不用慌"提供证据，可以理解成"别忘了，有我呢"。例（51）"说明书上都写着"也是客观现实，这与听者"副作用比较小"的信息有所偏离，也就是说超出了听者的预期，言者通过"呢"提示注意不一致的信息，"你看"是具有提醒功能的话语标记，证明了"呢"的提示功能。

（二）提示听者注意自我的主观认识

（52）这一身配色，跟个花孔雀似的，穿一般人身上没准就雷人了，不过谁让她脸好身材好【呢】，再险峻的配色都压得住。

（53）老李还不如你家老王【呢】！老王至少不动手。

例（52）"呢"前是言者对"她"身材的主观认识，通过"呢"提示听者关注自我的认识，从而达到称赞"她"的目的。例（53）"老李还不如你家老王"是言者的认识，而且和听者预设相反，对预设的否定比直接否定力度更强，从而有效地支撑"想离婚"的立场。

（三）提示听者注意已有的安排

（54）早点睡吧，明天还得上早班【呢】！

（55）还有很多朋友在关注明天凌晨的联合会杯【呢】。

已有安排的事件具有未然性，在句子层面有一些表示未然体的时间词语，如"明天"等，但是由于之前已有安排，有可预见性，属于虚拟的客观事实，也可作为证据支撑自我的立场和观点。"呢"具有吸引听者关注这一信息的功能。例（55）"联合会杯"直播的时间是确定的已有安排，"呢"有提示注意的功能。

四　"呢""啊"提示功能的差异

"啊"和"呢"在语境中都有提示功能，有什么区别吗？我们认为除了提示内容不同之外，两者的区别还有"呢"是对已然事态（谓语多为动作动词）的提醒，而"啊"是对现在或未然态的提醒。试比较：

(56) 她再也忍不住，把自己与王少艾的事向二哥都说了出来。"是嘛？"陈毅快活地笑了。……"那好呀，我早就想喝一杯我家幺妹的喜酒了，早就想抱一个我幺妹生下的外甥了……""二哥，看你！"陈重坤又羞又恼，生气了，"人家和你说正经的【呢】。你说，这个王少艾到底怎么样？"

(57) 此刻，向南的声音顶着大家鄙视的目光响起："……哎，晓芸，跟你说正经的【呢】，我问你，你怎么还没男朋友呀？"向南接着说。

(58) 二叔！我自己的钱买来的！今天开会，有点鲜花，看着痛快！白花蛇 小丫头片子！有本事再自动地献给我一双新鞋！破风筝 够了！够了！该说正经的【啦】！［三四小姑娘，二三青年男人，一同说笑着进来。］众方老板！白老板！大凤！珍珠！破风筝 辛苦！嗨，大凤，你的买卖来了。

(59) "没事了，咱们玩吧！"
当谁料他竟然反感了，"你也把我当小孩儿了？头儿不让我当头儿，可我起码是你大哥！没工夫，咱们<u>得</u>说正经的！"
"什么正经的？"我赶忙问。"你呀！"

例（56）"呢"表明"说正经的"已经说了，也就是说，上文"小妹"说的话都是正经的，但"二哥"没当真，所以"小妹"通过"呢"提示"二哥"注意，"呢"后面的小句是对前面信息的重申或重复。例（57）情况类似，"晓芸"的感情问题，"向南"之前已经正经地说过了，但是被大家看作开玩笑，没有重视，"呢"前小句是已然态，"呢"起到提示听者注意的作用，而且，"呢"后小句会再次重复刚才被忽视的信息。"呢"具有承前启后的篇章功能。但是例（58）句末"啊"具有启后性，表示"啊"后小句才是"正经"的，是准备要说正经的，属于未然态。所以在小句常带有情态动词，如"该""得""要"等。而例（59）"说正经的"后面并没有选用任何语气词，根据语境，可以推知"正经的"还没有说，句子表层有情态动词"得"，所以如果要选用句末语气词的话，应该选用"啊"。可见，在表示提示功能的时候，"呢"和"啊"具有一定的互补性。

五 "WP 呢？"的篇章结构及"呢"的篇章功能

"WP 呢"即"非疑问形式 + 呢"的"呢"字疑问句，相对于"疑问形式 + 呢"，有的学者称为"简省疑问句"。其功能特点是结构上看没有疑问词或疑问格式，但功能却相当于非是非疑问句。对"WP 呢"进行研究的有陆俭明（1984）、胡明扬（1981）、邵敬敏（1989、1996）等。但关注的重点在"呢"的性质身上，即"WP 呢"中的"呢"到底有没有承载疑问信息，据此形成两种完全相反的观点。本书不陷入这种讨论之中，我们关注的重点不在结构内部的句法语义层面的句子分析，而是将"WP 呢"作为一个整体放到更大的篇章去考察，分析"WP 呢"的篇章结构及"呢"的篇章功能。

（一）"WP 呢？"的类型

"WP 呢"的类型陆俭明（1984）列举了两种：

（1）丁四呢？
（2）你的皮大氅呢？
（3）我不要钱呢？
（4）万一把他气病了呢？

（1）（2）为体词性成分；（3）（4）为谓词性成分。我们分别记为"NP 呢？"和"VP 呢？"。叶蓉（1994）还补充了"代词+动+呢？"一类。一般来说，"呢"不能用于是非问句，但从陆俭明先生的用例来看，在篇章中，这些表达在语义上不自足，不完整，"会给人一种'半拉子'话的感觉"（徐赳赳，2010：449），是"半独立性的"（金立鑫，1996）。也就是说，这些非是非疑问句所传递的信息不足量，需要其他话语予以补充，后续补充的信息在语义上和"WP"存在某种关联，我们将这些有关联的后续成分记为"CP"。由于"呢"位于"WP"和"CP"之间，有时会和句中"呢"相似。请比较：

（60）"歪把子机枪【呢】，一挺也没有？"听到三营长的汇报，陈大雷立刻追问道。

（61）在沉默了好一会后，他不甘心地追问道："二雷【呢】，他的那把狙击枪呢？"

（62）乔风低头继续切菜。
蓝衫又问，"那你【呢】，你是内向还是外向？"
"我？"他怔了一怔，"我以前是内向型人格，现在……现在好像有点外向了"。

例（60）—例（62）"WP"都是体词性成分，"WP 呢"后为逗号，"WP 呢"是主位还是疑问句呢？对此，我们采用李大勤（2001）从篇章距离（textual distance，TD）概括的成果作为鉴别标准。即，

```
A、  B        C、       D        E         F
TD = 0   0 < TD≤0.5   0.5≤TD < 1   TD > 1
主位────────────────────────────疑问句
```

"WP 呢?"主要包括李大勤文中的 C、D、E、F。这四种形式我们结合李文中的用例具体分析如下:

C. ［WP 呢］?［CP］。
D. ［WP 呢］?［CP］?
E. ［WP 呢］?［XP］［CP］?"XP"为分割成分。
F. WP 呢 ? ‖ CP。用于两个不同话轮,话语主体已经转换。

其实,"WP 呢?"除了"NP 呢?""VP 呢?"这两种形式之外,李蓉(1994)还补充了"代词 + 动词 + 呢?",如"你说呢?"但是,根据我们收集的语料,还有一种形式是被之前研究忽视的,那就是"连词/副词 + 呢?",如"结果呢?""大概呢?"等。

(二)"WP 呢?"的语篇推进功能

"一个问句,其作用是询问新信息,而不能提供新信息,因此,疑问句自身并不能确定话题和述题。"(范开泰、张小峰,2003)这和"WP 呢?"自身不能提供足量信息是一致的,所以在语篇中经常和上下文中的其他小句产生关联,"WP 呢?"不是叙述的主线,提供的是背景(background)信息。"不管是转换一个新话题还是变换一个新角度,都必须以一个包含'旧'话题的句子或相比之下属于'旧'的叙述角度的句子作为前提条件。"(李大勤,2001)屈承熹(2006)指出背景信息有三个语用特征:叙述时,前景(foreground)推动事件的发展,背景则否;背景是构建新事件的基础;背景所述可以是权重降低的主线事件。据此,"WP 呢?"提供的背景信息还是构建前景或新事件的基础,在话轮转换中起积

第四章　语气词"呢"的人际语用功能　　283

极作用，推进着话语的演进。

1. 指派话轮交接对象

在多人对话中，为了保持话语有序进行，避免"一言堂"或者争抢话轮的情况，"主持人"需要根据话语主题，指派话轮交接对象，"WP"为代词或人称名。

　　（63）T₁ 主持人：我想问问各位，你们认为，中国现在的养生热该不该降温呢？

　　T₂ 孙树侠：我觉得要是从营养学来讲不应该降温……

　　T₃ 主持人：人民群众还是有这个需求的对吗？您两位【呢】？该不该降温？

　　T₄ 方舟子：传统的这种养生热，这个本来就不应该有……

　　T₅ 主持人：纪先生【呢】？

　　T₆ 纪小龙：还要更大张旗鼓地来提倡健康的基本知识……

话述结构中，话轮 T₁ 是讨论的主题和主线，话轮 T₃ 含有"WP 呢？"，"主持人"通过"WP 呢？"来指派话轮接替者，并重复话轮 T₁ "该不该降温"，而话轮 T₅ "WP 呢？"独立成为话轮，用来指派新的话轮接替者。"WP 呢？"在指派话轮交接时，还有引导听者找回话题的作用。但是听者回应的不是"WP 呢？"的某一点信息，而是针对主题或主线的观点或评价。可见，当"WP 呢？"用于多人对话且"WP"为人称或人名时，它本身的疑问信息并不是听者关注的重点，而是起到邀请听者关注谈论主题的作用。"WP 呢？"此时凸显的是其话语功能。这时候和"你说呢？""您看呢？"等"代词＋动词＋呢？"功能相似。

2. 诱导话轮

张伯江（1997）在疑问句疑问点的基础上提出了"疑问域"的概念，并认为疑问句疑问域有大有小，共有三种：点、局部和整体。"WP 呢？"的疑问域有"点""局部"也有"整体"，"WP"

可能是"NP",也可能是"VP"。

A. 疑问域为"点"

当"WP 呢"的疑问域为点时,"WP 呢?"就相当于"WP+疑问代词+呢?","WP 呢?"诱导听者针对"疑问代词"所表示的"疑问点"进行回应。例如:

(64) 陈主编搓着双手从里屋出来,笔直走到李东宝桌前:"作者人【呢】?"(=作者人在哪儿呢?)
李东宝晃着身子找:"在你身后。"
(65) 拆开之后乔风就懵了。
"内存条【呢】?"(=内存条哪儿去了呢?)
蓝衫挠了挠头,"什么?"
"内存条,"乔风指着插槽比画,"就是插在这里的一个长条,怎么会不见了。"
(66) 甲:你们都去国外了,我呢?(=我怎么办呢?)
乙:你也早点考个 GRE,也出去吧。

张伯江(1997)认为疑问域小的疑问句,由于所需信息量小,往往标志着一个话轮的结束。其实,例(64)—例(66)中"WP 呢?"并不表示话轮的结束,相反通过疑问点诱导听者接过话轮,推动话语的进行。例(64)、例(65)中的"WP"为非第一人称的人或物,具有定指特征,由于人们在认知定指的人或物时,是通过其空间属性来识别的,空间属性在认知中处于凸显位置,所以"NP 呢?"在日常交际中常常被优先理解为询问处所,尤其在单独使用时,其对语境的依赖性相对较低,听者的回应点在"在哪儿?"。但是如果不是定指,而是类指,那么"NP"的类属特征在认知中位置凸显,此时"NP 呢?"是询问"NP 怎么样呢?",一般不能单独使用,其对语境的依赖性较高,听者的回应点在"怎么样?"。如"你们学生都觉得累,老师呢?"。例(66)"WP"是第一人称，虽然作为代词，时空属性也很明显，但自我的位置不会成为疑问信息，所以"我呢?"的疑问点在于"怎么样""怎么办"等。还有一些"连词① + 呢?"也用于询问疑问点，如"结果呢?"="结果怎么样呢?"，询问事件的进展；"还有呢?"="还有哪些呢?"，询问进一步信息。"副词 + 呢?"，如"大概呢?"="大概什么时候呢?"，"估计呢?"="估计多少呢?"，询问的疑问点也是和背景信息相关的进一步信息。

B. 疑问域为"局部"

(67) 我们需要一位海归博士，你是吗？
我不是。
你呢？(= 你是不是海归博士呢?)
我也不是。

上例中的"WP 呢?"相当于正反问或选择问，可以嵌入"X 不/没有 X""还 A 还是 B"等疑问形式，涉及命题的某一"部分"，而不是一个"点"。听者需要就该局部进行选择回应，提问的是局部。"你呢?" = "你是不是海归博士呢?"

C. 疑问域为"整体"

(68) 岳秀秀笑问："姨夫，他们明天要是不来【呢】?"
门县长眼睛一瞪："敢? 过明天中午我都饶不了他们"。
(69) 吕建国恶恶地说："老徐，你明天就把赵明的饭馆给封了。告诉他，三天之内把十万块钱交来。"
徐科长问："他要是真不交【呢】?"
吕建国恶笑一声："你就让他滚蛋。你告诉他，就说这话

---

① 合用关联词语的后项连词虽然也可用"呢"，如"但是呢""所以呢"，但一般用于陈述句的句中，不能用于疑问句中或者自成话轮。

是我姓吕的讲的。"

（70）"拿去退呗。""知道买了假货怎么办吗？""是消费者权益保护日。"

"要是对方不给退【呢】？"

"那有什么办法。"

"WP 呢？"形式酷似是非问句，但当"呢"前是 VP 时，一般认为是假设小句①，提供的只是背景信息，疑问的信息量比较大，回答方式和是非问句不同，不是简单肯定或否定就能回应，所以对话轮的诱导功能最强。

从语义特点来看，例（68）中"WP"是听者"门县长"没有想到的信息，属于反预期信息，句中带有否定副词"不""没"等，假设小句的命题内容都为未定的非现实状态，多用于提醒、谈判甚至威胁的言语场景中。例（69）"WP"是"吕建国"没有考虑到的情况，是"徐科长"根据背景知识补充的一种"可能"。而这种"可能"是听者不愿接受、不期待或是没想到的，也是不利的。例（70）"对方不给退"是话语主体不期待的结果。由于可能假设是从前提信息的对立面提出来的，所以句中也常带有否定形式。但是"WP"也有肯定形式，例如：

（71）粟裕又说："我只是希望你知道，我是真心爱你的。如果你暂时还不能接受我的爱，我可以等，等一年、两年、三年我都会等的。"

楚青听了，激动得热泪盈眶。她将头靠在粟裕的胸脯上，无限深情地看了粟裕一眼，说："那……我要是现在就答应你

---

① "假设小句 + 呢？"属于疑问句，多用对话语篇中，独立成为一个话轮。这和叙述语篇中，句中"呢"用于假设句不同，其形式是"假设小句 + 呢……"属于陈述句。

【呢】?"

……"啊,好姑娘,好姑娘,两年多了,我终于被你理解了,理解了……"

(72)"没什么,你不用担心了。不过你以后可别这样马虎了,今天拿错的是男朋友的手机,明天要是拿错客户的【呢】?"

"谢谢老板的教诲,不过他不是我男朋友啦,嘿嘿。"

(73)"爱情是美好的,爱情里的人自然也是美好的,当爱情真正降临时,一个人想坏也坏不出来了,要是人人都拥有一点爱【呢】?"

"是啊,那社会空气一定跟海边似的。"李东宝第一个被感动了。

例(71)"WP 呢?"虽然也是未定的非现实的假设,但是表达的却是"肯定"语效且对听者有利的。"WP 呢?"蕴含着一个"应允"的言语行为。"粟裕"愿意等下去的时间是没有一个固定的时间点的,但"楚青"却意外给予对方一个非常近的时间点"现在",这个时间点是"粟裕"期盼的。虽说是虚拟的假设,但在具体的语境中具有"应允"的语用效果。史金生(2010)指出"呢"有预示一个言语行为的功能,这与我们的分析正好一致。例(72)"WP 呢?"所表语义和前提信息处在一个量级模型(scalar model)中,"客户"和"男朋友"对于"拿错手机"来说,"客户"的严重程度位于"男朋友"之上,"老板"通过虚拟假设来提供足量的信息强化事情的严重性,达到教育听者的目的,此时"WP 呢?"的话轮诱发能力不强。例(73)"要是人人都拥有一点爱呢?"和前提信息"一个人的爱情"也处于一个量级模型中,"人人的爱"给人的幸福感比"一个人"要强,言者也是通过虚拟假设来提供足够的信息量来支持、强化"爱情的美好"的观点。沈家煊(2001)在分析"还"的时候指出"还"所传递的信息是关于语境小句传递信息的状况，"'还'字句是对陈述的命题表明说话人的主观态度，即认为语境命题提供的信息量不足，主表命题才提供足量的信息"。这是"还"的"元语增量"用法，带有"主观性"。根据上面的分析，也可以看出"WP 呢？"虽然自身语义不自足，但是和其他话语关联时，"呢"为其他话语提供足够的信息支持言者的观点和立场，也属于"元语增量"用法。此时"WP 呢？"一般不能直接理解为"WP＋疑问代词＋呢？"。因此，从这个角度看，不是所有的"WP 呢？"都表示非是非问，把"WP 呢？"视为非是非问句的简省问也有待商榷。

3. 承启功能

所谓"承启功能"就是"WP 呢？"具有承上启下的功能，既承接了上一小句的旧信息，又开启了下一小句的话语出发点，促进后一小句推进话题。上述"指派话轮接替者"和"诱导话轮"实际上多多少少体现了"WP 呢？"的承上启下的作用，只不过"启下性"明显一些，下面我们再举几例进一步说明"WP 呢？"的"承启功能"。

(74) "我们下午就到监狱里去，(a) 跟他们_i挑明了，就说这个犯人有重大嫌疑，我们已经掌握了他大量的犯罪事实，必须立刻把他带走。"

(b) "他们_i要是<u>不同意 C</u>【呢】？"何波问。

(c) "<u>不同意 C</u> 咱们就去找市委，找地委，找省委，找人大，找政法委，找公安厅，找检察院，找司法厅，找监狱总局，再不行了，就找记者，找报社，找电视台，找焦点访谈，把他们一个个嘴脸全都捅出去！"

(75) "子文这次来，主要是奉国民政府之命，接收江浙一带财政。(a) 还请蒋总司令_j出面<u>帮忙和协助</u>。"宋子文单刀直入。

"那好哇！不过，我倒提醒宋部长，(b) 万一我_i要是<u>帮不上忙 C【呢】?"蒋介石试探着察言观色。（c）"帮不上忙 C？总司令真会开玩笑！"宋子文先是一怔，旋即呷了一口香茶道："我们都是一家人。"

上述两例中的"WP"是谓词性成分，为假设小句，包括话题和述题两个部分，话题为零形式或代词充当，而述题为动词性结构。"WP 呢?"位于（a）句和（c）句中间，（a）句和（b）句的话题相同，处于同一话题链之中，（b）句通过话题链"承上"，同时（c）句重复（b）句的述位焦点信息"启下"，这样（b）句就像中间纽带一样，连接着（a）句和（c）句，（b）"WP 呢?"起到承上启下的作用。结合例（72）、例（73）篇章结构可以将其承启功能简写如下：

$$
\begin{array}{lll}
(a) \rightarrow (b) & T_1 + (C_1 \rightarrow C_2) \\
& \qquad\qquad\quad \downarrow \\
(b) \rightarrow (c) & (C_2), T_2 + C_2
\end{array}
$$

（c）句对（b）句的衔接并不一定是通过重复来实现，重复只是衔接的手段之一，其他的词汇衔接手段或结构衔接也可以。可见，"WP 呢?"具有承上启下的话语推进功能。

上面我们提到的"WP 呢?"共有四种形式，我们将其句法语义功能总结如下：

NP 呢?	询问处所；询问状态。
VP 呢?	询问假设条件下的结果。
代词 + 动词 + 呢?	询问对方的意见、观点。
连词/副词 + 呢?	询问事件的进展或进一步信息。

在对话语篇中，"WP 呢?"需要和其他话语关联，是针对上文某一信息而发，同时又诱发下一个新陈述，具有指派话轮交接对象、诱导话轮以及承启功能等篇章功能。"WP 呢?"作为疑问句，需要听者做出回应，在言者看来，听者占据信息，具有提供相关信息的能力，这体现了言者对听者认知状态的关照，具有交互主观性。

（三）"WP 呢?"是省略问吗？

李蓉（1994）指出"呢"用于"非是非问句的简略式中"，也就是说李文将"WP 呢?"视为非是非问句的"简略式"，邵敬敏（1990）称为"省略变式"，李大勤（2001）称为"简略格式"，李晟宇（2005）则直接称为"简省疑问句"，徐晶凝（2008）称为"简略问句"。现行的一些语法教材，有的也称为"省略疑问句"或"省略问"。这些观点都认为"WP 呢"是非是非疑问句的省略式，即"WP 呢?"是省略问。"WP 呢?"真的是省略问吗？对于这个问题，上一节提到过我们的看法。下面我们想再举一些例句做进一步说明。我们认为"'WP 呢?'虽具有非是非问句的某些功能，但不宜看作省略问"，这至少可以从下面两个方面来寻找证据：一是，如果是省略问，那么是不是所有的"WP 呢?"都可以补回疑问代词或疑问形式呢？"WP 呢?"有没有疑问域？二是，"WP 呢?"是不是从疑问句而来？

1. "WP 呢?"都有疑问域吗？

请看下列例句：

（76）问：某部长的报告不怎么样，你说【呢】？(≠你说怎么样？)

答：喔，你这样看。

（77）"孩子，上月听田府总管说，这位吴总兵只三十二岁，可以说少年元戎，这亲事十分难得。俗话说的，过了这个村，就没有这个庙。依妈看，这门亲事就答应了吧。你说

【呢】?"(≠你说对不对呢？你说怎么样呢？)

陈沅故意撒娇地问："田家总管怎么知道他今年三十二岁？"

(78) 甲：你不要瞧不起人，万一我考上了【呢】?（≠？万一我考上了，怎么样呢？）

乙：你考上了，除非太阳从西边出来了。

非是非问句都含有一定的疑问形式，除了反问句之外，一般都要听者针对疑问域进行回应。但是例（76）—例（78）"你说呢？""万一我考上了呢？"等都不能嵌入任何其他疑问形式，句中不存在疑问域的空位，不需要听者对"WP 呢？"中的任何一部分进行回应，并不具备非是非疑问句的功能。实际上，例（76）、例（77）句中的"你说呢？"在话语中的功能为"求同功能"，例（78）"万一我考上了呢？"表达的是"反驳"功能。

2. "WP 呢?"是来自疑问句吗？

根据李大勤（2001）的研究，"WP 呢？"疑问功能的产生是外在原因和内在因素作用下的语法化过程。这个过程大概是：WP 强制要求一个新述位 CP——在外部因素篇章距离的作用下，WP 逐渐脱离主述位的控制——述位缺项。在这个过程中"WP 呢？"的疑问功能是理解者在"述位"缺项的情况下"重新分析"或语境吸收的结果，据此，李大勤得出"呢"不承载疑问信息的结论。我们认为李文的语法化分析是可信的。从语法化的过程来看，"WP 呢？"是从主述位结构发展而来，"WP"的前身是主位，这似乎证明了"WP 呢？"并不一定是从非是非疑问句省略而来。因此，有些"WP 呢？"不能嵌入疑问形式就在情理之中。那么"WP 呢？"中的"呢"为疑问标记，主位后的"呢"为话题标记，两者怎么可能走在一起呢？其实，这也有类型学上的证据。从类型学角度看，疑问标记和话题标记同形的现象并非汉语独有，巴布亚语言 Hua 语中的"ve"、德语中的 was NP betrifft（what concerns NP，关系到 NP 的是）、俄语中的 čto kasaets'a NP + GEN（what touches

NP，至于 NP……）也都是类似的现象（徐烈炯、刘丹青，1998：240；周士宏、申莉，2006）。

六 句末"呢"的核心意义及功能网络

我们在吸收前人研究成果基础上，结合本书的分析，将句中"呢"的人际语用功能总结如表 4.3 所示。

表 4.3   句末"呢"的人际功能

功能＼句类	陈述句	非是非问	WP 呢？			
			NP 呢	代词+动词+呢	VP 呢	连词/副词+呢
典型功能	陈述事实	询问	询问			
人际语用功能	提示功能；确信、带有一定情感	探究	引发兴趣、关注			
	主观性	交互主观性	交互主观性			
语篇功能	关联功能；指派话轮交接对象；诱发话轮；承启功能；交际互动功能						

屈承熹（2008）指出"呢"没有情态意义，邓守信（2010）认为"呢$_1$"没有情态意义。但从表 4.3 中可以看出，句末"呢"作为语气词还是有情态意义的，只不过和"吧""啊"比较起来，"呢"的篇章功能比较突出，情态意义相对简单，对人际关系不敏感而已。关于"呢"的核心意义，我们认为是"提示听者共同关注与背景知识关联的当前信息"。其他一些语用意义是该核心意义结合表达形式和语境等多种因素而衍生出来的。它们之间的关系及功能网络详见表 4.4。

表 4.4　　　　　　句末"呢"的核心意义及功能网络

核心意义	形式	语用意义	篇章功能
提示听者关注与背景知识关联的当前信息	P$_{断言}$ + 呢。	提示、确信	关联功能
	非是非问 + 呢?	探究	承启功能
	NP + 呢?	询问处所；询问状态	指派话轮交接对象；
	代词 + 动词 + 呢?	询问对方的意见、观点	承启功能
	VP + 呢?	询问假设条件下的结果	诱发话轮；
	连词/副词 + 呢?	询问事件的进展或进一步信息	承启功能

第三节　句末"呢"与语气副词的共现

本节我们继续以下面 18 个高频语气副词作为考察对象：

还$_{35}$、才$_{83}$、真$_{94}$、还是$_{126}$、一定$_{167}$、倒$_{275}$、终于$_{315}$、原来$_{332}$、其实$_{502}$、大概$_{506}$、甚至$_{545}$、实在$_{575}$、几乎$_{715}$、本来$_{736}$、简直$_{793}$、到底$_{923}$、千万$_{1412}$、正好$_{1463}$。

根据 CCL 语料库，以"语气副词 \$ 18 呢"为检索测试框架，对这 18 个语气副词进行了穷尽式的检索测试，截至 2016 年 3 月 15 日检测结果详见表 4.5。

从下表可以看出，"呢"和 18 个高频语气副词都可以共现，和"吧""啊"比较起来，与语气副词的关系最和谐，"人缘"最好。其中，"呢"和语气词副词"还""才""还是"等共现使用的频率最高，这个我们在分析"呢"的人际语用功能时已有所提及，认为这些副词和"呢"高频组配使用后，逐步成为结构固定、意义丰富的口语构式，构件"呢"表露了交际者的某种情感倾向。可能正因为"还……呢"和"才……呢"成了构式，对语境的依赖减弱，自由性增强，使得"还""还是""才"等副词与"呢"组配的使用频率高于"啊"。下面我对"还……呢"和"才……呢"两个构式的功能及"呢"所起的作用做些分析。

表 4.5　　　　高频语气副词和"呢"的共现例句统计结果

	还是$_{126}$	大概$_{506}$	一定$_{167}$	还$_{35}$	才$_{83}$	终于$_{315}$	其实$_{502}$	到底$_{92}$
呢	1689	54	392	>10000	3136	13	316	1330
啊	495	0	239	1429	912	8	86	231
比率 啊：呢	0.290		0.609	0.1429	0.290	0.615	0.272	0.173

	千万$_{1412}$	简直$_{793}$	实在$_{575}$	正好$_{1463}$	甚至$_{545}$	几乎$_{715}$	本来$_{736}$	倒$_{275}$
呢	26	30	65	36	148	36	70	469
啊	115	32	217	5	21	10	45	87
比率 啊：呢	4.423	1.066	3.338	0.138	0.141	0.277	0.642	0.185

一　"还……呢"及"呢"的功能

"还""到底"等可以和语气词"啊""呢"共现，但根据统计数据，和语气词"呢"的共现使用频率要高于"啊"（比率值越低说明共现频率差距越大），尤其是"还"。副词"还"是一个多义词，《现代汉语八百词》列有 13 个义项，分为"平""扬""抑"以及"表示情感为主"。我们对这 13 个义项进行检测，结果是"呢"基本都可以和"还"的这 13 个义项组配，可见"呢"和"还"共现使用频率如此之高，与"还"的多义性及"呢"的强组合性是分不开的。

具体来说，"还……呢"包括以下几种形式：

（一）还 NP 呢。如：

（79）还老师【呢】，这个字都不会认。
（80）他是博士，我还博士后【呢】！
（81）他是老总，我还是上帝【呢】！
（82）甲：冰箱里有啤酒。
　　　乙：还啤酒【呢】！什么都没有。

郑娟曼（2009）认为"还 NP 呢"属于广义的"否定"表达，要么表达反预期信息，要么表达反期望信息。但是为什么会产生否定效果呢？"否定"的一定是预期信息吗？我们认为"否定"是对某一心理参照点的偏离。也就是说，现实信息偏离了预期信息或社会规约信息，偏离产生"否定"。如例（79）从事理上来看，"会认字"是"老师"的基本素质，但是预期对象却"不会认"，偏离了事理上的要求，所以言者通过"还……呢"来否定预期对象，并带有"不满"或"蔑视"的情感倾向，其中"NP"位于一个量级模型中，具有［＋次序］的语义特征，"呢"表示"对比"，现实信息和预期信息的对比，"还"表示"偏离"，所以"还……呢"的否定功能是通过现实信息和预期信息"对比—偏离"这一回溯推理获得的。其过程是：

  大前提：A 是 X，就应该 Y（这是常识或事理）
  小前提：A 不具备 Y，（已知信息）
  结论：所以 A"不合格"
  例如："还老师呢，这个字都不会认！"
  大前提：你是老师，就应该会认这个字。（这是常识或事理）
  小前提：你不会认这个字。（已知信息）
  结论：你作为老师"不合格"（产生否定，并带有蔑视、不满的情感倾向）

那么"否定"的是预期信息吗？通过推理过程可以看出，否定的不是"NP"本身，也不是"会认这个字"（对"会认这个字"的否定是通过词汇语法手段"不"来实现的），而是"NP"的资格，即预期对象不具备现实中"NP"该具备的素质、能力，也就是"不合格"。所以，"你还老师呢"否定的不是"他是老师"，"他"仍然是老师，否定的是"他作为老师的资格"，即"他是一名不合格的老师"。

例（80）—例（81）是一个对举格式，"还……呢"提供的是假信息，包括虚拟或不真实的信息，言者故意违反"合作原则"中的"质量次则"，即"我为博士后"为假，通过违反"质量次则"来获得否定"他是博士"的语用效果。"呢"既不表示对该假信息的确信，也不是提示，而是加强对举格式的"对比"功能，突出假信息和真实信息的反差，从而达到强化否定的目的。例（82）"还啤酒呢"表示的是"没有啤酒"，是对甲方预期信息的否定，语气词"呢"有加强语气和关联上下文的作用。从"呢"和"还"的紧密度来看，（79）＞（80）—（81）＞（82）（＞表强于）。其中"还"承载元语增量功能，"呢"承载对比、强化语气和关联的功能，两者互补。

（二）还 AP 呢。如：

（83）你想挤进去 还不容易【呢】！
（84）演出的时候，后台记者比演员 还 多【呢】。
（85）他们距离这个标准 还远【呢】。

例（83）"还……呢"有表示出乎意料的味道，其中"还"表"超出预料，有赞叹的语气"（吕叔湘，1999），"呢"有提示、确信的功能。例（84）"还……呢"用于比较句，"还"有表示"程度深"的意义，"呢"表提示、确信的功能。例（85）"还"在"还 AP 呢"中表状态的"持续义"，"呢"表提示、确信。可见，"呢"在"还 AP 呢"中主要起到提示、确信的作用。

（三）还 VP 呢。如：

（86）什么呀，还笑【呢】，真讨厌……
（87）还说【呢】！要不是你，他十个哈巴狗也逃不出俺们这两条枪！

（88）你那个事我都知道了，<u>还</u>装【呢】！

"还"有"否定"的功能，"还笑"是"不要笑"，"还说"是"不要说"，"还装"是"不要装"的意思，其中的动作具有已然性或持续性，有"抱怨"和"不满"的情感倾向，"呢"有提示对方注意在该情景下行为不当的作用。"还 VP 呢"中"呢"不是强制性成分，"呢"的选用主要是提示听者关注。

二 "才……呢"及"呢"的功能

请看下列用例：

（89）你<u>才</u>二百五【呢】！
（90）你<u>才</u>猪八戒【呢】！
（91）你<u>才</u>是人才【呢】。
（92）你<u>才</u>漂亮【呢】。
（93）我<u>才</u>没那么笨【呢】。
（94）他<u>才</u>没那本事【呢】。
（95）陪我参观的丰安说："等到秋天，微山湖的万亩荷花盛开了，驾一叶小舟，到湖里采莲藕，尝尝渔民做的莲籽炖鲜鱼，那<u>才</u>叫美【呢】。"
（96）有人把蔬菜市场当作社会闲杂人员、劳教释放人员的安置去处，成了藏污纳垢之地，这些人胡作非为，不破坏菜价稳定<u>才</u>怪【呢】。

邵敬敏（1997）认为"才"有驳斥语气，用于形容词谓语句时，常与语气词"呢"搭配。方向（2013）将"A 才 B 呢"的构式义确定为"否定驳斥"。张谊生（1996）也指出语气副词"才"常与"呢"配合，如例（89）、例（90）"才……呢"中间都是表消极意义的名词 NP，属于詈语，"才……呢"表示"我不是 NP"，具有驳斥功能。但是有些却不一定有驳斥功能，相反还有调侃、礼貌的效果。而这和交际语境类型、交际对象及交际原则等语用因素有关。在话语交际中，交际双方作为理性的交际主体会根据交际对象的人际关系和权势关系来选择恰当的表达，"驳斥"言语行为主要用在冲突语境中强权势者或等同权势者之间，但是在和谐语境却很少使用，如例（91）是和谐的谈话语境，"你才是人才呢"是对"我是人才"的否定，但并不是驳斥。例（92）"你才漂亮呢"是在和谐语境中对对方的称赞，属于"贬己尊人"的礼貌表达，遵守了"谦虚准则"（modest maxim）以及汉语独有的"贬己尊人准则"（the self-denigration maxim），"才……呢"表示对预设的委婉否定。"人才""漂亮"都是表积极意义的词语。所以，我们认为"才……呢"表示的是"对预设的否定"，至于"驳斥""委婉的否定""不认同""贬己尊人"等都是"预设否定"义在具体语境中的语用效果。"否定"是"才……呢"构式的浮现意义，其产生机制是演绎推理。如果将构式"才……呢"形式化为"X 才 Y 呢"：

大前提：只有 X 才 Y
小前提：M 不是 X
结论：所以，M 不 Y。

"才……呢"实际上隐含着一个参照点 M，多运用在对举格式中，"才……呢"用于回应语，根据语境我们可以补充上半句，如"我不是二百五，你才是二百五呢""我不漂亮，你才漂亮呢"等，所以"呢"起到关联上文和对命题确信的作用。例（93）—例（94）句中表层出现了否定词语，"才"表加强语气，"呢"表确信，并带有情感倾向。例（95）、例（96）"美""怪"为形容词，"才"表示程度深，"呢"具有提示、确信的功能。

除此之外，表 4.5 阴影部分还反映出了两个问题：

一是，一般认为"呢"和"啊"都有强传信功能，而且，根据齐沪扬（2002）的研究，"呢$_2$"的传信强度还高于"啊"，那么为什么"呢"却可以和表弱传信的"大概"共现呢？

二是，语气副词"到底"和"呢"的共现频率为什么要高于"啊"呢？

三 为什么"呢"可以和"大概"共现

先来看第一个问题。在第三章第三节根据"语义和谐律"（semantic harmony principle），认为"啊"的"强传信"和"大概"的"或然性"语义不和谐，不能组配。那"呢"呢？我们发现"呢"和"大概"主要用在疑问句中，"呢"表疑问语气，作用于句子功能；"大概"表"或然义"，作用于命题内容的信度，两者作用在不同域层面，所以可以互补共现。在我们收集的 54 个语料中，在疑问句中共现的有 34 例。如：

(97)"不找你，大概不会来的【呢】？"
"哪里的话，哪里的话。"

(98)"这儿大概是什么地方【呢】？"埃特有些不安地回头看看森林。
"大概是瓦利斯东方大约三天路程的距离吧。"

(99)"你今天的戏，什么时候拍完？我去接你。"
"我也不大清楚，拍戏不是幼稚园上课，很难说得准。"
"大概【呢】？"
"可能四点，也可能六点，又或者是五点。"

但是也有少数用于陈述句中的。如：

(100) 我永远无法抵抗那一切的真与美。面对那样的音乐，我可再也不能继续厮守在冬日里我那燃尽了的火堆旁，空绞着双手唉声叹气！那音乐不仅可以消除精神萎靡，大概还能治好伤风感冒【呢】。

（101）寂静中，有人吃吃窃笑，小声说："盖这所房子的时候，中国<u>大概</u>还没有沙发【呢】。"

（102）我想起公使太太和那八个小妖精，她们<u>大概</u>还在那里臭烂着【呢】！

用在陈述句中，与"呢"共现的不仅仅"大概"一个语气副词，如例（100）、例（101）、例（102）还有语气副词"还"。"呢"在和多个副词共现时，组合是有层次性的，"呢"在句子表层位于句末，貌似是句末语气词，事实却不一定。两个副词和"呢"共现时，其层次性是：

大概……还……呢
　　　 ——— （第一层）
———————　　　（第二层）

也就是说，"呢"先和"还"组合，形成构式，然后"大概"再和构式组合。因此"大概"在线性序列上和"呢"处于不同维度，"大概"作用于命题的真假，"呢"作用于"还……呢"构式，在陈述句中，两者"各为其主"，可以共现。

四 为什么"到底"和"呢"的共现频率高于"啊"

"到底"和"呢"共现率高，主要是因为"到底"和"呢"在疑问句中，都有"追究"义，具有"天生相谐性"（张秀松，2008），组配几乎是自由的，无标记的。例如：

（103）中国汽车的生存空间<u>到底</u>有多大【呢】？

（104）<u>到底</u>是为了什么【呢】？

（105）听了这些议论，侯占弟思索了好久，自己这么做

到底 对不对【呢】？

（106）吃海鲜的时候 到底能不能喝啤酒【呢】？

（107）对于可能的重金属污染带来的健康风险有多大也不清楚。那么，到底该吃还是不该吃【呢】？

齐沪扬（2002）根据信疑连续统，将疑问分为真性疑问和假性疑问，并将"到底""究竟"等视为传达真性疑问的语气副词，而"呢"为具有"真性疑问"的"半真半假"疑问语气词，从"真性传疑"的角度看，"呢"和"到底"也能共现。而"啊"在疑问句中和"到底"共现时，是通过"追究"义所流露出的情感倾向间接组配的，而且属于"假性疑问"，所以，和"到底"共现频率相对较低。

第四节 本章小结

"在所有的汉语句末助词中，语法学家也许最关注'呢'。"（屈承熹，2006）可以说，语法学家对"呢"的"偏爱"取得了显著的成果，本章我们在吸收前人研究成果的基础上，重点分析了句中"呢"和句末"呢"在陈述句和疑问句（WP呢？）中的篇章功能及人际功能，主要观点如下：

第一，句中"呢"可以用于话题主位、人际主位和篇章主位之后，表示停顿，有舒缓语气的作用。同时还有将客观量主观化，吸引听者关注、思考以及缓和功能，是个多功能语气词。句中"啊"也有对客观量的主观认定功能，但是两者存在一定差异："呢"激活的是双方共享的信息，容易获得听者的认可，进而为自我的观点、认知提供有力的证据。而句中"啊"是将言者占据的信息提供给听者，是言者单边的主观认定，希冀获得对方认可，缺少用作证据的语境效果。

第二，句中"呢"作为话题标记，引出新的信息出发点，往往容易和前面的话题形成对举或对比的关系，同时还会参与语篇连贯性、系统性的构建，对话题的语篇功能施加影响，具有话题前景化、切换话题以及承接话语等篇章功能。

第三，句末"呢"还有提示功能。不过和"啊"的提示功能比起来，"呢"一般是对已然事态（谓语多为动作动词）的提醒，而"啊"主要是对现在或未然态的提醒，两者具有一定的互补性。

第四，"呢"在疑问句中表"探究"功能。但是在"WP呢?"中则相对复杂一些。"WP呢?"提供的是背景信息，给背景信息还是构建前景或新事件的基础，在话轮转换中起积极作用，推进着话语的演进。"WP呢?"具有指派话轮交接对象、诱导话轮以及承启上下文等话语篇章功能。而且，"WP呢?"的独立性和自由度不断提高，不宜视为省略问。

第五，"呢"和语气副词"还"和"才"共现频率非常高。并且逐步形成构式，具有一定的浮现意义，"还……呢"是一个多义构式，具有"否定"的浮现意义，回溯推理是其"否定功能"产生的机制。其中，"还"表元语增量，"呢"表对比。"才……呢"一般认为有"否定反驳"的功能，我们认为"才……呢"表示的是"对预设的否定"，至于"驳斥""委婉的否定""不认同"等都是"否定预设"义在具体语境中的语用效果，交际语境的类型、交际对象、权势关系甚至汉语独特的"贬己尊人"的礼貌次则都会影响"才……呢"的运用等。"否定预设"是"才……呢"构式的浮现意义，其产生机制是演绎推理。"呢"起到关联上文和对命题确信的作用。

结　　语

本书从系统功能语法和认知语言学角度出发，将语气词放在较大的语篇中，研究语气词"吧""啊""呢"的人际语用功能。下面我们主要从语气词的意义载体、多功能性、主观性、人际性以及语境顺应等角度进行总结。

（一）研究语气词首先要面对的是语气词的意义。然而语气词的意义"空灵""易变""难以捉摸""难以范围住"，正因为如此，在语气词的传统研究中就出现了"随文释义"的问题，在离析语气意义时，没有严格区分语气词的语气意义和其他语言形式所表达的语气意义，秉持的是语气意义全部由语气词承载的单一载体观，结果将一些非语气词承载的意义强加在语气词身上，从而影响了语气词语气意义探索的科学性。譬如说"吧"的"左右为难"义、"啊"的"假设义"及"列举义"等都被视为语气词的意义。为此，本书改变语气意义的单一载体观，认为语气词在句中存在"语气词主体赋义"和"语气词复合赋义"这两种形式（详情参见第一章第三节），通过多种手段来分析语气词所承载的语气意义，并为了进一步证实该语气意义，还尽可能从句子内外寻找形式（不限于句法形式）上的证据，走形式和意义相结合的道路，包括：（1）从后续话语寻找语义上的特征，例如句中"吧"有缓和功能，那么如何去证明这个缓和功能呢？之前我们更多地靠内省和语感，结果谁也说服不了谁。我们则在内省和语感的基础上，从句中"吧"的后续话语来找形式证据，结果发现，句中"吧"在表达缓和功能的时候，其后续话语在语义类型上一般具有负面性或驱使性，会给对方的"面子"构成威胁；（2）运用话语标记或句法框架进行测试，如"呢"的"提示功能"，在语篇或句内都难以找到证据，这时我们会引进话语标记"别忘了""你知道"等来测试，能进入测试框架的"呢"具有"提示功能"，不能进入的就不具备；又如"啊"对"客观量"的主观认定，"主观大量"用"满满""整整"测试（整整二十块钱啊），"主观小量"用"仅仅"测试（仅仅一块钱啊）；（3）利用语义背景或语义模型，并结合话语标记转换测试，如"吧"的合预期功能，其句法形式为"P$_{预期}$＋吧"。三个语义条件为：言者希冀听者听从或执行自己的观点，否则会出现预期的某种后果——听者没有听取或接受——出现了言者预期的结果。最后还运用"合预期"标记"瞧"进行转换测试；（4）运用比较，包括有无对比、转换对比、变换变量的对比等，如语气词"啊"的语境顺应功能，医生和小孩病患之间的对话，疑问句"哪个医生给你包的啊［升调］"中选用"啊"构建了医生作为同伴的语用身份，增添了亲切的情感，从而拉近了与"小男孩"的距离。如果将"啊"删去，"哪个医生给你包的？"则变成了直接询问，不仅不能体现亲切的情感，也和语篇情感基调不协调；变换对比，如通过"雷锋同志好吧"和"雷锋同志好吗"的对比来验证"吧"的求同示证功能；变换变量的对比，如"啊"的情感调节功能，则通过控制人际关系、权势关系不变的情况下，变换语境的情感基调来测试"啊"的"强化"和"缓和"功能，如此等等。

同时本书还指出表不确定义的"大概"和表"弱传信""吧"的差异在于前者体现语言传递信息的事务性功能，"吧"体现语言的交际性功能；"大概"以言者为中心，侧重主观性，多用于对事件的叙述，"吧"以听者为中心，侧重"交互主观性"，多用于话语互动。

（二）从信息状态来看，语气词"吧"表明言者信息占有不够充分，需要听者给予应证，信息由听者主导，如"他来吧。"在言者看来,"他来不来"听者应该掌握相关信息,并且有能力给予回应。语气词"啊"强传信,表明言者主导信息,如"他来啊。"在言者看来,"他来"是一个不需与听者商议的信息,言者行使的是告知行为。语气词"呢"传信的也是言者确信的信息,不过是与背景信息相关的信息,如"你不要走了,一会儿他来呢","他来"是交际双方共享的信息或听者期待的信息,但是由于情况变化了,言者通过"呢"来提示听者关注这一信息以期达到挽留的目的。

(三)"普遍性的一形一义现象只存在于非现实的理想语言模型中。只有形式语法是以一形一义为基本假设来推进理论的。一形多能(含多义)是自然语言的常态,甚至比一形一义更能代表人类语言的本质。"(刘丹青,2015)语气词的一词多能现象十分明显。为了分析语气词的多功能性,我们运用认知语言学的域空间理论。Fauconnier(1985)认为语言的使用是一个不断构建心理空间的过程,不同的心理空间体现为不同的域,且有不同的域值。汉语的语气词没有概念意义,在外部客观世界没有对应实体,在话语中其本质功能是承载交际主体内心世界的信息,要么表达对命题内容的态度、情感和立场,要么表达对人际关系的关注等,在不同的域空间作用于交际。本文具体分析了语气词"吧""啊""呢"在"情态域""人际域""话语方式域"等域空间的功能。句中"吧"还分析了其域值差异。语气词在域空间的多功能性避免了给同一个语气词分析出"语气词$_1$""语气词$_2$""语气词$_3$"来,分析的同时考虑到了综合。当然,语气词的多个意义并不是杂乱无章的,其中必定有一个是核心意义或曰原型意义,其他的意义是这一核心意义在语境中功能扩张的结果,这样语气词的多个功能实际上就是一个以核心意义为中心的功能网络。如语气词"吧"的核心意义是"弱传信","吧"的"缓和""求证""舒缓随意"等功能都是"弱传信"在语境中功能扩张的结果。语气词"啊"的多功能网络是以"传情功能"为核心意义,"呢"的多功能网络则是以"提示听者关注与背景信息相关的当前信息"为核心意义。含有语气词的表达式和没有语气词的表达式虽然逻辑意义具有一定的等值性，但它们在交际主体的认知心理上并不等值，具有不同的语用效果。进而，我们认为语气词虽然具有多功能性，但是在一定的言语场景中却是唯一的，是符合"一对一"的象似性原则的。

（四）传统语法从情态范畴和传信范畴研究语气词，认为"语气词表示言者对命题内容的主观情感、态度"。而我们发现仅仅从情态范畴或传信范畴研究语气词还存在一定的漏洞，忽视了言者对听者的关注，包括对听者的"面子"以及对听者认知"自我"的关注。例如"摔倒了吧，自己爬起来"（语境：妈妈告诉小孩不要跑，但是孩子不听，结果摔倒了）。句中命题内容"摔倒了"为"真"，语气词"吧"并不是表示对这些命题内容的不确信，也不是言者对"摔倒了"这一事件的态度，更多的则是体现了言者对交际的第二方——听者的责怪或关心，而这是传统"情态"及"信疑"二分无法概括出来的。因此，我们采纳 Edward Finegan（1995）、Langacker（2006）、Traugott 和 Dasher（2002）、Verhagen（2005）等关于（交互）主观性的相关理论来研究语气词在情态域的主观性特征，认为语气词在话语交际中可以用来表达言者的主观情感、主观视角以及主观认识，而且随着主观性的加强还可能进一步表达对听者"认知自我"和"社会自我"的关注，表现出交互主观性。例如语气词"啊"，在话语交际中，可以用来表达言者的"意外""感叹""不耐烦""调侃"等主观情感倾向，也可以用来表达对"客观量"（objective quantity）的主观视角体验，还可以用来表达"显而易见""强化"等主观认识（详情参见第四章）。在冲突语境中，还可以用来缓和言语行为的威胁力度，体现对听者"社会面子"的关照，具有交互主观性。语气词"吧""啊""呢"所表示的情态功能具有程度差异，结合屈承熹（2008）的观点，其程度序列是：啊＞吧＞呢。"啊"的情态功能最丰富。

（五）从人际关系来看，理性的交际者会在合作原则、礼貌原则基础上以人际关系的和谐为话语取向，会根据交际者的认知心理、关系亲疏、权势地位等语境因素来选用语气词。一般来说，强权势者由于占交际主导地位，往往在会话中容易违反合作原则或礼貌准则，在语言风格上多使用驱使性强的言语行为，往往流露出坚定、傲慢、亲切的情感倾向，多选用语气词"啊"和"呢"，而弱权势者在交际中，一般会主动遵守合作原则和礼貌准则，语言风格多使用委婉表达，表现出尊重、礼貌、顺从、谦虚等情感倾向，所以多选用语气词"吧"。语气词的这些人际性既是语气词的元语用法，又体现了语气词对语境关系的顺应。在语气词"吧""啊""呢"三者中，语气词"啊"对人际关系的敏感度最高，其语境顺应功能至少有两个方面：情感调节和语用身份构建。言语交际时，交际主体的心理世界对"啊"的影响力要强于人际距离、权势关系等语境因素，所以语气词"啊"的选用关键要顺应交际主体的心理世界。语气词"吧""啊""呢"对人际关系的敏感度不同，其程度序列是：啊＞吧＞呢。"啊"的人际功能最明显。

（六）对高频语气副词和语气词共现现象进行了分析，指出由于语气副词的多义性和语气词的多功能性，两者在句法层面的共现存在语义、语用多个域层面的选择理据，除了"语义谐和律"外，语义加合、语义强化、功能互补等也是语气副词和语气词共现的机制。对一些日益固化的构式，如"还是……吧""还……呢""加强类/情态类语气副词＋啊"，还分析了其人际语用功能及语气词所起的作用。

本书还研究了语气词的篇章功能，语气词"吧""啊""呢"在话语语篇中都具有关联上下文和交际互动功能，结合屈承熹（2008）、齐沪扬（2002）的观点，从语篇功能的程度来看，三者的程度序列是：呢＞吧＞啊。"呢"的篇章功能最强。

参考文献

北京大学中文系1955、1957级语言班:《现代汉语虚词例释》,商务印书馆1982年版。

陈开举:《英汉会话中末尾标记语的语用功能分析》,《现代外语》2002年第3期。

陈光:《"啊"的类形态特质与"——啊——啊"所示展延量的差异》,《汉语学习》2003年第4期。

陈征:《基于主观性和交互主观性连续统的语篇言据性分析——以论辩性语篇为例》,上海外国语大学,博士学位论文,2014年。

陈晟宇:《"呢"字简省疑问句的内制外联》,《语言文字应用》2005年第5期。

陈颖:《现代汉语传信范畴研究》,中国社会科学出版社2009年版。

陈新仁:《语用身份:动态选择与话语建构》,《外语研究》2013年第4期。

曹逢甫:《主题在汉语中的功能研究》,谢天蔚译,语文出版社1977/1995年版。

曹逢甫:《汉语的句子与子句结构》,王静译,北京语言大学出版社2005年版。

曹逢甫:《华语虚词的研究与教学——以"呢"字为例》,《第六届世界华语文教学研讨会论文集》(第一册),世界华语文教学学会2002年版。

储诚志:《语气词语气意义的分析问题——以"啊"为例》,《语言教学与研究》1994年第4期。

崔希亮：《事件情态和汉语的表态系统》，《语法研究和探索十二》，商务印书馆2003年版。

崔显军：《试论汉语面称使用中的若干策略》，《语言文字应用》2009年第2期。

崔蕊：《现代汉语虚词的主观性和主观化研究》，知识产权出版社2014年版。

邓守信：《对外汉语教学语法》，北京语言大学出版社2010年版。

邓思颖：《形式汉语句法学》，上海教育出版社2011年版。

丁恒顺：《语气词的连用》，《语言教学与研究》1985年第2期。

丁声树等：《现代汉语语法讲话》，商务印书馆1979年版。

丁萍：《"一定"与"肯定"作状语时的比较》，《西南民族大学学报》（人文社科版）2008年第8期。

杜建鑫：《现代汉语常用语气词的用法及功能研究》，中国人民大学，博士学位论文，2011年。

马真：《现代汉语虚词研究方法论》，商务印书馆2004年版。

董淑慧、宋春芝：《汉语主观性主观量框式结构研究》，南开大学出版社2013年版。

范开泰：《语义分析说略，语言研究与探索》，北京大学出版社1988年版。

范晓：《语体对句子选择情况的初步考察，语体论》，安徽教育出版社1987年版。

范晓：《谈词语组合的选择性》，《汉语学习》1985年第3期。

范晓、张豫峰：《语法理论刚要》，上海译文出版社2003年版。

方梅：《篇章语法与汉语研究》，刘丹青主编《语言学前言与汉语研究》，上海教育出版2005年版。

方梅：《北京话里"说"的语法化——从言说动词到从句标记》，《中国方言学报》2006年第1期。

方梅：《会话结构与连词的浮现义》，《中国语文》2012年第6期。

方梅:《自然口语中弱化连词的话语标记功能》,《中国语文》2000年第5期。

方梅:《北京话句中语气词的功能研究》,《中国语文》1994年第2期。

方梅:《北京话语气词变异形式的互动功能——以"呀、哪、啦"为例》,《语言教学与研究》2016年第2期。

范开泰、张小峰:《独白语体中"呢"问句和语气词"呢"的篇章分析》,《语言科学》2003年第2期。

冯胜利:《汉语的韵律、词法与句法》,北京大学出版社1997年版。

封宗信:《现代语言学流派概论》,北京大学出版社2006年版。

高书贵:《"毕竟"类语气副词与预设》,《天津师范大学学报》2000年第2期。

高顺全:《多义副词"还"的语法化顺序和习得顺序》,《华文教学与研究》2011年第2期。

高增霞:《"达成"义与构式、语气的互动——兼谈语气词的句法特征》,《语法研究与探索(十五)》,商务印书馆2010年版。

高增霞:《从评价到语气——兼论"吧"的意义》,《河南师范大学学报》2011年第3期。

高顺全:《"都""也""又"主观化用法的异同》,《淮海工学院学报》(社会科学版)2009年第2期。

顾曰国:《礼貌、语用与文化》,《外语教学与研究》1992年第4期。

郭锐:《过程和非过程——汉语谓词性成分的两种外在时间类型》,《中国语文》1997年第3期。

郭锐:《现代汉语词类研究》,商务印书馆2004年版。

郭红:《基于第二语言教学的汉语语气范畴若干问题研究》,南开大学,博士学位论文,2010年。

郭志良:《现代汉语转折词语研究》,北京语言文化大学出版社1999年版。

郭继懋等：《表祈使时带"吧"和不带"吧"的差异》，载郭继懋、郑天刚主编：《似同实异——汉语近义表达方式的认知语用分析》，中国社会科学出版社 2002 年版。

郭继懋：《常用面称及其特点》，《中国语文》1995 年第 2 期。

侯学超：《现代汉语虚词词典》，北京大学出版社 1998 年版。

黄国文：《语篇分析的理论与实践——广告语篇研究》，上海外语教育出版社 2001 年版。

黄国营：《句末语气词的层次地位》，《语言研究》1994 年第 1 期。

黄国营：《语用成分在汉语句法结构中的投影》，《语言研究》2000 年第 1 期。

黄蓓：《对（交互）主观化单项性假说的几点质疑》，《天津外国语大学学报》2014 年第 4 期。

何自然：《认知语用学》，上海外语教育出版社 2006 年版。

何自然、冉永平：《新编语用学概况》，北京大学出版社 2009 年版。

贺阳：《试论汉语书面语的语气系统》，《中国人民大学学报》1992 年第 5 期。

胡壮麟、朱永生等：《系统功能语言学概论》，北京大学出版社 2009 年版。

胡明扬：《北京话的语气助词和叹词（上、下）》，《中国语文》1981 年第 5、6 期。

胡明扬：《语气助词的语气意义》，《汉语学习》1988 年第 6 期。

胡明扬：《陈述语调和疑问语调的"吧"》，《语文建设》1993 年第 5 期。

胡明扬：《单项对比分析——制订一种虚词语义分析法的尝试》，《中国语文》2000 年第 6 期。

胡裕树：《现代汉语》，上海教育出版社 1995 年版。

胡附、文炼：《词类划分中的几个问题》，《中国语文》2000 年第 4 期。

金立鑫：《关于疑问句中的"呢"》，《语言教学与研究》1996 年第

4 期。

金智妍：《现代汉语句末语气词的意义研究》，复旦大学，博士学位论文，2011 年。

黎锦熙：《新著国语文法》，商务印书馆 1924 年版。

吕为光：《现代汉语由"说"构成的插入语研究》，南开大学，博士学位论文，2012 年。

吕为光：《责怪义话语标记"我说什么来着"》，《汉语学报》2011 年第 3 期。

吕叔湘：《现代汉语八百词》，商务印书馆 1980 年版。

吕叔湘：《汉语语法分析问题》，商务印书馆 1979 年版。

吕叔湘：《中国文法要略》，商务印书馆 1982 年版。

吕叔湘、王海棻：《马氏文通读本》，上海教育出版社 1986 年版。

卢福波：《汉语语法教学理论与方法》，北京大学出版社 2010 年版。

卢福波：《为什么阻止、禁止句不用语气词"吧"》，《世界汉语教学学会通讯》2010 年第 2 期。

卢福波：《对外汉语教学语法的层级划分与项目排序问题》，《汉语学习》2003 年第 2 期。

卢福波、吴莹：《请求句中"V"、"V一下"与"VV"的语用差异》，《语言教学与研究》2005 年第 4 期。

卢福波：《语法教学与认知理念》，《汉语学习》2007 年第 3 期。

卢卫中：《英汉呼语探讨》，《外语研究》1992 年第 4 期。

卢英顺：《"吧"的语法意义再探》，《世界汉语教学》2007 年第 3 期。

雷莉：《汉语话题标记研究》，《西南民族学院学报》（哲学社会科学版）2001 年第 12 期。

李宇明：《数量词语与主观量》，《华中师范大学学报》（人文社会科学版）1999 年第 6 期。

李善熙：《汉语主观量的表达研究》，中国社会科学院，博士学位论文，2003 年。

李敏:《现代汉语非现实范畴的句法实现》,华东师范大学,博士学位论文,2006年。

李兴亚:《语气词"啊、呢、吧"在句中的位置》,《河南大学学报》1986年第2期。

李捷、何自然、霍永寿:《语用学十二讲》,华东师范大学出版社2011年版。

李大勤:《"WP呢?"问句疑问功能的成因试析》,《语言教学与研究》2001年第6期。

李悦娥、范宏雅:《话语分析》,上海外语教育出版社2002年版。

李宗江:《副词"倒"及相关副词的语义功能和历时演变》,《汉语学报》2005年第2期。

李宗江:《"看你"类话语标记分析》,《语言科学》2009年第3期。

李明:《语气助词的音高分析》,《世界汉语教学》1996年第4期。

李秉正:《汉语话题标记的语义、语用功能研究》,南开大学,博士学位论文,2010年。

李战子:《功能语法中的人际意义框架的扩展》,《外语研究》2001年第1期。

李战子:《话语的人际意义研究》,上海外语教育出版社2002年版。

李成军:《副词"一定"说略》,《理论月刊》2005年第5期。

鲁川:《语言的主观信息和汉语的情态标记》,《语法研究和探索(十二)》,商务印书馆2003年版。

乐耀:《从话语标记"不是我说你"的形成看会话中主观性范畴与语用原则的互动》,《世界汉语教学》2011年第1期。

陆俭明:《关于现代汉语里的疑问语气词》,《中国语文》1984年第5期。

陆俭明:《修辞的基础——语义和谐律》,《当代修辞学》2010年第1期。

陆俭明:《由"非疑问形式+呢"造成的疑问句》,《中国语文》1982年第6期。

刘月华等：《实用现代汉语语法》，外语教学与研究出版社 1983 年版。

刘月华等：《实用现代汉语语法（增订本）》，商务印书馆 2002 年版。

刘丹青：《汉语类指成分的语义属性和句法属性》，《中国语文》 2002 年第 5 期。

刘丹青：《叹词的本质——代句词》，《世界汉语教学》2011 年第 2 期。

刘丹青：《语法调查研究手册》，上海教育出版社 2008 年版。

刘丹青、强星娜：《〈人称范畴〉介评》，《南开语言学刊》2009 年第 1 期。

刘丹青：《语言库藏及显赫程度影响语义范畴》，《社科院专刊》 2015 年 3 月 20 日。

刘瑾：《汉语主观视角的表达研究》，首都师范大学，博士学位论文，2009 年。

刘丽艳：《话语标记"你知道"》，《中国语文》2006 年第 5 期。

陆庆和：《实用对外汉语教学语法》，北京大学出版社 2006 年版。

陆丙甫：《核心推导语法》，上海教育出版社 1993 年版。

马建忠：《马氏文通》，商务印书馆 1983 年版。

马真：《现代汉语虚词研究方法论》，商务印书馆 2004 年版。

彭小川等：《对外汉语教学语法释疑 201 例》，商务印书馆 2004 年版。

彭小川、胡玲：《转折句中的"还是"》，《汉语学习》2009 年第 6 期。

彭小川：《论副词"倒"的语篇功能———兼论对外汉语语篇教学》，《北京大学学报》（哲学社会科学版）1999 年第 5 期。

彭利贞：《现代汉语情态研究》，复旦大学，博士学位论文，2005 年。

齐沪扬：《现代汉语语气成分用法词典》，商务印书馆 2011 年版。

齐沪扬：《语气词与语气系统》，安徽教育出版社 2002 年版。

齐沪扬、蔡瑱：《语气词"吧"的历史演变和语法化历程》，齐沪扬主编：《现代汉语虚词研究与对外汉语教学》，复旦大学出版社 2005 年版。

齐沪扬、朱敏：《现代汉语祈使句句末语气词选择性研究》，《上海师范大学》（哲学社会科学版）2005 年第 2 期。

齐春红：《语气副词与句末语气助词的共现规律研究》，《云南师范大学学报》（哲学社会科学版）2007 年第 3 期。

齐春红：《现代汉语语气副词研究》，华中师范大学，博士学位论文，2006 年。

屈承熹：《汉语篇章语法》，潘文国译，北京语言大学出版社 2006 年版。

屈承熹、李彬：《论现代汉语句末情态虚词及其英译：以"吧"的语篇功能为例》，《外语学刊》2004 年第 6 期。

屈承熹：《关联理论与汉语句末虚词的篇章功能》，《华东师范大学学报》（哲学社会科学版）2008 年第 3 期。

邱闯仙：《预期标记"瞧"》，《语文研究》2010 年第 2 期。

冉永平：《词汇语用探新》，外语教学与研究出版社 2012 年版。

冉永平：《人际交往中的和谐管理模式及其违反》，《外语教学》2012 年第 4 期。

冉永平：《言语交际中"吧"的语用功能及其语境顺应性特征》，《现代外语》2004 年第 4 期。

沈家煊：《认知与汉语语法研究》，商务印书馆 2006 年版。

沈家煊：《现代汉语语法的功能、语用、认知研究》，商务印书馆 2005 年版。

沈家煊：《语用原则、语用推理和语义演变》，《外语教学与研究》2004 年第 4 期。

沈家煊：《动结式"追累"的语法和语义》，《语言科学》2004 年第 6 期。

沈家煊：《不对称和标记论》，江西教育出版社1999年版。

沈家煊：《复句三域"行、知、言"》，《中国语文》2003年第3期。

沈家煊、吴福祥、马贝加：《语法化与语法化研究（二）》，商务印书馆2005年版。

沈家煊：《语言的"主观性"和"主观化"》，《外语教学与研究》2001年第4期。

沈家煊：《不加说明的话题——从"对答"看"话题—说明"》，《中国语文》1989年第5期。

沈家煊：《语法六讲》，商务印书馆2011年版。

孙赐信：《近代汉语语气词》，语文出版社1999年版。

邵洪亮：《副词"还是"的元语用法》，《语言教学与研究》2013年第4期。

邵敬敏：《现代汉语疑问句研究》，华东师范大学出版社1996年版。

邵敬敏：《语气词"呢"在疑问句中的作用》，《中国语文》1989年第3期。

邵敬敏：《从"才"看语义与句法的相互制约关系》，《汉语学习》1997年第3期。

邵敬敏：《论语气词"啊"在疑问句中的作用暨方法论的反思》，《语言科学》2012年第6期。

石毓智：《现代汉语语法系统的建立——动补结构的产生及其影响》，北京大学出版社2003年版。

石毓智：《肯定和否定的对称与不对称》，北京语言文化大学出版社2001年版。

史有为：《汉语如是观》，北京语言文化大学出版社1997年版。

史有为：《主语后停顿和话题》，《中国语言学报》，商务印书馆1995年版。

史金生：《从持续到申明：传信语气词"呢"的功能及其语法化机制》，《语法研究与探索（十五）》，商务印书馆2010年版。

史金生：《"毕竟"类副词的功能差异及语法功能》，吴福祥、洪波主编：《语法化与语法研究（一）》，商务印书馆 2003 年版。

史金生：《"又"、"也"的辩驳语气用法及其语法化》，《世界汉语教学》2005 年第 4 期。

石定栩：《句末助词与小句结构》，国际中国语言学学会第 16 次学术年会（北京）会议论文，2008 年。

孙汝建：《句中语气词的选择限制》，《南通师范学院学报》（哲学社会科学版）1999 年第 2 期。

孙汝建：《句中语气词对句法位置的选择制约》，《南京师范大学文学院学报》2006 年第 3 期。

孙汝建：《语气与语气词研究》，上海师范大学，博士学位论文，1998 年。

孙也平：《语气·语调·语气词》，《齐齐哈尔师范学院学报》1983 年第 3 期。

唐为群：《副词"本来"和"本来"句》，《武汉大学学报》（人文科学版）2010 年第 4 期。

太田辰夫：《中国语历史文法》，蒋绍愚、徐昌华译，北京大学出版社 1987 年版。

文秋芳：《认知语言学二语教学》，外语教学与研究出版社 2013 年版。

王力：《中国现代语法》，商务印书馆 1985 年版。

王寅：《语义理论与语言教学》，上海外语教育出版社 2001 年版。

王寅：《认知语言学》，上海外语教育出版社 2007 年版。

王寅：《中西语义理论对比研究初探》，高等教育出版社 2007 年版。

王寅：《构式语法研究（上卷）：理论思索》，上海外语教育出版社 2011 年版。

王珏：《现代汉语语气词范围再探》，（延吉）第五届现代汉语虚词研究与对外汉语教学学术研讨会，2012 年。

王珏：《现代汉语语气词特点的再认识》，齐沪扬主编：《现代汉语虚词研究与对外汉语教学》第四辑，学林出版社 2012 年版。

王珏：《现代汉语语气词的界定标准》，《徐州师范大学学报》（哲学社会科学版）2012年第6期。

王珏：《句子的三层结构及其分析程序》，《华东师范大学学报》2008年第3期。

王珏：《三层语法假说与对外汉语语法教学》，载《第九届国际汉语教学学会年会论文集》，高等教育出版社2010年版。

王珏：《语气词的功能属性》，"走向当代前沿科学的现代汉语语法研讨会"，2010年。

王珏：《现代汉语语气词系统初探》，邵敬敏、石定栩：《汉语语法研究的新拓展》第五辑，北京大学出版社2011年版。

王启龙：《助词及其再分类》，胡明扬主编：《词类问题考察续集》，北京语言大学出版社2004年版。

王德春等：《社会心理语言学》，上海外语教育出版社1995年版。

王飞华：《汉英语气系统对比研究》，华东师范大学，博士学位论文，2005年。

王洪君：《"了"与话主显身的主观近距交互式语体》，《语言学论丛四十》，商务印书馆2009年版。

吴为善：《认知语言学与汉语研究》，复旦大学出版社2011年版。

吴福祥：《近年来语法化研究的进展》，《外语教学与研究》2004年第1期。

吴福祥：《汉语的主观性与主观化研究》，商务印书馆2011年版。

文旭、高莉：《〈交互主观性的构建：话语、句法与交际〉导读》，外语教研出版社2014年版。

武果：《副词"还"的主观性用法》，《世界汉语教学》2009年第3期。

温锁林：《现代汉语语用平面研究》，北京图书馆出版社2001年版。

徐烈炯、刘丹青：《话题的结构与功能》，上海教育出版社2007年版。

徐晶凝：《语气助词"吧"的情态解释》，《北京大学学报》2003年第 4 期。

徐晶凝：《语气助词的语气义及其教学探讨》，《世界汉语教学》1998 年第 2 期。

徐晶凝：《现代汉语话语情态研究》，昆仑出版社 2008 年版。

谢群霞：《话题后"啊"的语用功能研究》，上海师范大学，硕士学位论文，2007 年。

肖治野：《现代汉语语气词语的行、知、言三域研究》，浙江大学，博士学位论文，2010 年。

熊子瑜、林茂灿：《"啊"的韵律特征及其话语交际功能》，《现代语言学》2004 年第 2 期。

席建国：《插入式语气标记语语用功能研究》，《外语研究》2008 年第 1 期。

邢福义：《汉语语法三百问》，商务印书馆 2002 年版。

杨才英：《论汉语语气词的人际意义》，《外国语文》2009 年第 6 期。

袁周敏、陈新仁：《语言顺应论视角下的语用身份建构研究——以医疗咨询会话为例》，《外语教学与研究》2013 年第 4 期。

袁毓林：《汉语句子的焦点结构和语义解释》，商务印书馆 2012 年版。

袁毓林：《汉语话题的语法地位和语法化程度》，《语言学论丛：25 辑》，商务印书馆 2002 年版。

袁毓林：《现代汉语祈使句研究》，北京大学出版社 1993 年版。

叶蓉：《关于非是非句中的"呢"》，《中国语文》1994 年第 6 期。

叶南：《论语言表达形式与信息熵、冗余度的关系》，《西南民族大学学报》2004 年第 10 期。

于康：《命题内成分与命题外成分——以汉语助动词为例》，《世界汉语教学》1996 年第 1 期。

尹丕安：《话题——述题切分与话语原则分析》，《天津外国语学院学报》2004 年第 6 期。

张晓涛：《疑问和否定的相通性及构式整合研究》，中国社会科学出版社 2011 年版。

张斌：《现代汉语虚词词典》，商务印书馆 2001 年版。

张静：《新编现代汉语》，上海教育出版社 1979 年版。

张谊生：《现代汉语副词"才"的句式与搭配》，《汉语学习》1996 年第 3 期。

张谊生：《现代汉语副词"才"的共时比较》，《上海师范大学学报》（社会科学版）1999 年第 3 期。

张谊生：《现代汉语虚词研究综述》，安徽教育出版社 2002 年版。

张谊生：《现代汉语虚词》，华东师范大学出版社 2000 年版。

张谊生：《现代汉语副词研究》，商务印书馆 2014 年版。

张谊生：《现代汉语列举助词探微》，《语言教学与研究》2001 年第 6 期。

张谊生：《试论主观量标记"没"、"不"、"好"》，《中国语文》2006 年第 2 期。

张伯江：《疑问句功能琐议》，《中国语文》1997 年第 2 期。

张伯江、方梅：《汉语功能语法研究》，商务印书馆 2014 年版。

郑娟曼：《"还 NP 呢"构式分析》，《语言教学与研究》2009 年第 2 期。

张秀松：《"到底"的共时差异探析》，《世界汉语教学》2008 年第 4 期。

张彦：《句重音与句末语气词的音高》，《汉语学习》2006 年第 2 期。

张彦：《陈述语气的语气词实验分析》，《语言文字应用》2006 年第 1 期。

张雪平：《现实句与非现实句的句法差异》，《语言教学与研究》2009 年第 6 期。

张雪平：《现代汉语非现实句的语义系统》，《世界汉语教学》2012 年第 4 期。

张小峰：《现代汉语语气词"吧""呢""啊"的话语功能研究》，上海师范大学，博士学位论文，2003年。

张亚军：《副词与限定描状功能》，安徽教育出版社2002年版。

张立飞、严振松：《现代汉语否定构式的认知研究》，高等教育出版社2011年版。

周筱娟：《现代汉语礼貌语言研究》，中国社会科学出版社2008年版。

周溢辉等：《汉语语气词用法的自动识别研究》，《计算机工程》2010年第23期。

周红辉：《合作与自我中心：言语交际的社会——认知语用研究》，中南大学出版社2014年版。

周士宏：《"吧"的意义、功能再议》，《语言教学与研究》2009年第2期。

朱德熙：《语法讲义》，商务印书馆1982年版。

朱德熙：《语法问答》，商务印书馆1985年版。

赵元任：《北京、苏州、常州话语助词的研究》，《清华学报》1926年第2期。

赵元任：《汉语口语语法》，吕叔湘节译，商务印书馆1979年版。

赵元任：《赵元任语言学论文集》，吴宗济、赵新那编，商务印书馆2002年版。

赵元任：《中国话的文法》，丁邦新全译，河北教育出版社1996年版。

赵元任："Chinese Terms of Address"，《赵元任语言学论文集》，商务印书馆2006年版。

赵秀凤：《语言的主观性研究概览》，《外语教学》2010年第1期。

左思民：《汉语句长的制约因素》，《汉语学习》1992年第3期。

[美] 菲尔墨：《"格"辨》，胡明扬译，商务印书馆2002年版。

[德] 弗里德里希·温格瑞尔、汉斯—尤格·施密特：《认知语言学导论(第二版)》，彭利贞、许国萍、赵微译，复旦大学出版社

2009年版。

［丹麦］奥托·叶斯柏森:《语法哲学》,商务印书馆2009年版。

［意］巴拉:《认知语用学:交际的心智过程》,黄华新等译,浙江大学出版社2013年版。

［德］德克·盖拉茨主编:《认知语言学基础》,邵军航、杨波译,上海译文出版社2012年版。

［德］约翰内斯·恩格尔坎普:《心理语言学》,陈国鹏译,上海译文出版社1997年版。

［美］万德勒:《哲学中的语言学》,陈嘉映译,华夏出版社2008年版。

Alleton Vivian, "Final Particles and Expression of Modality in Modern Chinese", *Journal of Chinese Linguistics*, Vol, No. 1, 1981.

Benveniste E., "Subjectivity in Language", In Emile Benveniste ed., *Problems in General Linguistics*, Coral Ga-bles: FL: University of Miami Press, 1971.

Bolinger, *Meaning and Form*, London: Longman, 1977.

Brown & Yule, *Discourse Analysis*, Cambridge: Cambridge University Press, 1983.

Brown & Levinson, *Politeness: Some Universals in Language Usage*, New York: Cambridge University Press, 1987.

Clark, *Using Language*, Cambridge: Cambridge University Press, 1996.

Caffi, "On Mitigation", *Journal of Pragmatics*, Vol. 31, 1999.

Chu. Chauncey C., "Relevance Theory Discourse Marker and Mandarin utterance—Final Particle 'A/Ya'", *Journal of the Chinese Language Teachers Association*, 2002.

Edward Finegan E., "Subjectivity and Subjectivisation: An Introduction", In Stein, D. Wright, S. Eds, *Subjectivity and Subjectivisation: Linguistic Perspectives*. Cambridge, Cambridge University Press, 1995.

Givón Talmy, *Syntax: A Functional-typological Introduction I*, Amsterdam, Philadelphia: John Benjamins. 1984.

Givón Talmy, "Irrealis and the Subjunctive", *Studies in Language*, Vol. 18, 1994.

Hongyin Tao, *Units in Mandarin Conversation: Prosody, Discourse and Grammar*, John Benjamins Publishing Co., 1996.

Johnson M., *The Body in the Mind: the Bodily Basis of Meaning, Imagination, and Reason*, Chicago: University of Chicago Press, 1987.

King Brain, "Ne—A Discourse Analysis", *JCLTA*, Vol. 21, No. 1, 1986.

Langacker R. W., "Losing Control Grammaticalization, Subjectification, and Transparency", In Blank A. Koch P. Eds., *Historical Semantics and Cognition*, Berlin & New York: Mouton de Gruyter, 1999.

Langacker R. W., "Subjectification, Grammaticization, and Conceptual Archetypes", In A. Athanasiadou, C. Canakis & B. Cornillie eds., *Subjectificatioh: Variou Paths to Subjectiriy*. Berlin/New York: Mouton de Gruyter, 2006.

Leech G., *Principles of Pragmatics*, London: Longman, 1983.

Li & Thompson, *Mandarin Chinese Functional Reference Grammar*, University of California Press, 1981.

Lakoff R., "The Limits of Politeness: Therapeutic and Courtroom Discourse", *Multilingua*, Vol. 8, 1989.

Lakoff & Johnson, *Metaphors We Live By*, Chicago: The University of Chicago Press, 1983.

Lyons J., "Deixis and Subjectivity: Loquor, Ergo Sum?", In R. J. Jarvella & W. Klein eds, *Speech, Place, and Action: Studies in Deixis And Related Topics*, Chichester and New York: John Wiley, 1982.

Lyons J., *Semantics*, Cambridge: Cambridge University Press, 1977.

Lyons J., *Linguistic Semantics: An Introduction*, Cambridge: Cambridge

University Press, 1995.

Martin Laura, "Irrealis Constructions in Mocho (Mayan)", *Anthropological Linguistics*, Vol. 40, 1998.

Maynard K., *Discourse Modality: Subjectivity, Emotion and Voice in the Japanese* Language, Amsterdam: John Benjamins, 1993.

Nuyts, "Subjectivity as an Evidential Dimension in Epistemic Modal Expressions", *Journal of Pragmatics*, Vol. 33, 2001.

Pustejovsky James, *The Generative Lexicon*, Cambridge, MA.: MIT Press, 1995.

Palmer Frank R., *Mood and Modality* 2nd, Cambridge: Cambridge University Press, 2001.

Smet & Verstraete, "Coming to Terms with Subjectivity", *Cognitive Linguistics*, Vol. 17, 2006.

Spencer-Oatey H., *Culturally Speaking: Managing Rapport Through Talk Across Cultures*, London: Continuum, 2000.

Spencer-Oatey H., "Managing Rapport in Talk: Using Rapport Sensitive Incidents to Explore the Motivational Concerns Underlying the Management of relations", *Journal of Pragmatics*, Vol. 34, No. 5, 2002.

Spencer-Oatey H., "(Im) Politeness, Face and Perceptions of Rapport: Unpackaging Their Bases and Interrelationships", *Journal of Politeness Research*, Vol. 1, 2005.

Spencer-Oatey H., "Theories of Identity and the Analysis of Face", *Journal of Pragmatics*, Vol. 39, No. 5, 2007.

Spencer-Oatey H., "Face, (Im) Politeness and Rapport", In Spencer-Oatey H. ed., *Culturally Speaking: Culture, Communication and Politeness Theory*, London: Continuum, 2008.

Shie Chi-chiang, *A Discourse-Function Analysis of Mandarin Chinese—Final Particles*, Taipei: National Chengchi University, MA thesis, 1991.

Sweetser Eve E. , *From Etymology to Pragmatics Meta-phorical and Cultural Aspects of Semantic Structure*, London: CUP, 1990.

Talmy, "Force Dynamics in Language and Cognition", *Cognitive Science*, Vol. 12, No. 1, 1988.

Traugott, "Subjectification in Grammaticalization", In D. Stein & Wright eds. , *Subjectivity and Subjunctivization: Linguistic Perspectives*, Cambridge: Cambridge University Press, 1995.

Traugott, "The Rhetoric of Couter-expectation in Semantic Change: A Study in Subjectification", In Andreas B. Koch P. Historical ed. , *Semantics and Cognition*, Berlin/New York: Mouton de Gruyter, 1999.

Traugott & Dasher, *Regularity in Semantic Change*, Cambridge: Cambridge University Press, 2002.

Traugott, "From Subjectification to Intersubjectification", In Hiekey R ed. , *Motives for Language Change*, Cambridge: Cambridge University Press, 2003.

Traugott, "(Inter) subjectivity and (Inter) subjectification: A Reassessment", In K. Davidse, L. Vandelanotte and H. Cuyckens eds. , *Subjectification, Intersubjectification and Grammaticalization*, Berlin/NewYork: Mouton de Gruyter, 2010.

Tracy K. , *Everyday Talk: Building and Reflecting Identities*, New York: Guilford Press, 2002.

Verhagen A. , *Constructions of Intersubjectivity: Discourse, Syntax, and Cognition*, Oxford: Oxford University Press, 2005.

Verschueren, *Understanding Pragmatics*, Landon: Edward Amold, 1999.

Verschueren, "Context and Structure in a Theory of Pragmatics", *Studies in Pragmatics*, Vol. 10, 2008.

Wu, *Stance in Talk: A Conversation Analysis of Mandarin Final Particles*, John Benjamins Publishing Co, 2004.

后　　记

　　本书是我 2016 年在南开大学的博士论文。2013 年我进入南开大学跟随卢福波教授攻读博士。进入南开后，由于已有多年的公派教师经历，汉语言文化学院邀请给留学生上课，在授课中汉语"主观性"强的一些"小词"让我颇为为难，课堂教学效果也不太理想。"教然后知困，学然后知不足"，这让我萌生了研究语气词的想法，语气词研究成果丰富，而且是个"老大难"问题，不仅本体研究难以突破，教学也难处理。刚开始还有一定的畏难情绪，一度犹豫不决。这时我就带着这个想法去找导师卢福波教授，卢老师专擅汉语教学语法和语法理论，是国内语法教学的权威专家，充分肯定了语气词研究的重要意义，并鼓励我克服困难深挖下去，卢老师当时的支持和鼓励给了我极大的勇气和信心。在本书出版之际，我首先要感谢恩师卢福波先生，本书在写作、修改过程中凝聚了卢老师的大量心血。

　　博士毕业后，我有幸进入北语做博士后，跟随崔希亮教授继续就语气词做进一步研究。先生治学勤勉，严谨博学，为人温文尔雅，谦和风趣，科研中是"有心人"，见"雨露功"，"书卷气"中现"烟火色"。"有心人，书卷气，烟火色，雨露功"深深影响着我的工作和生活。每当生活给我出难题时，先生都能给予关心，伸出援手，真诚而又有力量。

　　我还要感谢在本研究中帮助我的老师，齐沪扬教授、李泉教授、吴勇毅教授、方梅教授、史金生教授、李宇明教授、刘丹青教授、石锋教授、周荐教授、张洪明教授、曾晓渝教授、郭继懋教授、王红旗教授、施向东教授等，诸先生或在博士课程、论文开题、预答辩，或在论文修改过程中都给予了宝贵的指导和中肯的意见，让我受益良多。

南开大学汉语言文化学院王立新院长不仅学术成就斐然，而且为人谦和、亲切，对我的学业也颇为关心，和其交谈如沐春风。感谢南开大学汉语言文化学院的院长助理梁晓萍副教授，初到南开，在其领导下，和梁老师合作编写教材，我们亦师亦友，获益良多。在我一时找不到住宿时，梁老师还主动帮我联系住宿，此情此景犹如昨天。

感谢福建师大海外教育学院沙平教授一直以来的鼓励和支持，曾多次询问关心博文的进展；感谢福建师大国际交流处处长姜兴山教授，从考博到毕业，他是见证者，也是支持者，时常像兄长般叮嘱我要劳逸结合；感谢谭学纯教授对我学业和家庭的关心。

感谢冯胜利教授、宗守云教授对我发表论文的指导，感谢华南师大王葆华教授，在汉办选拔志愿者时我们相识，随后热心提供大量的认知语义学及（交互）主观性的外文文献。

南开大学学术氛围浓厚。除了各博士导师的学术沙龙外，博士生还自发组织每周沙龙，大家一起分享各自的研究成果，那份热情和纯粹现在看来是那么的奢侈美好。感谢同门学友顾倩博士、许诺博士、李敏博士、周晨磊博士、朱京津博士等，当我不在校期间主动热情地帮我办理各种事务。

中国社会科学出版社安芳女士为本书的出版付出了巨大心血，感谢她的专业而又高效的工作作风，没有她的付出，这本书没这么快出版。

感谢我的家人给我的温暖。年逾古稀的父母乐观开朗，精神矍铄，看到他们开心的笑容是我最大的满足。感谢我的姐夫、姐姐对我的信任和爱护，家庭的温暖给我源源不断的精神支持。感谢贤惠的老婆对我的理解、支持和给我带来的幸福，在我读博期间，她除了自己的工作、访学，还承担着家庭事务和孩子的教育，在身怀六甲，最需要我的时候，我却无暇顾及。军功章她占一大半。感谢两个宝贝汪子睿、汪子轩给我带来的幸福和快乐。

当代语言学发展日新月异。语气词近几年出现了很多新成果（方梅，2018；崔希亮，2019、2020；齐沪扬，2020；王珏，2020、2021）等，这些研究都为语气词的深入研究提供了新的视角。现在看来，这篇博士论文显得很稚嫩，但为了客观记录学术学习过程，此次出版时未做增补。